Die Welt im 15. und 16. Jahrhundert

Erarbeitet von Dr. Silke Möller
mit Beiträgen von Dr. Hans-Georg Hofacker
und Robert Rauh

Kurshefte Geschichte

Cornelsen

Kurshefte Geschichte

Die Welt im 15. und 16. Jahrhundert

Das Lehrwerk wurde erarbeitet von Dr. Silke Möller, Erlangen
mit Beiträgen von Dr. Hans-Georg Hofacker, Wolfschlungen, und Robert Rauh, Berlin

Die Probeklausur und ihre Lösungshinweise wurden konzipiert von
Joachim Biermann, Bersenbrück
Daniela Brüsse-Haustein, Haren

Redaktion: Dr. Silke Möller, Erlangen
Karten: Carlos Borrell, Berlin
Bildassistenz: Anne-Katrin Dombrowsky
Umschlaggestaltung: Corinna Babylon, Berlin
Umschlagbild vorne: Jean-Louis Laneuville, „Junge hinter Vorhang"/mauritius images/
Super Stock/Fine Art Images
Umschlagbild hinten: Globus/Image Source/Ken Reid
Layout und technische Umsetzung: tiff.any GmbH, Berlin/Uwe Rogal

www.cornelsen.de

Die Links zu externen Webseiten Dritter, die in diesem Lehrwerk angegeben sind,
wurden vor Drucklegung sorgfältig auf ihre Aktualität geprüft. Der Verlag übernimmt
keine Gewähr für die Aktualität und den Inhalt dieser Seiten oder solcher, die mit ihnen
verlinkt sind.

1. Auflage, 1. Druck 2018

Alle Drucke dieser Auflage sind inhaltlich unverändert
und können im Unterricht nebeneinander verwendet werden.

© 2018 Cornelsen Verlag GmbH, Berlin

Das Werk und seine Teile sind urheberrechtlich geschützt.
Jede Nutzung in anderen als den gesetzlich zugelassenen Fällen bedarf
der vorherigen schriftlichen Einwilligung des Verlages.
Hinweis zu den §§ 46, 52 a UrhG: Weder das Werk noch seine Teile dürfen ohne eine
solche Einwilligung eingescannt und in ein Netzwerk eingestellt oder sonst öffentlich
zugänglich gemacht werden. Dies gilt auch für Intranets von Schulen und sonstigen
Bildungseinrichtungen.

Druck: Grafisches Centrum Cuno GmbH & Co.KG, Calbe

ISBN: 978-3-06-230094-3

PEFC zertifiziert

Dieses Produkt stammt
aus nachhaltig
bewirtschafteten Wäldern
und kontrollierten Quellen

PEFC/04-31-1370   www.pefc.de

Inhalt

Zur Arbeit mit diesem Buch 4

1 **Einführung: Die Welt im 15. und 16. Jahrhundert – zwischen Umbruch und Kontinuität (Kernmodul)** 6
   - Vorwissenstest 15

2 **Einstieg: Grundlagen des Lebens in Europa um 1500** 16
   - Geschichte und Theorie: Strukturen versus Mikro-Historie ... 27
   - Methode: Darstellungen analysieren 29
   - Kompetenzen überprüfen 32

3 **Europäische Expansion: Begann um 1500 die Europäisierung der Welt? (Wahlmodul 1)** 34
   - Geschichte und Theorie: Kulturberührung/Kulturzusammenstoß 60
     Kolonialismus 62
   - Methode: Schriftliche Quellen interpretieren 63
   - Methode: Ein historisches Urteil entwickeln 66
   - Kompetenzen überprüfen 72

4 **Handelshäuser, Handelsmächte, Geldwirtschaft – Beginn der Globalisierung? (Wahlmodul 2)** 74
   - Methode: Geschichtskarten analysieren 101
   - Kompetenzen überprüfen 104

5 **Das 15. und 16. Jahrhundert – eine Zeit des geistigen Umbruchs? (Wahlmodul 3)** 106
   - Geschichte und Theorie: Mythos Renaissance 131
   - Methode: Gemälde analysieren 134
   - Kompetenzen überprüfen 138

Anhang 140
   Arbeitsaufträge in der Abiturklausur 140
   Formulierungshilfen für die Quelleninterpretation 142
   Tipps zur Vorbereitung auf die Abiturthemen 144
   Probeklausur mit Lösungshinweisen 145
   Fachliteratur 149
   Zeittafel 150
   Begriffslexikon 152
   Personenlexikon und Personenregister 155
   Sachregister 158
   Bildquellen 160

Zur Arbeit mit diesem Kursheft

Das Kursheft ist eine thematisch orientierte Materialsammlung für den Geschichtsunterricht in der Oberstufe. Im Zentrum jedes Kapitels steht eine umfangreiche Quellensammlung, die ergänzt wird durch einführende Darstellungen und Methodenseiten (gelber Balken). Die Doppelseite „Kompetenzen überprüfen" (blauer Balken) schließt das Kapitel ab.

Sach-, Urteils- und Methodenkompetenzen, die im Kapitel erworben werden

Einleitende Darstellungen

Erläuterungen und Verweise in der Randspalte

Webcodes führen zu Internettipps. Einfach die Zahlenkombination aus dem Buch eingeben unter **www.cornelsen.de/webcode**

Hinweise zur Arbeit mit den Materialien: Überblick über die Quellenauswahl mit Leitfragen und Kompetenzen

Besondere Materialangebote zu „Geschichte und Theorie" „Geschichte kontrovers"

Einzelarbeitsaufträge zu allen Materialien; besondere Arbeitsformen (Referate, Gruppenarbeit etc.) sind blau hervorgehoben.

Methodenseiten

Die Seite **„Kompetenzen überprüfen"** mit weiterführenden Arbeitsanregungen und kompetenzorientierten Aufgaben

Vorwissenstest

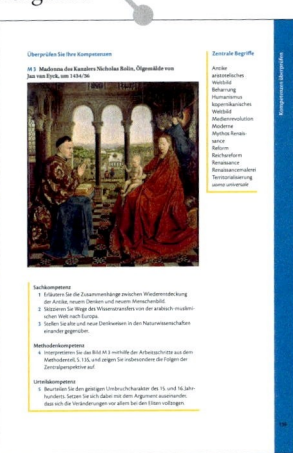

Der Anhang:
- Tipps für die Abiturvorbereitung
- Probeklausur
- Serviceseiten

1 Einführung: Die Welt im 15. und 16. Jahrhundert – zwischen Umbruch und Kontinuität (Kernmodul)

Die Welt heute

Unsere moderne europäisch-westliche Gesellschaft wird durch Mobilität geprägt. Nicht ein von Geburt an vorgezeichneter Lebensweg wie in der feudalen Ständegesellschaft bestimmt die Stellung des Menschen, sondern individuelle Fähigkeiten und erworbene Bildung entscheiden über seine gesellschaftliche Position. Die Menschen bewegen sich in einer Vielzahl von Gruppen – Familie, Berufskollegen, Vereine, Parteien, Religionsgemeinschaften –, die eigene Werte und Ziele vertreten. In der pluralistischen Gesellschaft moderner westlicher Industriestaaten konkurrieren Gruppen um Ansehen und Einfluss. Auch die Demokratie wird als Wettbewerb politischer Ziele und gesellschaftlicher Werte betrachtet. Männer und Frauen sind formal gleichberechtigt. Das Rechtssystem sichert die Gleichbehandlung und garantiert jedem die Grundrechte. Hohe Arbeitsproduktivität, technische Innovationen und „städtische" Lebensformen – die längst auch das Dorfleben durchdrungen haben – sind Kennzeichen des Alltagsleben.

Am Beginn des 21. Jahrhundert erleben wir diese moderne Welt als eine Welt im Umbruch. Mit der Globalisierung, d. h. einem Prozess weltweiter Verflechtung, ist die Welt auf verschiedenen Ebenen näher zusammengerückt. Die Weltwirtschaft ist eng vernetzt, die Bankenkrise in den USA 2008 löste eine weltweite Krise der Finanzmärkte aus. Internationale Vereinbarungen über wirtschaftliche Sicherungssysteme, Datentransfer und Verhaltensstandards gewinnen an Bedeutung. Die Digitalisierung macht riesige Mengen an Informationen jederzeit weltweit verfügbar, jeder kann zudem mit jedem rund um die Uhr kommunizieren. Kulturelle Unterschiede nehmen einerseits ab, aber weltweite Migration erfordert andererseits immer mehr interkulturelle Kompetenzen und Toleranz im Zusammenleben. Die Welt wird gleichzeitig vielfältiger und einheitlicher. Und auch der Klimawandel ist Teil der Globalisierung. Immer häufiger zeigt sich ein klarer Zusammenhang zwischen Naturkatastrophen und Klimaveränderungen, verursacht durch das stetige Wachstum der Industrienationen.

M 1 Moderne Kommunikation in der digitalen Welt, 2015

Weltpolitisch ist mit dem Ende der Sowjetunion und der Unabhängigkeit der osteuropäischen Staaten Anfang der 1990er-Jahre die bipolare Weltordnung von Ost und West aufgebrochen worden. Die USA nutzten zunächst ihre alleinige Führungsrolle, „um Demokratie zu verbreiten", auch mit militärischen Mitteln wie im Irak. Ein „Kampf der Kulturen" wurde beschworen. Inzwischen erheben wieder mehrere Staaten Anspruch auf eine leitende Funktion in der Welt: China und Russland sind zentrale wirtschaftliche bzw. politische Akteure neben den USA, die seit 2017 unter der Führung von Präsident Donald Trump stehen. Eine neue Dimension brachten die Terroranschläge vom 11. September 2001 in den USA. Der Terror wurde zu einer Bedrohung weltweit: Madrid, London, Paris und viele andere Orte wurden zu Zielen von oft islamistischen Terrororganisationen – eine völlig neue Herausforderung für die internationale Staatengemeinschaft. Und so treten neben die Öffnung der Welt, die Vielfalt der individuellen Entfaltungsmöglichkeiten auch Einschränkungen durch neue Sicherheitsregeln und Ängste vor existenzieller Bedrohung durch den Terror.

Epochen und Zeitenwenden

Der beschleunigte Wandel von Wirtschaft, Kultur, Politik und Gesellschaft unter den Vorzeichen der Globalisierung hat das Bewusstsein für die Frage geschärft, wann eigentlich unsere heutige Moderne begonnen hat. Die Grundlagen unserer Epoche werden von den meisten Historikern auf die politischen Revolutionen in Amerika (1776) und Frankreich (1789) sowie auf die Industrielle Revolution seit Mitte des 18. Jahrhunderts zurückgeführt; man spricht von einer „Sattelzeit" zwischen 1750 und 1850, in der sich erste Formen moderner Demokratie und moderner Industriegesellschaft entfalteten. Daraus hat sich eine Epocheneinteilung ergeben, die in Europa bis heute als klassisches Periodisierungsmodell betrachtet wird: Antike (ca. 1100 v. Chr. bis 500 n. Chr.), Mittelalter (ca. 500 bis 1500) und Neuzeit (16. Jh. bis heute).

In Abgrenzung zur klassischen Periodisierung hat sich jedoch in den letzten Jahrzehnten eine andere Gliederung für die Geschichte Europas entwickelt, die weniger an Herrscherwechseln, Kriegen und Ereignissen als vielmehr an sozial- und wirtschaftsgeschichtlichen Prozessen orientiert ist, z. B. an Konjunkturen und Klimaveränderungen, an der Entstehung von Städten und neuen Kommunikationsmitteln, an der Herausbildung neuer Klassen oder Schichten usw. Wendet man sich diesen Dimensionen der Geschichte zu, so gibt es gute Argumente dafür, dass bereits im 12./13. Jahrhundert Entwicklungen einsetzten, die den Weg in die Moderne ebneten. Von diesem Ansatz ausgehend brechen einige Historiker mit den Begriffen Mittelalter und Frühe Neuzeit und sprechen von einer Epoche „Alteuropas". Diese reiche vom 12./13. bis zum 18. Jahrhundert und stelle eine Vorphase der Moderne dar, in der einerseits das Alte noch weiterwirke, andererseits aber Elemente der Modernisierung deutlich sichtbar hervortreten. Kontinuitätslinien und Wandel stehen nebeneinander und sind miteinander verschränkt.

Der Begriff der „**Zeitenwende**" betont vor allem den Umbruchcharakter einer bestimmten Zeit. Indem man diesen Zeitraum aber relativ groß wählt und zwischen verschiedenen Bereichen (Staat, Gesellschaft, Alltag, Wirtschaft, Kultur) unterscheidet, lässt er sowohl Raum für abrupte Zäsuren als auch für langsamere Veränderungen. Kontinuierlich wirkende Strukturen werden aber als weniger prägend eingeordnet.

In der außereuropäischen Welt gelten dagegen andere Phasenmodelle. In **China** beispielsweise unterteilt man die Geschichte in Frühzeit, Altertum, Kaiserzeit und Moderne mit völlig anderer zeitlicher Verortung. Bei der Verwendung von „vor bzw. nach Christi Geburt" bleibt zu bedenken, dass es sich hier um eurozentrische Begriffe handelt, die jedoch für die Gegenüberstellung wichtig sind:

China			Europa	
Frühzeit	bis 16. Jh. v. Chr.	Entstehung sesshafter Ackerkulturen		
Altertum	16. Jh. bis 221 v. Chr.	Adelsherrschaften und Königtum, Beginn zentralstaatlicher Macht; Bronzewerkzeug; ab 4. Jh. Eisen; erste Zeugnisse einer Schrift; Konfuzianismus u. a. Denkschulen	**Antike**	ca. 1100 v. Chr. bis 500 n. Chr.
Kaiserzeit	221 v. Chr. bis 1911	Dauerhaftes Kaisertum trotz häufiger Wechsel von Reichseinheit und Mehrstaatlichkeit	**Mittelalter** **Neuzeit** *Frühe Neuzeit* *Moderne*	ca. 500–1500 ca. 16. Jh. bis heute 16. bis 18. Jh. ab 19. Jh.
Moderne	1912 bis heute	Republik und Volksrepublik China		

Insgesamt zeigt sich, dass das europäische Zeitkonzept von **linearem Denken** geprägt ist. Das geht auf das christliche Weltbild zurück, in dem es einen Anfang und ein Ende von Zeit gibt. Alles entwickelt sich auf das Ende hin, Fortschritt und Wachstum sind wichtige Begriffe. Im Gegensatz dazu wird die asiatische Kultur vom **zyklischen Denken** bestimmt. Die Zeit und das Leben werden hier als ewiger Kreislauf wahrgenommen, man kehrt dabei immer wieder an seinen Ausgangspunkt zurück und arbeitet nicht auf ein bestimmtes Ziel hin.

Die Welt um 1500 – eine Zeitenwende?

Auch in dem Periodisierungsmodell „Alteuropa" behält die Zeit um 1500 – unter der wir die Jahrhunderte vom 15. bis zum 17. Jahrhundert verstehen – eine besondere Stellung. Denn manches, was heute als grundlegendes Element der Moderne betrachtet wird, entwickelte sich in dieser Übergangszeit. Doch kann man tatsächlich für die Zeit um 1500 von einer Zeitenwende sprechen?

Die **Erfindung des Buchdrucks** mit beweglichen Lettern um 1450 bewirkte ein bis dahin unbekanntes Maß der Verschriftlichung und Vermehrung von Informationen. Mit dem Durchbruch von **Renaissance und Humanismus** im 15./16. Jahrhundert löste sich das mittelalterliche Welt- und Menschenbild allmählich auf, das von Kirche und Glaube beherrscht wurde. Zum Ideal wurde jetzt der umfassend gebildete Mensch, der sein Leben selbstbewusst und vernünftig gestalten sollte. Das hatte ebenfalls Auswirkungen auf Wissenschaft und Technik. Mathematiker, Astronomen und Mediziner verbanden das wiederentdeckte Wissen der Antike mit neuen Fragestellungen und Methoden (Kapitel 5). Zur Erweiterung des geistigen Horizonts trug auch die **außereuropäische Expansion** bei. Die Europäer entdeckten neue Kontinente und Kulturen und kamen besonders seit dem 16. Jahrhundert in Berührung mit ihnen bis dahin völlig fremden Welten. Sie trugen dabei ihre Werte, ihre Kultur sowie ihre Herrschaftsformen in die Welt und stießen Prozesse der Europäisierung an (Kapitel 3). Auf wirtschaftlichem Gebiet bildeten sich vor allem in den Städten **frühkapitalistische Produktions- und Vertriebsformen** heraus. Sie wurden seit dem 15. Jahrhundert von Unternehmerfamilien und Handelsgesellschaften vorangetrieben und bewirkten ein Aufbrechen der feudal-ständischen Gesellschaft. Die europäischen Entdeckungen begünstigten zudem den **Ausbau globaler Handelsnetze**, in denen die Europäer eine wichtige Rolle spielten. Vor diesem Hintergrund stellt sich die Frage, ob man für das 16. Jahrhundert schon von Globalisierung sprechen kann (Kapitel 4).

Die Zeit um 1500 wird aber nicht nur durch das Hervortreten des Neuen bestimmt, sondern auch durch das Fortwirken des Alten. In der Renaissance bleiben Elemente des mittelalterlichen Welt- und Wertever-

M 2 „Der Tod und die Drucker", Holzstich aus „La Grant Macabre", 1499/1500

ständnisses erhalten. Auch das Aufbrechen der mittelalterlichen Ständegesellschaft ist kein geradliniger Prozess. Mobilität gab es vor allem innerhalb der Stände. Zum Teil beförderte der frühneuzeitliche Staat sogar eine Hierarchisierung der Gesellschaft. Auch im Bereich der Geschlechterrollen stellt sich die Frage, ob Frauen, die in der mittelalterlichen Stadt in zahlreichen Wirtschaftsbereichen aktiv waren, mit der Wende zur Neuzeit nicht wieder aus diesen Bereichen verdrängt worden sind. Und ein besonders wichtiges Argument für die Betonung der Kontinuität: Bis ins 18. Jahrhundert hinein lebten die meisten Menschen auf dem Lande und von der Landwirtschaft, in ihrer alltäglichen Lebenswelt veränderte sich wenig (Kapitel 2). Solche Strukturen von „langer Dauer" (Fernand Braudel; frz. = *longue durée*) bestimmen ebenfalls den Epochenübergang um 1500 und sprechen gegen eine Deutung der Zeit als Zeitenwende.

Die Frage nach einer Zeitenwende um 1500 relativiert sich auch aus der Perspektive nicht-europäischer Länder. Der Stand von Technik und Wissenschaft war zum Beispiel im Mittelalter in China wesentlich höher als in Europa. Warum aber brach in China der Weg in die Moderne ab? Der im 16. Jahrhundert einsetzende Kolonialismus bedeutete zudem für alle eroberten Länder einen tiefen, von außen verursachten Einschnitt. Mit der Zerstörung von Kulturen, wie z. B. der der Maya, Inka oder Azteken in Altamerika durch die Europäer, endete die Unabhängigkeit dieser Länder und damit auch ihre eigene Zeitrechnung.

Webcode:
KH300943-010

1 **Mindmap:** Tragen Sie in Ihrem Kurs Ereignisse, Begriffe und Entwicklungen des 15. und 16. Jahrhunderts zusammen und ordnen Sie diese in einer Mindmap.
2 Erläutern Sie die in der Darstellung beschriebene „klassische Periodisierung" sowie den neueren Ansatz „Alteuropa". Zeigen Sie, wie in beiden Modellen das lineare Zeitkonzept zum Tragen kommt.
3 **Tabelle:** Erstellen Sie eine Tabelle. Listen Sie in einer Spalte historische Entwicklungen auf, die für eine Zeitenwende um 1500 sprechen, in einer zweiten Spalte Entwicklungen, die dagegen sprechen.

M 3 Polo-Spiel in China, Saray-Alben, 14. Jahrhundert

M 4 Girolamo Cardano (1501–1576), Naturphilosoph, Arzt und Mathematiker, in seiner Autobiografie (16. Jh.)

Zu den größten und allerseltsamsten Ereignissen natürlicher Art zähle ich in erster Linie dies, dass ich in dem Jahrhundert zur Welt kam, da der ganze Erdkreis entdeckt wurde, während den Alten nur wenig mehr als der dritte Teil bekannt gewesen war. Gibt es Wunderbareres als die Erfindung des Pulvers, des Blitzes in Menschenhand, der verderbenbringender noch ist als der des Himmels? Und auch Dich will ich nicht vergessen, Du großer Magnet, der Du uns durch die weitesten Meere, durch die finstere Nacht und fürchterliche Stürme sicher in fremde unbekannte Länder geleitest. Und als Viertes sei noch genannt die Erfindung der Buchdruckerkunst. Menschenhände haben dies alles gemacht. Menschengeist erfunden, was mit des Himmels Wundern wetteifern kann. Was fehlt uns noch, dass wir den Himmel stürmen?

Des Girolamo Cardano von Mailand (Buergers von Bologna) eigene Lebensbeschreibung, übertragen und eingeleitet von Hermann Hefele, Diederichs, Jena 1914, S. 138.

M 5 Der Historiker Klaus Pfitzer über die Renaissance (2015)

Renaissancen, das heißt Wiedergeburten vergangener Kulturen, gab es immer wieder [...]. Dennoch versteht man unter dem Begriff „Renaissance" zumeist allgemein die Kulturwende vom Mittelalter zur Neuzeit, die im 13. und 14. Jahrhundert in Italien ihren Anfang nahm und sich von dort aus auf dem europäischen Kontinent ausbreitete.

In Italien waren im Mittelalter einige reiche und mächtige Stadtrepubliken mit einem selbstbewussten Patriziat entstanden, die nach den ersten Kreuzzügen den Mittelmeerhandel, vor allem denjenigen mit dem Orient, unter ihre Kontrolle gebracht und so ihren Reichtum noch vermehrt hatten. Bei den Patriziern und den gebildeten Bürgern entstand sehr bald die Vorstellung, in einem neuen Zeitalter zu leben. Man begann auf die Ideale des Humanismus aus der Römerzeit zurückzugreifen, und auch das klassische Latein erlebte eine Renaissance. Dass auch das Altgriechische wiederentdeckt wurde, ist zum Teil dadurch zu erklären, dass nach dem Scheitern der Kreuzzüge immer mehr Flüchtlinge aus dem von den Osmanen eroberten Byzanz nach Italien kamen. [...]

Es scheint paradox, dass diese alten Sprachen zur Sprache der Erneuerung wurden. Die Schriftsteller der Renaissance ahmten den Stil der antiken Autoren nach. Doch war damals ein zyklisches Geschichtsverständnis vorherrschend, und man meinte, dass nach einer Phase der Nichtbeachtung der klassischen Kultur der Griechen und Römer nun wieder die Hochblüte der Klassik angebrochen sei. Diese Zwischenzeit bis zur Wiedergeburt der alten Kultur wurde „Mittelalter" genannt. [...]

Die Renaissance ist weniger als eine „kulturelle Revolution" im Sinne eines plötzlichen Bruchs mit der Vergangenheit zu verstehen, als vielmehr als eine graduelle Entwicklung, in deren Verlauf sich mehr und mehr Menschen von einzelnen Inhalten der spätmittelalterlichen Kultur ab- und der klassischen Vergangenheit zuwandten. Zur Ausbreitung der Renaissance in Europa trugen auch die vermehrten Reisen von Künstlern und Literaten nach Italien bei. [...] Die neuen Impulse aus Italien wurden jedoch nicht einfach nachgeahmt, sondern eigenständig verarbeitet. Schließlich trafen sie vor allem in Mitteleuropa auf ganz andere Voraussetzungen. So waren hier die ständische Gliederung, die genossenschaftlichen Verbände und die universale Reichsidee noch ganz vom Mittelalter geprägt.

Klaus Pfitzer, Reformation, Humanismus, Renaissance, Reclam, Stuttgart 2015, S. 12–14.

1 Informieren Sie sich über den Lebenslauf Cardanos und stellen Sie einen Zusammenhang zu seiner Bewertung des 16. Jahrhunderts her (M 4).

2 Fassen Sie den Text zur Renaissance (M 5) in Thesen zusammen.

3 Begründen Sie, warum Girolamo Cardano mit seinen Äußerungen die Thesen von M 5 belegt.

M 6 Galilei und Viviani, Ölgemälde von Tito Lessi, 1892

1 Beschreiben Sie das Bild, indem Sie Gegenstände und Personen sowie den historischen Kontext ermitteln. Bestimmen Sie anschließend die Aussage des Bildes, indem Sie die Anordnung der Bildelemente, Farben und Lichteinfall analysieren.

M 7 Der Historiker Peter Blickle über die Begriffe „Alteuropa" und „Frühe Neuzeit" (2008)

Das Alte Europa ist keineswegs konkurrenzlos, es ist sogar fraglich, ob der Begriff überhaupt als etabliert gelten darf. [...] Das herkömmliche Reden vom *Mittelalter* und der *Neuzeit* teilt das Alte Europa als Epoche. Danach leiten Humanismus, Reformation und Entdeckungsreisen ein neues Zeitalter ein. Die in den letzten Jahrzehnten gebräuchlich gewordene *Frühe Neuzeit* für die Epoche von 1500 bis 1800 leitet sich vom englischen *early modern* ab und sieht – modernisierungstheoretisch geprägt, wie sie war und verbreitet auch noch ist – schon durch ihre Wortwahl Geschichte in ihrer Kulturbedeutung für die Gegenwart. [...] Je nach Kontext – Wirtschaft, Gesellschaft, Staat, Recht, Politik, Religion – verweist das *early* auf verschiedene Anfänge. Es bezeichnet also keinen gemeinsamen Beginn [...]. Immerhin hat die amerikanische Geschichtswissenschaft neulich eine große sechsbändige „*Encyclopedia of the Early Modern World*" vorgelegt und ihr den Titel „*Europe 1450 to 1789*" gegeben. Damit wurden Humanismus, Reformation und Entdeckungsreisen als Epochengrenze ausdrücklich überschritten [...]. [...]

Sich zu entschließen, einem Buch den Titel „Das Alte Europa" zu geben, kann nur aus der Erfahrung und der Überzeugung erwachsen, dass es vor der Moderne eine in sich geschlossene, in ihren Erscheinungen integrierte und kompakte Form Europas gegeben habe. [...] Die Grenzen der eigenen Forschung und die Weite der akademischen Lehre haben beide nämlich das Ergebnis gezeitigt: (spätes) Mittelalter und (frühe) Neuzeit lassen sich schwer als getrennte Epochen konstituieren. [...] Vier Säulen [...] tragen das Alte Europa und schaffen zugleich eine zeitliche Einheit, die sich mit den Eckdaten 1200 und 1800 markieren lässt, vorausgesetzt, man unterschlägt nicht die Gleichzeitigkeit des Ungleichzeitigen. Es sind ineinander verstrebte Erscheinungen, die dem Alten Europa sein unverwechselbares Aussehen geben [...].

Peter Blickle, Das Alte Europa. Vom Hochmittelalter bis zur Moderne, C. H. Beck, München 2008, S. 14–17.

M 8 Der französische Historiker Jacques Le Goff über die Renaissance als Epoche (2016)

Einerseits stellt die Renaissance, ganz gleich, wie wichtig sie war und wie sehr sie eine Individualisierung im historischen Ablauf verdient hätte, meiner Meinung nach keine eigene Periode dar: Sie ist lediglich die letzte Renaissance eines langen Mittelalters. Andererseits möchte ich aufzeigen, dass das Prinzip der Periodisierung in der Geschichte heutzutage durch die Globalisierung der Kulturen und die Dezentrierung des Westens infrage gestellt wird, für den Historiker aber ein unentbehrliches Instrument bleibt. Allerdings müsste man die Periodisierung flexibler anwenden, als es bislang geschehen ist, seit man begonnen hat, „die Geschichte zu periodisieren".

Jacques Le Goff, Geschichte ohne Epochen? Ein Essay, Philipp von Zabern, Darmstadt 2016, S. 88.

1 Skizzieren Sie die Unterschiede zwischen den Begriffen „Alteuropa" und „Frühe Neuzeit" (M 7).
2 Diskutieren Sie die Vor- und Nachteile einer Unterteilung der Geschichte in Epochen (M 8).

M 9 Der Historiker Jürgen Osterhammel über „europazentristische" und „exotistische" Ansätze in der Forschung (2000)

Es wäre voreilig, die Scheu von Asienhistorikern vor der Kategorie der Frühen Neuzeit auf Ignoranz oder Begriffs- und Theoriefeindschaft zurückzuführen. Ihr Zögern hat tiefere Gründe. Es verweist auf ein grundsätzliches Dilemma beim Versuch, weltgeschichtliche Zusammenhänge zu erfassen und darzustellen. Viele Historiker erkennen heute, dass ein Weg zwischen zwei Extremen gefunden werden muss: zwischen Europazentrismus und Exotismus.

Als europazentristisch kann man ein Bündel von drei universalistischen Vorstellungen bezeichnen. Erstens: die „erfolgreiche" Entwicklung Europas und seines Ablegers Nordamerika – also des „Westens" oder „Abendlandes" – hin zu Macht und Reichtum sei der Normalpfad der geschichtlichen Entwicklung, alles andere seien aus Defiziten erklärbare Abweichungen; zweitens: seit der „Entdeckung" und beginnenden Kolonisierung anderer Weltteile durch die Europäer sei nahezu aller gesellschaftlicher Wandel dort auf beabsichtigte oder auch ungewollte europäische Einwirkungen zurückzuführen; drittens: außereuropäische Gesellschaft und ihre Geschichte ließen sich vollkommen in der universal anwendbaren Sprache der modernen westlichen Sozial- und Geschichtswissenschaften beschreiben und erklären, wie dies vor allem der Marxismus und die soziologische Modernisierungstheorie versucht haben.

Exotistisch kann man die radikale relativistische Gegenposition nennen, die Überzeugung nämlich, erstens: jedes Volk, jede Zivilisation oder Nation folge allein einem einzigartigen inneren Bewegungsgesetz, der Vergleich asiatischer mit europäischen Entwicklungen sei daher unmöglich und unzulässig; zweitens: zumindest bis zum Beginn des „Zeitalters des Imperialismus" [Ende des 19. Jahrhunderts] könne die Geschichte Asiens gleichsam autark, also unter Ausblendung jeglicher Außenkontakte mit Europa geschrieben werden; drittens: zur Beschreibung und Interpretation außereuropäischer Gesellschaften dürfe man sich allein der Terminologie der einheimischen Quellen bedienen; ein westlicher „Begriffsimperialismus", also die Anwendung wissenschaftlicher Kategorien mit Universalitätsanspruch, verzerre das wahre Wesen „des Anderen".

Jürgen Osterhammel, Die Frühe Neuzeit außerhalb Europas: Asien, in: Anette Völker-Rasor (Hg.), Frühe Neuzeit, Oldenbourg, München 2000, S.431 f.

M 10 Der Sinologe Dieter Kuhn über Wissenschaften und Technik in China (1988)

Zwischen dem 11. und 13. Jahrhundert haben sich in China grundlegende Veränderungen in allen Lebensbereichen vollzogen, weswegen Jacques Gernet von einer „chinesischen Renaissance" spricht [...]. In der Song-Dynastie [960–1279] wurde die Zivilverwaltung gestärkt und ausgebaut. Zum ersten Mal in der chinesischen Geschichte stiegen Beamten-Gelehrte in die höchsten Regierungspositionen auf. [...] Aus der dünnen Schicht der Beamten-Gelehrten, die den Staat mit dem Wohlwollen des Kaisers regierten und verwalteten, kamen auch jene Intellektuellen, die sich mit den Wissenschaften und Techniken beschäftigten. Die unbestrittene Vorrang- und Machtstellung dieser Schicht ermöglichte den ihr Zugehörigen die Beschäftigung mit solchen Problemen in viel größerem Maß als je zuvor oder danach in der chinesischen Geschichte. Beobachtungen, Überlegungen und Versuche führten in jener Epoche zu Ergebnissen, die sie als eine der wissenschafts- und technikhistorisch kreativsten Zeiten in der Geschichte der Menschheit ausweisen. Viele der Erfindungen, Entdeckungen und Verbesserungen, wie das Schießpulver, der Kompass, der Druck mit beweglichen Lettern, erlangten wenige Jahrhunderte später in Europa weltgeschichtliche Bedeutung. In der Song-Dynastie wurden die gesellschaftlichen, landwirtschaftlichen, wissenschaftlichen und technischen Voraussetzungen für den Eintritt in das „moderne" Zeitalter geschaffen, das danach in China hätte beginnen können. [...]

Es ist noch immer nicht einfach zu begründen, warum China, besonders nach dem 14. Jahrhundert, von einer allgemeinen technischen und wissenschaftlichen Stagnation ergriffen wurde. Sehr wahrscheinlich muss man einen der wesentlichen Gründe dafür in der Schicht der Beamten-Gelehrten suchen. Nach der Song-Zeit mussten die Beamten-Gelehrten, denen bis dahin der größte Teil aller Neuerungen und Erkenntnisse zu verdanken war, um ihre Stellung im Staat kämpfen. Man kann sie trotz ihrer wissenschaftlichen Leistungen nicht als „Wegbereiter des Fortschritts" bezeichnen, denn diesen „Fortschritts"-Gedanken gab es gar nicht.

Dieter Kuhn, Wissenschaften und Technik, in: Roger Goepper (Hg.), Das alte China, C. Bertelsmann, München 1988, S. 266–279.

1 Bestimmen Sie, was Osterhammel mit „exotistischem" Ansatz meint (M 9).
2 Charakterisieren Sie die „chinesische Renaissance". Überlegen Sie, ob die Analyse von Dieter Kuhn dem „exotistischen Ansatz" entspricht.

verbunden war ein nachhaltiger sozialer Wandel,
– die Differenzierung von Herrschaftsformen, die als „Entstehung des modernen Staates" bezeichnet wird; dazu gehören spezifische Formen des Austragens politischer Konflikte, insbesondere zwischen Fürsten und Ständen,
– das Ende der Einheit der abendländischen Christenheit und die Entstehung von Konfessionen,
– der Wandel des Weltbildes und des Wissenschaftsverständnisses und schließlich
– das Ausgreifen Europas über die eigenen Grenzen: die Expansion nach Übersee.

Nicht nackte Geschichtsdaten allein also sind es, die den Epochencharakter markieren; daneben und sie integrierend lassen sich Verlaufsmuster benennen, die den Zusammenhalt eines längeren Zeitraums verdeutlichen können, ohne dass dieser stets mit dem Anfang des 16. Jahrhunderts gleichgesetzt werden kann.

Luise Schorn-Schütte, Geschichte Europas in der Frühen Neuzeit, 2. aktualisierte Auflage, Ferdinand Schöningh, Paderborn 2013, S. 18 f.

1 Arbeiten Sie die zentralen Begriffe des Textes heraus und bestimmen Sie ihre Bedeutung.
2 Zeigen Sie, wie die Autorin zu der Frage einer Zeitenwende um 1500 steht.

M 11 Die Historikerin Luise Schorn-Schütte über zentrale Aspekte der europäischen Frühen Neuzeit (2009)

In allen Darstellungen zur Geschichte der europäischen Frühen Neuzeit werden Epochen prägende Leitbegriffe verwendet, die spezifische, europäische Entwicklungswege markieren und damit sowohl zur Binnendifferenzierung der Zeitspanne als auch zur Begründung von Anfang und Ende der Epoche beitragen sollen. Als solche Charakteristika gelten:
– Eine bemerkenswerte Dynamik des Bevölkerungswachstums,
– die wachsende Bedeutung von Gewerbe und Handel, durch die die Dominanz der Agrarwirtschaft modifiziert wurde; damit

M 12 „Zeitenwende", Karikatur von Harm Bengen, o. J.

1 Diskutieren Sie: Welche historischen Ereignisse waren für Sie Zeitenwenden?

Testen Sie Ihr Vorwissen zur Welt im 15. und 16. Jahrhundert

1 Wie lautet die deutsche Übersetzung des Begriffs „Renaissance"?
   A Erneuerung
   B Wiedergeburt
   C Fortschritt

2 Wie heißt die größte Stadt in Europa um 1500?
   A Paris
   B Venedig
   C London

3 In welchem europäischen Land wurden die ersten Banken gegründet?
   A In Italien
   B In der Schweiz
   C In Deutschland

4 Was bezeichnet der Begriff „Humanismus"?
   A Eine geistige Bewegung, die durch Beschäftigung mit der Antike ein neues Menschenbild und Selbstverständnis entwickelte
   B Eine Glaubensbewegung, die für Reformen innerhalb der katholischen Kirche eintrat
   C Eine Bewegung, die Latein und Griechisch zu verpflichtenden Fächern in der höheren Schule machen wollte

5 Wann entdeckte Christoph Kolumbus Amerika?
   A 1517
   B 1473
   C 1492

6 Auf welcher Insel landete Christoph Kolumbus bei seiner ersten Fahrt über den Atlantik als Erstes?
   A Bahamas
   B Kuba
   C Haiti

7 Wer durchquerte als erster Seefahrer die mittelamerikanische Landenge und erreichte so den Pazifischen Ozean?
   A Vasco da Gama
   B Vasco Núñez de Balboa
   C Christoph Kolumbus

8 Aus welcher bayerischen Stadt stammte der Kaufmann und Begründer des gleichnamigen Unternehmens Jacob Fugger?
   A Nürnberg
   B Augsburg
   C München

9 Was bezeichnet der Begriff „Faktorei"?
   A Die Vorstufe zu einer Fabrik, in der Handwerker gemeinsam arbeiteten
   B Eine Handelsniederlassung im europäischen Ausland oder in Übersee
   C Ein Militärlager zur Absicherung der kolonialen Herrschaft

10 Welche Erfindung revolutionierte Mitte des 15. Jahrhunderts die Kommunikation?
   A Der Buchdruck
   B Das Papier
   C Die Poststationen und ihre enge Vernetzung untereinander

11 Warum geriet der italienische Wissenschaftler Galileo Galilei in Konflikt mit der katholischen Kirche?
   A Weil er das heliozentrische Weltbild von Kopernikus unterstützte
   B Weil er nachwies, dass die Erde keine Scheibe, sondern eine Kugel ist
   C Weil er die Schöpfungsgeschichte der Bibel in Frage stellte, indem er Belege für die Evolution vorlegte

12 Welches Jahrhundert bzw. welche Jahrhunderte umfasst die Epochenbezeichnung Frühe Neuzeit?
   A 15. und 16. Jahrhundert
   B 16. bis 18. Jahrhundert
   C 16. Jahrhundert

2 Einstieg: Grundlagen des Lebens in Europa um 1500

Kompetenzen erwerben

Sachkompetenz:
- das Leitbild der „Ständegesellschaft" erläutern und die Auswirkungen auf verschiedene soziale Gruppen und ihren Alltag beschreiben
- Wandel und Kontinuität von Familie und Geschlechterrollen um 1500 bestimmen
- Veränderungsprozesse in den Städten um 1500 charakterisieren
- den Stellenwert von „Strukturen" in verschiedenen Deutungsansätzen von Historikern darstellen und diskutieren

Methodenkompetenz:
- Darstellungen analysieren

Urteilskompetenz:
- die Auswirkungen der Ständegesellschaft auf verschiedene soziale Gruppen beurteilen
- Veränderungsprozesse und Konstanten in Gesellschaft und Alltag um 1500 abwägen und bewerten
- die Bedeutung von Strukturen für die Deutung von Geschichte beurteilen

Die „Ständegesellschaft": Leitbilder und Wirklichkeit

In jeder gegenwärtigen oder vergangenen Gesellschaft, von der uns Quellen überliefert sind, kann man Bilder finden, die Menschen dieser Gesellschaften von sich selbst entwerfen oder die ihnen von der Gesellschaft vorgeschrieben werden. Das können **normative Leitbilder** sein, wie zum Beispiel das Bild des allzeit jungen, dynamischen Arbeitsmenschen, das heutzutage die Werbung verbreitet. Die Wirklichkeit sieht dagegen oft anders aus. Die Leitbilder haben zwar eine große normative Wirkung, doch im Alltagsleben werden sie von den Menschen vielfältig umgesetzt.

Für die Menschen um 1500 war vor allem die **Ständelehre** prägend, die Geistliche der christlichen Kirche im Mittelalter entwickelt hatten. Sie wies jedem Menschen eine Position zu und schrieb mit dieser Position Pflichten, Rechte und Verhaltensformen fest. Im Kern gab es eine Dreiteilung in Geistlichkeit, Adel und Bauernstand. Dabei galten Stabilität und Unveränderbarkeit als grundlegende Prinzipien. Mittelalterliche, von der Theologie geprägte Begriffe für die Beschreibung von Gesellschaft und modernes Verständnis treten dabei weit auseinander. Für die Geistlichen hatte Gott die Welt für alle Zeiten geordnet. Gottgewollt war die Ungleichheit der Menschen und gottgewollt die Position, der „Stand", in den jede und jeder hineingeboren wurde. Heute hingegen gilt die rechtliche Gleichheit vor dem Gesetz, die im Prinzip keine Unterschiede zwischen den Menschen anerkennt, schon gar nicht solche der Geburt. Aber zu keiner Zeit stimmten und stimmen diese Leitbilder mit dem tatsächlichen Aufbau der Gesellschaften überein. Auch die frühneuzeitliche Gesellschaft war in Wirklichkeit weit differenzierter und flexibler. Die Bauern zum Beispiel waren alles andere als eine einheitliche Gruppe, denn der bäuerliche Großgrundbesitzer, der Leibeigener eines adligen Herrn sein konnte, stand hier neben dem freien Kleinbauern, dem Landarbeiter oder dem Tagelöhner. Als neue Gruppe kam im 14./15. Jahrhundert das unternehmerisch tätige, kapitalkräftige Bürgertum hinzu, das in den sich seit dem 12. Jahrhundert herausbildenden Städten lebte. Auch die Entstehung des Beamtentums war ein Beleg für die gesellschaftliche Ausdifferenzierung. Im 15. und 16. Jahrhundert hatte sich bei den europäischen Monarchen der Bedarf nach juristisch gebildeten und „professionell" eingestellten Personen vergrößert; unabhängig von adligen Familienbanden, Lehnsrechten oder anderen regionalen Bindungen sollten sie ihm in seinem Territorium als „Staatsdiener" zur Verfügung stehen. Im Alltag der Menschen spielte der Staat aber noch eine untergeordnete Rolle. Viel wichtiger waren die regionalen Kräfte und Bezüge.

M 1 „Totentanz", Aquarell von Johann Rudolf Feyerabend, 1806.

Das Bild zeigt einen Ausschnitt aus einer Kopie des zerstörten Wandfreskos der Predigerkirche in Basel von 1440 und präsentiert Vertreter verschiedener Gruppen der Gesellschaft.

1 Bestimmen Sie Beruf und gesellschaftliche Position der in M 1 gezeigten Personen.

Familie und Geschlechterrollen: Kontinuitäten und Veränderungen

Neben unübersehbaren Merkmalen des Wandels gab es an der Wende zur Neuzeit aber auch – nach den Worten des französischen Historikers Fernand Braudel – „Realitäten von langer, unerschöpflicher Dauer" (frz. = *longue durée*), die vom Strom der Wandlungen kaum oder gar nicht erfasst wurden. Vom Hochmittelalter bis weit ins 18. Jahrhundert hinein prägten sie die alteuropäische, vorindustrielle Zivilisation. Dazu zählte die Einbindung der Menschen in die engen Gemeinschaften der Familien und der Dorfgemeinden oder der städtischen Zünfte. Dabei zeigen zum Beispiel die Familienstrukturen große Unterschiede zur Moderne. Die uns allen bekannte „Kernfamilie" ist eine sehr junge Erscheinung des 20. Jahrhunderts. Im vorindustriellen Europa sprach man hingegen vom **„Haus"**, dem nicht nur Eltern und Kinder – und vielleicht noch Großeltern – angehörten, sondern auch die Knechte und Mägde auf dem Land und die Gesellen und Lehrlinge in der Stadt. Der Vater vertrat als „Hausherr" diese Gemeinschaft, die auf gemeinsamer wirtschaftlicher Tätigkeit begründet war, auch nach außen und nahm am öffentlichen Leben teil, sei es in der Dorfgemeinde oder in der Zunft. Die Eheschließung, d. h. die Gründung eines „Hauses", war nicht nur der individuelle Entschluss eines Mannes und einer Frau. Voraussetzung war in der Stadt die Position als Meister oder als selbstständiger Kaufmann, auf dem Land die Bewirtschaftung eines Hofes. Was die **Rolle der Frauen** angeht, galt zwar in Alteuropa das Verdikt des großen Kirchenlehrers Thomas von Aquin; demnach hätten Männer und Frauen als religiöse Persönlichkeiten den gleichen Rang, aber der Frau mangele es „von Natur aus an Vollkommenheit". Die soziale Realität der Geschlechterrollen war komplizierter. Sie sah im bäuerlichen Leben anders aus als in der städtischen Handwerker- und Kaufmannsfamilie oder in der adligen Familie. Bei der Untersuchung von Frauenerwerbstätigkeit im Übergang vom Spätmittelalter zur Frühen Neuzeit zeigen sich – gemessen an den Kriterien der modernen europäischen Zivilisation – auch Rückschritte in Bezug auf die Tätigkeitsfelder von Frauen. Die Differenzierung von Bildungsinstitutionen (u. a. Gründung von Universitäten) sowie die Professionalisierung in Handel und Handwerk führten zum Ausschluss von Frauen von bestimmten Berufen.

Stadt und Land

Seit dem Ende des 12. Jahrhunderts kam es zu einer Welle von **Stadtgründungen** in Europa. Ursache waren ein enormes Bevölkerungswachstum und die Steigerung der landwirtschaftlichen Produktion. Sie schufen die Basis für eine erhöhte Nachfrage nach gewerblichen Produkten und verstärkten die Handelsaktivitäten. Viele Menschen wanderten in die Städte, um dort ihr Glück zu versuchen. Könige, Fürsten und Bischöfe unterstützten den Ausbau von Siedlungen zu Städten, indem sie verschiedene Vorrechte gewährten. Um 1500 war die Stadtbevölkerung noch deutlich in der Minderheit, mehr als **80 % der Menschen in Europa lebten auf dem Land** und arbeiteten in der Landwirtschaft.

Das Leben in der Stadt unterschied sich deutlich vom Leben auf dem Land. Die Stadt bildete einen eigenen, abgeschlossenen Rechts- und Lebensbereich mit besonderen Regeln und Normen. Innerhalb der Stadtmauern lebte man eng aufeinander. Zu den wichtigsten Rechten gehörte die Befreiung von persönlicher Abhängigkeit, d. h. von der Einbindung in das Lehnswesen. Nach einer bestimmten Frist erhielten zugezogene Unfreie vom Land ihre persönliche Freiheit, die wiederum Voraussetzung für die Verleihung von Bürgerrechten war. In der Stadt gab es eine andere soziale Differenzierung als auf dem Land. Die Oberschicht wurde vor allem vom Patriziat bestehend aus wohlhabenden Kaufleuten, hohen Beamten und in der Stadt lebenden Adligen gestellt. Diese Gruppe bestimmte im Rat der Stadt über Politik und Verwaltung. Um 1500 hatten sich außerdem die Zünfte als Vertretung der Handwerker als Machtfaktor in der Stadt etabliert. Neben den Handwerkern zählten kleinere Kaufleute und Gesellen zur Mittelschicht. Die Unterschicht bildeten Tagelöhner, Dienstboten, aber auch Bettler und Arme. In der sozialen Hierarchie der Stadt kam es nicht nur auf Grundbesitz an, sondern vor allem auf Reichtum und Leistungsfähigkeit.

Webcode:
KH300943-019

M 2 „Herbstlandschaft", Ölgemälde von Lucas van Valckenborch, 1585

1. Beschreiben Sie die soziale Hierarchie der Ständegesellschaft und bestimmen Sie ihre wichtigsten Grundprinzipien.
2. **Tabelle:** Stellen Sie in einer Tabelle Kontinuitätslinien und Wandlungsprozesse im 15. und 16. Jahrhundert zusammen und bewerten Sie ihre jeweilige Bedeutung für den Übergang in die Moderne.
3. Charakterisieren Sie das Leben in der Stadt aus Sicht eines Einwohners. Nehmen Sie dabei unterschiedliche Perspektiven ein: als reicher Kaufmann, als Handwerker sowie als Tagelöhner.

Hinweise zur Arbeit mit den Materialien

Das Kapitel dient der **Einführung in die Lebenswelt des 15. und 16. Jahrhunderts**. Grundlegend war das Leitbild der **Ständegesellschaft**. Quellen, Sekundärliteratur und Bildmaterial beleuchten die Auswirkungen dieser Gesellschaftsordnung vor allem auf die Bauern (M 3 bis M 5). Es folgt ein Überblick über die Verteilung der Stände in Deutschland sowie eine allegorische Darstellung der Ständegesellschaft (M 6 und M 7). Abschließend diskutiert ein Historiker den Forschungsstand zur Ständegesellschaft am Übergang zur Frühen Neuzeit (M 8). In einem weiteren Materialblock (M 9 bis M 12) werden **Familienbilder und Geschlechterrollen** auch in ihrer sozialen Differenzierung thematisiert. Kontinuitäten und Wandel werden aufgezeigt. Schließlich werden noch einige Materialien zum **Leben in der Stadt** präsentiert. Die Stadtbevölkerung bildete zwar eine klare Minderheit, doch lassen sich viele neue Entwicklungen (Handel, politische Strukturen, Wissenschaft etc.) hier verorten (M 13 bis M 15).

Ebenfalls der Einführung, aber in Fragen der historischen Analyse und Deutung, dienen die beiden Seiten zu **Geschichte und Theorie**, die den Begriff der Strukturen in den Mittelpunkt stellen. Dieser wird zum einen durch das Konzept der *„longue durée"* des französischen Historikers Fernand Braudel beleuchtet. Als Gegenmodell fungiert ein Text über „Mikro-Historie", die den Blick andersherum wendet und kleinere, lebensweltlich-lokale Zusammenhänge in den Vordergrund stellt.

Die **Methodenseiten**, S. 29 ff., zeigen Arbeitsschritte für die Analyse von Darstellungen auf und erläutern diese anhand eines Beispiels mit Lösungshinweisen.

Am Ende des Kapitels finden sich **weiterführende Arbeitsanregungen** und die Möglichkeit, die im Kapitel erworbenen **Kompetenzen zu überprüfen** (S. 32 f.).

Ständegesellschaft

M 3 Johannes Bohemus (um 1485–ca. 1535), ein deutscher Humanist, über die Lage der Bauern (1520)

Der letzte Stand ist derer, die auf dem Lande in Dörfern und Gehöften wohnen und dasselbe bebauen und deshalb Landleute genannt werden. Ihre Lage ist ziemlich bedauernswert und hart. Sie wohnen abgesondert voneinander […]. Hütten aus Lehm und Holz, wenig über die Erde emporragend und mit Stroh gedeckt, sind ihre Häuser. Geringes Brot, Haferbrei oder gekochtes Gemüse ist ihre Speise, Wasser und Molken ihr Getränk. Ein leinerner Rock, ein Paar Stiefel, ein brauner Hut ist ihre Kleidung.

Das Volk ist jederzeit ohne Ruhe, arbeitsam, unsauber. In die nahen Städte bringt es zum Verkaufe, was es vom Acker, vom Vieh gewinnt, und kauft sich wiederum hier ein, was es bedarf; denn Handwerker wohnen keine oder nur wenige unter ihnen. In der Kirche, von denen eine für die einzelnen Gehöfte gewöhnlich vorhanden ist, kommen sie an Festtagen vormittags alle zusammen und hören von ihrem Priester Gottes Wort und die Messe, nachmittags verhandeln sie unter der Linde oder an einem anderen öffentlichen Orte ihre Angelegenheiten, die Jüngeren tanzen darauf nach der Musik des Pfeifers, die Alten gehen in die Schenke und trinken Wein. Ohne Waffen geht kein Mann aus: Sie sind für alle Fälle mit dem Schwerte umgürtet. Die einzelnen Dörfer wählen aus sich zwei oder vier Männer, die sie Bauermeister nennen, das sind die Vermittler bei Streitigkeiten und Verträgen und die Rechnungsführer der Gemeinde. Die Verwaltung aber haben nicht sie, sondern die Herren oder die Schulzen, die von jenen bestellt werden. Den Herren fronen sie oftmals im Jahre, bauen das Feld, besäen es, ernten die Früchte, bringen sie in die Scheunen, hauen Holz, bauen Häuser, graben Gräben. Es gibt nichts, was dieses sklavische und elende Volk ihnen nicht schuldig sein soll […]. Aber am härtesten ist es für die Leute, dass der größte Teil der Güter, die sie besitzen, nicht ihnen, sondern den Herren gehört und dass sie sich durch einen bestimmten Teil der Ernte jedes Jahr von ihnen loskaufen müssen.

Johannes Bohemus, Omnium gentium mores, leges et ritus, zit. nach: Detlef Plöse/Günter Vogler (Hg.), Buch der Reformation. Eine Auswahl zeitgenössischer Zeugnisse (1476–1555), Union Verlag, Berlin 1989, S. 59f.

teilt werden, sodass die eine Hälfte der Kinder uns zufällt, dem Kloster St. Georgen aber die restliche Hälfte.

Günther Franz (Hg.), Quellen zur Geschichte des deutschen Bauernstandes im Mittelalter, Wissenschaftliche Buchgesellschaft, Darmstadt 1967, S. 422f.

M 4 Eine Ehevorschrift des Klosters St. Blasien im Schwarzwald – Urkundenauszug (1311)

Alle mögen es wissen, denen es zu wissen frommt, dass Ulrich, genannt Keris, der nach Hörigenrecht dem in Christo zu verehrenden Herrn Abt und Konvent des Benediktinerklosters St. Georgen zugehört, Adelheid, die als Unfreie unserem Kloster zugehört, als rechtmäßige Gattin heimgeführt hat. Ulrich ist von den vorgenannten Herren Abt und Konvent des Klosters St. Georgen dafür, dass er keine Frau seines Standes zur Gattin genommen hat, in den Wagen gespannt [= bestraft] worden. [...] Ulrich ist deswegen zu uns gekommen und hat uns flehentlich gebeten, dass wir ihm wegen der erwähnten Übertretung Rat und Hilfe zuteil werden ließen. Nach vorausgegangener Beratung haben wir auf das inständige Bitten des Ulrich bestimmt und ist es so vereinbart worden, dass die Kinder beiderlei Geschlechts, die Ulrich und seine Frau Adelheid in ihrer Ehe gezeugt haben oder zeugen werden, zwischen uns und dem genannten Kloster St. Georgen vollkommen gleich ge-

M 5 Ein Bauer bei der Abgabe von Brot, Eiern und Geflügel, Holzstich von Hans Leonard Schäufelein, 1517

1 Sammeln Sie anhand von M 3 bis M 6 Merkmale, die die politische, wirtschaftliche und soziale Lage der bäuerlichen Bevölkerung um 1500 kennzeichnen.

M 6 Ständische Gliederung Deutschlands und Europas 1500 und 1800 (in % der Bevölkerung)

Stand	Deutschland		Europa	
	1500	1800	1500	1800
Adel (herrschender Stand)	1–2	1	1–2	1
Bürger (Stadtbewohner)	20	24	20	21
Bauern (Landbewohner), davon a) Hofbesitzer b) landarme und besitzlose Familien	80 60 20	75 35 40	78 53 25	78 43 35
Bevölkerung (in Mio.)	12	24	55	190

Diedrich Saalfeld, Die ständische Gliederung der Gesellschaft Deutschlands im Zeitalter des Absolutismus. Ein Quantifizierungsversuch, in: Vierteljahrschrift für Sozial- und Wirtschaftsgeschichte, Bd. 67, 1980, S. 464.

M 7 Ständebaum „von adligem Ursprung", Holzschnitt aus Francesco Petrarca (dt.), Von der Artzney bayder Glück, Augsburg 1532

1 Erläutern Sie die hier dargestellte Ordnung der Gesellschaft.

M 8 Der Historiker Winfried Schulze über die Ständegesellschaft im Übergang zur Neuzeit (1987)

Die Entwicklungsdynamik [des 16. Jahrhunderts] fand ihre Entsprechung in der Existenz dreier unterschiedlicher Sichtweisen von Gesellschaft. Die ständische Interpretation ging
5 von der Gültigkeit des dreifunktionalen Modells bzw. seiner Erweiterungen aus. Dies implizierte die Möglichkeit einer Welt in Ordnung, wenn sich nur jedermann mit dem Platz bescheidet, der ihm von Gott zugewiesen ist.
10 Konflikte hatten in diesem Modell keinen Platz, sie waren eigentlich nur Indiz für persönliches Fehlverhalten.
  Das zweite Modell bestand in der Abkehr von dieser funktionalen Ordnung. Es erkannte
15 die Ungleichheit zwischen Arm und Reich und beklagte ihre Ungerechtigkeit. Diese Richtung wurde […] gerade in der Reformation und im Bauernkrieg sehr populär. Die dritte Richtung schließlich war die keimende Einsicht, dass
20 die Unterschiede zwischen Arm und Reich nicht nur tatsächlich existieren, sondern auch letztlich legitim sind, weil sie eine neue Art von Harmonie, die Harmonie des Eigennutzes, produzieren. Wir sehen also, dass es unange-
25 messen wäre, eine dieser Sichtweisen zur allein gültigen zu erklären.
  Neben diesen Versuchen der erklärenden Beschreibung von Gesellschaft haben wir natürlich auch objektive Einsichten in die Diffe-
30 renzierung von Gesellschaft gewinnen können. Ich erwähne hier den wichtigen Zweig der ländlichen und städtischen Sozialstrukturforschung, die gerade in den letzten Jahren erhebliche Fortschritte gemacht hat. Diese
35 Forschung geht von zwei unterschiedlichen Beobachtungssystemen aus: zum einen von der zeitgenössischen Analyse gesellschaftlicher Differenzierung. Natürlich war den Stadtschreibern und den Steuerbeamten be-
40 wusst, dass es höchst unterschiedliche Kategorien der Steuerzahler gab, von den „Habenits" bis zu den reichen „Hansen". Oder die Juristen eines Territoriums sahen sich vor die Aufgabe gestellt, eine Kleiderordnung zu er-
45 lassen, um den differenzierten Gruppen der Gesellschaft die je passende Kleidung, Zierat, Schmuck, Vorrechte zu geben. So entsteht z. B. in Bayern 1526 die folgende „Ordnung der Kleider AD 1526": Sie unterscheidet insgesamt
50 17 ständische Gruppen, vom „Ritter und doctor" über die „vermöglichen Bürger" bis zu „allem baurn volck".
  Auf der anderen Seite haben Historiker die Datenmengen der städtischen Archive be-
55 nutzt und haben die dort enthaltenen Angaben über Steuerleistungen zu einem objektiven Sozialprofil zusammengefügt. So unterscheidet eine Arbeit über die Vermögensverteilung in Augsburg um 1475 Besitz-
60 lose als die große Basis der Gesellschaft, ein schmales Kleinbürgertum mit einem Besitz bis 75 fl. (Florin = Währungseinheit des Reiches), das mittlere Bürgertum bis 450 fl., die untere Oberschicht bis 2 250 fl., das Großbür-
65 gertum bis 7 500 fl. und das Großkapital bis 15 000 fl. Von 6 097 Steuerzahlern in Augsburg zahlten 54,1 % überhaupt keine Steuer, 41,6 % hatten einen Besitz bis ca. 3 000 fl., und 4,3 % besaßen über 3 000 fl.

Winfried Schulze, Deutsche Geschichte im 16. Jahrhundert, Suhrkamp, Frankfurt/M. 1987, S. 30–32.

1 Beschreiben Sie die drei vorgestellten Deutungsmodelle der Ständegesellschaft.
2 Erklären Sie, was der Autor unter „objektiven Einsichten" (Z. 29) versteht, und diskutieren Sie Schulzes Argumente.

Familie und Geschlechterrollen

M 9 Der Historiker Joseph Ehmer über Familien-Leitbilder an der Wende zur Neuzeit (1993)

Wer im Idealfall zu einer Familie gehören sollte, darüber herrschte weitgehende Übereinstimmung. Mann und Frau, Kinder, Mägde und Knechte […].
  In der Frühen Neuzeit verbreitete sich in
5 verschiedenen europäischen Kulturen eine spezifische literarische Gattung, die dieses Idealbild der Familie ausschmückte und weiterentwickelte: Predigten über den christlichen Hausstand, Hauspredigten, Bücher über
10 die *Oeconomia christiana* und andere Publika-

tionen, die zusammenfassend im deutschen Sprachraum als „Hausväterliteratur", im englischen als *„domestic conduct books"* bezeichnet werden. [...] Sie hatte zum Ziel, Anleitung zu gutem Wirtschaften zu geben, und stellte Regeln für das Zusammenleben in der *„familia"* oder dem „Haus" auf. Dieses erschien als eine natürliche Lebensgemeinschaft und eine von Gott gestiftete Ordnung, in der Hausvater und Hausmutter, Kinder und Dienstboten zur Befriedigung ihrer wirtschaftlichen Bedürfnisse zusammenwirkten. Die soziale Stellung der Familienangehörigen wurde aus ihrer Rolle im alltäglichen Zusammenleben und -arbeiten abgeleitet, wobei dem Hausvater die Oberherrschaft und die rechtliche und politische Vertretung nach außen zugesprochen wurde. Ihm kam auch die religiöse Verantwortung für seine „Hausgenossen" zu: ihnen abends aus der Bibel oder einem Katechismus vorzulesen und sie sonntags zur Kirche zu führen.

Ein wesentliches Kennzeichen dieses Familienmodells war eine patriarchalische Orientierung. Schon in Luthers Predigten über den christlichen Hausstand galt das Weib – trotz seiner zentralen Position als Hausmutter – als das schwache Werkzeug des Mannes. [...]

Dieses Familienideal stand in einer engen Wechselbeziehung zum politischen Herrschaftssystem der frühabsolutistischen Staaten. Das patriarchalische Familienmodell wurde zur Legitimation fürstlicher Herrschaft benützt und umgekehrt wirkte die staatliche Ordnung auf das Verständnis der Familie zurück. Könige sind vergleichbar mit Familienvätern, hieß es etwa in einem 1618 in England erschienenen Buch, das – mit kräftiger Unterstützung durch König James I. – eine weite Verbreitung fand und zur Pflichtlektüre an Schulen und Universitäten wurde. Darin wurden alle Bewohner eines Landes als Kinder ihres Königs beschrieben, die ihm aufgrund des vierten Gebotes Ehre und Gehorsam schuldig seien; von Gott und der Natur leite sich die väterliche Herrschaft im Staat wie in der Familie ab.

Joseph Ehmer, Die Geschichte der Familie, in: Elisabeth Vavra (Hg.), Familie. Ideal und Realität (Ausstellungskatalog), Horn (Verlag Ferdinand Berger & Söhne) 1993, S. 7f.

1 Bestimmen Sie Kontinuitäten und Wandel in der Familie in der Frühen Neuzeit.
2 Diskutieren Sie den Zusammenhang zwischen Familien- und staatlichen Strukturen, den der Autor herstellt.

M 10 Die Historikerin Edith Ennen über Mädchenbildung in den mittelalterlichen Städten (1994)

In den [...] betrachteten Städten war in den bürgerlichen Kreisen kein großer Unterschied der Knaben und Mädchenbildung festzustellen. Viele Frauen, vor allem Kauffrauen, konnten lesen, schreiben, rechnen und ihre eigenen oder des Ehegatten Geschäftsbücher führen. Aber seit etwa 1350 bahnte sich in den Städten eine Entwicklung an, von der die Mädchen ausgeschlossen blieben. Die Bürgersöhne besuchten in zunehmendem Ausmaß Universitäten in der weiten Fremde, in Italien und Frankreich, aber auch die Neugründungen [...] in Prag, Heidelberg, Köln, Erfurt, Wien, Leipzig usw. Die Universitäten überrundeten die klösterliche Gelehrsamkeit und Bildung. Sie durchbrachen die überlieferte ständische Ordnung, an ihnen konnten Bürger- und sogar Bauernsöhne studieren. [...] Knaben- und Mädchenbildung gingen jetzt getrennte Wege. [...] Die Frau verfügte hinfort nicht nur über keine politischen Rechte, sie besaß vielfach auch gar nicht mehr die Voraussetzung für eine politische Laufbahn (weil ihr die Voraussetzung eines Studiums fehlte). In der Geschichtsforschung wurde festgestellt, dass Ärztinnen nach 1500 weitgehend aus den Urkunden verschwinden.

Edith Ennen, Frauen im Mittelalter, C. H. Beck, 5. Aufl., München 1994, S. 194.

M 11 Patrizische Familie um 1500, Zeichnung von Jean Bourdichon, ca. 1457–1521

M 12 Eine Handwerkerfamilie um 1500, Zeichnung von Jean Bourdichon, ca. 1457–1521

1 Zeigen Sie Veränderungen in den Entwicklungsmöglichkeiten für Frauen um 1500 auf (M 10).
2 Vergleichen Sie die Bilder M 11 und M 12 in Hinblick auf die Darstellung der Frauen und ihre Rollen. Diskutieren Sie den Zusammenhang zwischen Geschlechterrollen und Schichtzugehörigkeit.

Leben in der Stadt

M 13 Stadtbevölkerung in Deutschland (in Prozent der Gesamtbevölkerung)

Jahr	Stadtbevölkerung[1]
um 1000	ca. 0,5 %
um 1200	ca. 4,0 %
um 1350	ca. 10,0 %
um 1400	ca. 12,0 %
um 1800	ca. 18,0 %
1871	28,5 %
1910	70,1 %
2000	88,0 %

Nach: Hans-Georg Hofacker, Europa und die Welt um 1500, Cornelsen, Berlin 2001, S. 26.

[1] bis 1800: Ortsgröße nicht spezifiziert, z. T. über 2000 Einw.; 1871–2000: Orte über 5000 Einw.

M 14 Der Historiker Oliver Plessen über Wandlungen der Stadt im Spätmittelalter (2013)

Die Zahl der Familien, denen es in den älteren und größeren Städten gelang, ins städtische Patriziat vorzurücken, genügte demnach kaum, um die Ansprüche aufstrebender Gruppen auf eine Teilhabe an der Lenkung der Geschicke der Stadt zu befriedigen. Dies führte wiederholt zu schweren Auseinandersetzungen zwischen jenen, die die Macht bereits besaßen, und jenen, die an ihr teilhaben wollten. Oft genug verliefen diese Konflikte blutig, und nur wenige Städte blieben von ihnen verschont.

In zahlreichen Städten waren es die in Zünften organisierten Handwerker, die aufbegehrten, sodass die ältere Forschung früher von „Zunftunruhen" oder „Zunftrevolutionen" gesprochen hat. Heute verwendet man eher die Begriffe „Bürgerkämpfe", „Stadtkonflikte" oder „innerstädtische Auseinandersetzungen", denn oft genug zogen sich die Risse quer durch die gesamte Stadtgesellschaft. [...]

Mit den Revolutionen der Neuzeit haben diese Ereignisse soziale Spannungen als Wurzel der Konflikte und aufsehenerregende Ausbrüche von Gewalt gemein. Anders als bei diesen ging es indes im Mittelalter nicht um den Kampf um eine neue Gesellschaftsform, sondern um die Wiederherstellung einer mutmaßlich verlorenen Harmonie. Sosehr die Interessen auch auseinanderklafften, waren sich die Bürger doch stets bewusst, aufeinander angewiesen zu sein. Zwietracht gefährdete die erreichte Unabhängigkeit und die erreichten Freiheiten. Wenn sich ein Konflikt aus der Sicht einiger Beteiligter überhaupt nicht mehr vermeiden ließ, berief man sich auf die städtische Eintracht, die es wiederherzustellen gelte. Man argumentierte mit der Vergangenheit, selbst wenn man aus heutiger Sicht Neuerungen einführte.

Oliver Plessow, Die Stadt im Mittelalter, Reclam, Stuttgart 2013, S. 65 f.

M 15 Der Historiker Arno Borst über neue Mentalitäten in der Stadt (1979)

[Die Stadtbewohner suchen] Privilegierung vor allem gegenüber adligen und bäuerlichen Lebensformen: Bürger wollen weder rings um sich schlagen wie Herren noch am Ort stillhalten wie Knechte. Ihre Freiheit gründet auf dem Frieden, zu dessen Schutz sie die Stadtmauer bauen, und auf dem Recht, das sie aus einem Zugeständnis des Fürsten zum allgemein verbindlichen Stadtrecht fortbilden. Denn der städtische Verband der Gleichberechtigung erstrebt eine umfassendere Lebensgemeinschaft, als es die Landgemeinde will und kann. Die Bindung des Einzelmenschen an Familie, Haus und Nachbarschaft wird nicht aufgehoben, aber in größere Verbände einbezogen, deren Mitglieder weder Urahn noch Grundstücksgrenze gemeinsam haben. [...]

Die kommunale Genossenschaft lebt davon, dass in ihren Mauern politische Herrschaft und wirtschaftliche Konkurrenz nicht überhand nehmen. Auch das soziale Gleichgewicht ist labil in einer „Demokratie der Privilegierten" [...]. Nur der täglich neu einzuübende Grundsatz der Gleichberechtigung Privilegierter im Bezirk der Stadtmauern schützt die Bürger vor wirtschaftlichen Schwankungen auf den Märkten und politischen Veränderungen in den Residenzen. [...]

Vom Stolz auf edles Geblüt und kriegerische Leistung gehen die Bürger nicht aus; Handarbeit wird in der Stadt nicht wie beim Adel als ehrenrührig empfunden. Aber es heißt die mittelalterliche Stadt stark idealisieren, wenn man sie als Leistungsgemeinschaft empfindet. Hier arbeitet man nicht für das Einkommen, sondern für das Auskommen, nicht für Investitionen, sondern für den Konsum. [...] Wer sich dabei Aufwand leisten kann, rückt dem Adel nahe [...]. Ehrenrührig ist in der Stadt nur der Bettel, das Leben auf Kosten anderer [...].

Diese Mentalität passt schlecht zu ökonomischer Rationalität der Zwecke und zu sozialer Gleichberechtigung der Privilegierten, aber sie stabilisiert inmitten aller Schwankungen von Wirtschaft und Gesellschaft die bürgerliche Lebensform. Sie erzwingt öffentlichen Anstand in jeder Situation, nicht eigentlich durch Berufung auf gute alte Sitten; denn Bräuche können wechseln, Familien auch. Die Kontinuität stammt aus der jeweiligen Konvention der Öffentlichkeit. Solange jemand reich ist, erweist er seinen Erfolg durch Aufwand, den er verdient hat, und durch Hilfe für Schwache, auf die sie Anspruch haben. [...] Die bürgerliche Denkart hat zwar eine religiöse, karitative Neigung, doch ist auch sie auf Sammlung und Darstellung von Verdiensten gerichtet. [...] Der bürgerliche Lebenskreis des Mittelalters ist weit spannungsreicher als der bäuerliche, zumal er bäuerliche und adlige Lebensformen in sich aufgenommen hat.

Arno Borst, Lebensformen im Mittelalter, Ullstein, Frankfurt/M. u. a. 1979, S. 406–422.

1 Bestimmen Sie die Bedeutung von Städten in Mitteleuropa um 1500 (M 13).
2 Arbeiten Sie die Besonderheiten des Lebens in der Stadt heraus (M 14 und M 15).
3 **Pro-und-Kontra-Diskussion:** Führen Sie eine Pro-und-Kontra-Diskussion durch: Die Stadt – Ort der Freiheit und Innovation oder Die Stadt – Diktatur der Reichen und Ort sozialer Kälte.

Geschichte und Theorie: Strukturen versus Mikro-Historie

M 16 Fernand Braudel: Die „longue durée" (1958)

Fernand Braudel (1902–1985), frz. Historiker, wandte sich 1958 gegen die Geschichtsschreibung des kurzen Zeitablaufs bzw. Ereignisses („courte durée") und stellte dem sein Konzept der „Strukturen von langer Dauer" („longue durée") gegenüber.

Der [...] viel brauchbarere [Begriff] ist der Begriff der Struktur. Ob er schlecht oder gut ist, er dominiert die Probleme der langen Zeitabläufe. Unter Struktur verstehen die Beobachter des Sozialen ein Ordnungsgefüge, einen Zusammenhang, hinreichend feste Beziehungen zwischen Realität und sozialen Kollektivkräften. Für uns Historiker ist eine Struktur zweifellos ein Zusammenspiel, ein Gefüge, aber mehr noch eine Realität, die von der Zeit wenig abgenutzt und fortbewegt wird. Einige langlebige Strukturen werden zu stabilen Elementen einer unendlichen Kette von Generationen: Sie blockieren die Geschichte, indem sie sie einengen, also den Ablauf bestimmen. Andere zerfallen wesentlich schneller. Aber alle sind gleichzeitig Stützen und Hindernisse. [...] Das verständlichste Beispiel scheint noch das der geografischen Zwangsläufigkeit zu sein. Der Mensch ist seit je total abhängig vom Klima, von der Vegetation, vom Tierbestand, von der Kultur, von einem langsam hergestellten Gleichgewicht, dem er sich nicht entziehen kann, ohne alles in Frage zu stellen. [...]

[Die lange Zeitdauer] anzuerkennen bedeutet für den Historiker, sich in eine Änderung des Stils, der Haltung, in eine Umwälzung des Denkens und eine neue Auffassung des Sozialen zu schicken, d. h. sich mit einer verlangsamten Zeit, die manchmal fast an der Grenze von Bewegung überhaupt steht, vertraut zu machen. Auf dieser Stufe, nicht auf einer anderen [...], ist es zulässig, sich freizumachen von der Zeit, die Geschichte erfordert, sie zu verlassen und wieder zu ihr zurückzukehren, aber mit anderen Augen, mit anderen Besorgnissen, mit anderen Fragen. Jedenfalls mit Bezug auf diese Schichten langsam verlaufender Geschichte kann man die gesamte Geschichte wie von einer Infrastruktur aus überdenken. Alle Stufen der Geschichte [...] lassen sich aus dieser Tiefe, aus dieser halben Unbeweglichkeit verstehen, alles kreist um sie.

Fernand Braudel, Geschichte und Sozialwissenschaften – Die „longue durée", in: Hans-Ulrich Wehler (Hg.), Geschichte und Soziologie, Kiepenheuer & Witsch, Köln 1972, S. 191–197.

1 Arbeiten Sie heraus, was Braudel unter Strukturen versteht. Nennen Sie Beispiele.
2 Bestimmen Sie für sich persönlich Strukturen, die Ihr Leben und Handeln (mit-)bestimmen. Denken Sie an Politik, Wirtschaft, Geschlechterrollen sowie an lokale, nationale und internationale Kultur- und Handlungsräume.
3 Erläutern Sie das Konzept der *„longue durée"*. Diskutieren Sie Leistungen und Grenzen des Ansatzes für die Geschichtsforschung.
4 Nennen Sie nach der Arbeit mit den Materialien dieses Kapitels Strukturen von „langer Dauer", die den Zeitraum vom 14. bis zum 17. Jahrhundert geprägt haben.

M 17 Der deutsche Historiker Hans Medick über das Konzept der Mikro-Historie (1994)

Die Mikro-Historie wurde vor allem von italienischen Historikern als Gegenmodell zur „Makrohistorie", der Geschichte der großen Strukturen wie Nation, Staat etc. oder der Prozesse wie Modernisierung, Industrialisierung etc., entwickelt. Sie wurde Teil einer kulturhistorischen Erweiterung bzw. Neuausrichtung der Sozialgeschichte.

„Mikro-Historie, das heißt nicht, kleine Dinge anschauen, sondern im Kleinen schauen". Diese Diskussionsbemerkung des italienischen Historikers Giovanni Levi, die er 1990 in Basel gemacht hat, soll hier zum Ausgangspunkt genommen werden, um eine experimentelle Perspektive der Sozial-, Kultur- und Wirtschaftsgeschichte vorzustellen [...].

Die Mikro-Historie ist eine Schwester der Alltagsgeschichte, geht aber in einigen Punkten ihren eigenen Weg. [...]

Sie definiert sich nicht [...] in erster Linie aus den Mikrodimensionen und der Kleinheit ihrer Gegenstände. Sie gewinnt ihre Erkenntnismöglichkeiten vielmehr vor allem aus einem mikroskopischen Blick, wie er durch die Verkleinerung des Beobachtungsmaßstabs entsteht. „Historiker untersuchen keine Dörfer, sie untersuchen in Dörfern", formulierte Levi [...]. Er meint damit, dass durch die Konzentration auf ein begrenztes Beobachtungsfeld für historische Rekonstruktionen und Interpretationen, seien es ein Dorf, ein Stadtteil, eine soziale Gruppe oder auch ein oder mehrere Individuen, eine qualitative Erweiterung der historischen Erkenntnismöglichkeit erreicht wird. Ein entscheidender sozialgeschichtlicher Erkenntnisgewinn durch mikrohistorische Verfahren besteht m. E. darin, dass gerade durch die möglichst vielseitige und genaue Durchleuchtung historischer Besonderheiten und Einzelheiten für die Gesamtheit der Individuen des untersuchten Bereichs die Wechselbeziehungen kultureller, sozialer, ökonomischer und politisch-herrschaftlicher Momente als lebensgeschichtlicher Zusammenhang in den Blick gerät. [...] Statt einer vorweggenommenen Kategorisierung in Form unterstellter makrohistorischer[1] Substanzen (*die* Familie, *das* Individuum, *der* Staat, *die* Industrialisierung) erfolgt hier eine experimentelle Untersuchung sozialer Beziehungsnetze und Handlungszusammenhänge, freilich nie nur in der Fixierung auf diese selbst, sondern immer auch im Blick auf die gesellschaftlichen, ökonomischen, kulturellen und politischen Bedingungen und Verhältnisse, die mit ihnen, durch und auch gegen sie zur Äußerung und zur Wirkung kommen. Dadurch werden neue Einsichten in die Konstituierung historischer Strukturen, aber auch in kurz- und längerfristige historische Prozesse eröffnet.

Hans Medick, Mikro-Historie, in: Winfried Schulze (Hg.), Sozialgeschichte, Alltagsgeschichte, Mikro-Historie, Vandenhoeck & Rupprecht, Göttingen 1994, S. 40–45.

---

1 makrohistorisch: Gegensatz zu mikrohistorisch; legt Schwerpunkt auf soziale Systeme und andere Grundstrukturen

---

1 Charakterisieren Sie den Forschungsansatz der Mikro-Historie und nehmen Sie Stellung.
2 Bestimmen Sie den Stellenwert von Strukturen im Modell der Mikro-Historie.
3 Diskutieren Sie in Ihrem Kurs den historischen Erkenntnisgewinn durch das Herausarbeiten von Strukturen von langer Dauer einerseits sowie durch die Betrachtung von Alltagserscheinungen andererseits.

M 18 Proun N 20, Collage von El Lissitzky, 1925

1 Sammeln Sie Ideen zur Rolle der Strukturen in der Malerei am Beispiel von M 18.

Darstellungen analysieren

Zu den zentralen Aufgaben des Historikers gehört die Arbeit mit Quellen, die in schriftlicher, bildlicher und gegenständlicher Form einen direkten Zugang zur Geschichte bieten. Ihre Ergebnisse präsentieren die Wissenschaftler in selbst verfassten Darstellungen – häufig auch Sekundärtexte genannt –, in denen sie unter Beachtung wissenschaftlicher Standards die **Ergebnisse ihrer Quellenforschungen** sowie ihre **Schlussfolgerungen und Bewertungen** veröffentlichen. Grundsätzlich lassen sich Darstellungen in zwei große Gruppen gliedern:
- in fachwissenschaftliche und
- in populärwissenschaftliche bzw. „nichtwissenschaftliche" Darstellungen.

Die fachwissenschaftlichen Texte wenden sich an ein professionelles Publikum, bei dem Grundkenntnisse des Faches, der Methoden und der Begrifflichkeit vorausgesetzt werden können. Zu den relevanten Kennzeichen fachwissenschaftlicher Darstellungen gehört, dass alle Einzelergebnisse durch Verweise auf Quellen oder andere wissenschaftliche Untersuchungen durch Fußnoten belegt werden. Populärwissenschaftliche Darstellungen, die sich an ein breiteres Publikum wenden, verzichten dagegen auf detailliert belegte Erkenntnisse historischer Befunde und Interpretationen. In erster Linie geht es darum, komplexe historische Zusammenhänge anschaulich zu präsentieren. Zu dieser Gruppe werden beispielsweise publizistische Texte und historische Essays in Zeitungen sowie Schulbuchtexte gezählt.

Tipp:
sprachliche Formulierungshilfen S. 142 f.

Webcode:
KH300943-029

Mögliche Arbeitsschritte für die Analyse

1. Leitfrage	Welche Fragestellung bestimmt die Untersuchung der Darstellung?

2. Analyse	*Formale Aspekte*
	– Wer ist der Autor (ggf. zusätzliche Informationen über den Verfasser)?
	– Um welche Textsorte handelt es sich?
	– Mit welchem Thema setzt sich der Autor auseinander?
	– Wann und wo ist der Text veröffentlicht worden?
	– An welche Zielgruppe richtet sich der Text (Historiker, interessierte Öffentlichkeit)?
	– Welche Intentionen oder Interessen verfolgt der Verfasser?
	Inhaltliche Aspekte
	– Was sind die wesentlichen Textaussagen?
	  – anhand der Argumentationsstruktur: These(n) und Argumente
	  – anhand der Sinnabschnitte: wesentliche Aspekte und Hauptaussage
	– Wie ist die Textsprache (z. B. appellierend, sachlich oder polemisch)?
	– Welche Überzeugungen vertritt der Autor?

3. Historischer Kontext	– Auf welchen historischen Gegenstand bezieht sich der Text? – Welche in der Darstellung angesprochenen Sachaspekte bedürfen der Erläuterung?
4. Urteil	– Ist der Text überzeugend im Hinblick auf die fachliche Richtigkeit (historischer Kontext) sowie auf die Schlüssigkeit der Darstellung? – Was ergibt ggf. ein Vergleich mit anderen Darstellungen zum gleichen Thema? – Wie lässt sich der dargestellte historische Gegenstand aus heutiger Sicht im Hinblick auf die Leitfrage bewerten? – Welche Gesichtspunkte des Themas werden vom Autor kaum oder gar nicht berücksichtigt?

M 1 Der Historiker Hartmut Boockmann über den Charakter städtischer Aufstände im Spätmittelalter (1989)

So sehr sich die Stadtverfassungen im Detail unterscheiden: Das Grundmuster findet man überall – eine kleine Gruppe von Familien, die umgrenzt, jedoch nicht fest nach außen abge-
5 schlossen ist, beschickt den Rat und regiert auf diese Weise die Stadt. Es wird zwar alljährlich gewählt, aber in Wirklichkeit handelte es sich nach unserem Verständnis nicht um Wahl, sondern um Kooptation[1], und obwohl
10 die alljährlich abgehaltene Wahl einen Wechsel im Regiment anzudeuten scheint, gehören die Ratsherren der Stadtregierung auf Lebenszeit an.

Dies also wäre das Grundmuster. Im Ein-
15 zelnen unterscheidet sich aber die Verfassung der einen Stadt von der anderen, und in vielen Städten kam es zu einer Modifikation der Rechtsordnung – aufgrund von Aufständen und Aufstandsversuchen einiger von denen,
20 die dem Kreis der regierenden Familien nicht angehörten. [...]

Als die historische Forschung diese Aufstände in den spätmittelalterlichen Städten kennenlernte, hat sie sie als Zunftkämpfe ver-
25 standen. Es schien, als sei die städtische Bevölkerung in fest voneinander abgegrenzte Klassen geschieden gewesen, als hätten sich Kaufleute und Handwerker gegenüber gestanden und als hätten die in Zünften organisier-
30 ten Handwerker in den als Zunftkämpfe aufgefassten städtischen Aufständen nicht um die politische Macht gekämpft, sondern auch um eine grundsätzliche Umgestaltung der Verfassung, um deren Demokratisierung. Das
35 meinte dieses Wort Zunftkämpfe.

Inzwischen weiß man, dass man städtische Bevölkerungen nicht so einfach beschreiben kann. Der Kreis der Ratsfamilien bestand nicht nur aus Kaufleuten, und die Aufstände
40 wurden nicht einfach von Handwerkern getragen. [...]

So standen sich in städtischen Aufständen nicht fest abgegrenzte soziale Gruppen gegenüber, und schon gar nicht kämpften hier die
45 Armen oder auch nur die Ärmeren gegen die Reichen. Es waren eher vermögende Stadtbürger, welche die Aufstände trugen, vermögend gewordene, wie man vielleicht besser sagen sollte, die nicht oder noch nicht in den Kreis der Ratsfähigen aufgenommen waren. Nicht
55 selten sind auch Angehörige von Ratsfamilien unter den Aufständischen zu finden. Im ersten Falle gehörte zu den Ursachen eines Aufstandes ein nicht hinreichend rasches Aufrücken der vermögend Gewordenen in den Rat. Im
60 zweiten Falle verbanden sich Parteibildungen innerhalb des Rates mit der Unzufriedenheit Außenstehender. Und in beiden Fällen hatten die Aufständischen noch andere Gruppen der städtischen Bevölkerung auf ihrer Seite,
65 Handwerker und Krämer, und nicht selten wurden deren Organisationen im Falle eines gelungenen Aufstandes in die Stadtverfassung eingebaut, sodass der Rat nun teilweise oder ganz von Zünften oder Gilden beschickt wurde. Doch haben wir es, anders als man es im
70 19. Jahrhundert glaubte, dabei nicht mit einem Sieg der Demokratie zu tun. Gewiss wurde das Ratsregiment nun auf ein breiteres soziales Fundament gestellt. Aber die Stadtverfassung blieb doch oligarchisch oder
75 wurde es wieder. Es pflegten in einem solchen Fall bestimmte Zünfte oder Gilden zu sein, die den Rat trugen, und es waren nur wenige Familien innerhalb dieser Bruderschaften, aus denen die Ratsherren dann wirklich kamen.
80 So hat man den traditionellen Ausdruck Zunftkämpfe für diese Aufstände verworfen und stattdessen von Bürgerkämpfen oder Stadtkonflikten gesprochen [...].

Wenn es in einer mittelalterlichen Stadt zu
85 einem Aufstand kam, so ging es wirklich um den Kern dessen, was die Ordnung und das Zusammenleben in der Stadt ausmachte. Diese Stadtaufstände waren keine Revolutionen im modernen Sinne; die Aufständischen woll-
90 ten keine neue Ordnung schaffen.

Hartmut Boockmann, Eine Krise im Zusammenleben einer Bürgerschaft und ein „politologisches" Modell aus dem 15. Jahrhundert. Der Braunschweiger Chronist Hermen Bote über den Aufstandsversuch von 1445/1446, in: GWU, Heft 12/1989, S. 732–734.

---

1 Kooptation: Wahl von neuen Mitgliedern durch der Körperschaft bereits angehörende Mitglieder

Lösungsansätze

1. Leitfragen
Was charakterisiert die städtischen Aufstände im Spätmittelalter? Wie lassen sie sich definieren?

2. Analyse

Formale Aspekte
Darstellungsart: fachwissenschaftliche Darstellung
Autor: Hartmut Boockmann (1934–1998), Geschichtswissenschaftler
Thema: Charakter spätmittelalterlicher Aufstände und ihre angemessene Definition
Veröffentlichung: 1989 in einer geschichtswissenschaftlichen und geschichtsdidaktischen Zeitschrift; ursprünglich Vortrag
Anlass: Vortrag über Hermen Bote auf einem Colloquium in Braunschweig
Adressaten: wissenschaftliche und geschichtsdidaktische sowie breitere Öffentlichkeit
Intention: Autor beschäftigt sich mit der Aussagekraft des Schichtbuches von Hermen Bote, einem Braunschweiger Chronisten, der über den Aufstandsversuch 1445/1446 berichtet hat.

Inhaltliche Aspekte
Ausgangsthese: Trotz der regionalen Unterschiede gibt es viele Ähnlichkeiten zwischen spätmittelalterlichen Städten; das gilt besonders für die Herrschaftsstruktur bzw. die Verfassung. Dennoch unterscheiden sich Städte durch Aufstände und Aufstandsversuche voneinander; diese gehen von Kreisen aus, die nicht zu den herrschenden Familien gehören. Aufstände können zu Abänderungen der Rechtsordnung führen.
Kernthese und Argumentation: Historiker haben diese Aufstände als Zunftkämpfe verstanden und definiert. Nach dieser Vorstellung bekämpfen sich feste Gruppierungen, um die Demokratisierung durchzusetzen. Das ist falsch: Die spätmittelalterlichen Städte zerfielen nicht in feste Gruppierungen; die Grenzen zwischen ihnen waren durchlässig. Es kämpften nicht Handwerker gegen Kaufleute, auch nicht Arme gegen Reiche, sondern vermögend gewordene Stadtbürger um die Aufnahme in den Rat. Aufständische besaßen Verbindungen zu anderen Gruppen; auch Angehörige von Ratsfamilien kämpften mit Unzufriedenen außen stehender Gruppen, wenn es innerhalb des Rates Parteibildungen gab.

War der Aufstand erfolgreich, wurde die Stadtverfassung abgeändert: Gruppen der Aufständischen kamen wie ihre Bundesgenossen in den Rat, der erweitert wurde. Das bedeutete keine Demokratisierung der Stadt. Sie blieb oligarchisch.
Ergebnis und Schlussfolgerung: Die spätmittelalterlichen Aufstände waren keine Zunftkämpfe, sondern Bürgerkämpfe oder Stadtkonflikte. Und sie waren keine modernen Revolutionen, weil es den Aufständischen nicht um die Schaffung einer vollkommen neuen Ordnung ging.

3. Historischer Kontext
Der Autor beschäftigt sich mit der geschichtswissenschaftlichen Diskussion über spätmittelalterliche und frühneuzeitliche Auseinandersetzungen in den Städten. Dabei setzt er sich mit der These, diese Konflikte seien Zunftkonflikte gewesen, auseinander. Er widerlegt diese Auffassung und schlägt vor, die städtischen Aufstände als Bürgerkämpfe oder Stadtkonflikte zu interpretieren.

4. Urteil
Der Text ist überzeugend sowohl im Hinblick auf die Schlüssigkeit der Argumentation als auch der Darstellung. Die neuere Diskussion verwendet zwar auch den Begriff der Zunftkämpfe, aber nur für bestimmte städtische Auseinandersetzungen. Andere Historiker sprechen ebenfalls von Bürgerkämpfen und Stadtkonflikten oder verwenden andere Begriffe wie Unruhen in der ständischen Gesellschaft. Insgesamt ist die Forschung bunter und differenzierter geworden. Der Autor konzentriert sich allerdings zu stark auf die sozialen Träger der städtischen Aufstände. Ihre politischen Ziele werden vernachlässigt.

Erarbeiten Sie Präsentationen

Thema 1
Frauenbilder und Frauenalltag um 1500

Wie eine Frau um 1500 lebte, welche Rollenbilder und Regeln für sie galten und welchen persönlichen Gestaltungsspielraum sie hatte, hing von ihrer Schichtzugehörigkeit ab. Eine adlige Frau lebte anders als die Frau eines Handwerkers.

Erarbeiten Sie in Gruppen eine Collage mit Frauenbildern und Szenen ihres Alltagslebens zu jeweils einer der folgenden sozialen Schichten: Adel, Bürgertum, Handwerker und Unterschicht.

Literaturtipps
Edith Ennen, Frauen im Mittelalter, München 1993.
Sonja Domröse, Frauen der Reformationszeit, gelehrt, mutig und glaubensfest, Göttingen 2010.

Gisela Bock, Frauen in der europäischen Geschichte, München 2005.

M1 Junge Frau, Ölgemälde von Hans Holbein d. J., 1540/45

Webcode:
KH300943-032

Thema 2
Stadtgeschichte regional

Die Mehrheit der Städte in Deutschland hat ihre Wurzeln im Mittelalter. In manchen Städten kann man die Ursprünge noch in Form von Stadtmauern, Kirchen und Marktplätzen sehen.

Informieren Sie sich anhand von lokalhistorischen Publikationen, Internetrecherchen und lokalen Museen sowie Archiven über die Geschichte Ihrer Stadt. Stellen Sie Bildmaterialien und kurze selbst verfasste Texte zu einer kleinen Ausstellung zusammen.

Literaturtipps
Manfred Groten, Die deutsche Stadt im Mittelalter, Stuttgart 2013.

Georg Dehio, Handbuch der deutschen Kunstdenkmäler: Bremen, Niedersachsen, 2. Auflage, München 1992.

M2 Die Kirche St. Johannis in Lüneburg, erbaut zwischen 1289 und 1470, Fotografie, 2016

Überprüfen Sie Ihre Kompetenzen

M 3 Augsburger Marktplatz, Ölgemälde aus der Serie der „Augsburger Monatsbilder" nach Jörg Breu d. Ä. (um 1480–1537), o. J.

Sachkompetenz
1. Beschreiben Sie die Ordnung der Ständegesellschaft.
2. Erläutern Sie die Unterschiede zwischen dem Leben auf dem Land und in der Stadt.
3. Untersuchen Sie Möglichkeiten und Grenzen von Frauen, um 1500 einen Beruf auszuüben.

Methodenkompetenz
4. Interpretieren Sie M 3. Zeigen Sie insbesondere die verschiedenen Elemente des Lebens in der Stadt auf. Überlegen Sie, inwiefern hier Wirklichkeit und Ideal widergespiegelt werden.

Urteilskompetenz
5. Im 15. und 16. Jahrhundert kam es zu Veränderungen und Lockerungen der Ständegesellschaft. Überlegen Sie, wer zu den „Gewinnern" und wer zu den „Verlierern" dieser Entwicklung zählte.

Zentrale Begriffe

Bauern
Bürgertum
Geschlechterrollen
Familie
„Haus"
Patrizier
Stadt und Stadtrechte
Ständegesellschaft
Strukturen
Zünfte

3 Europäische Expansion: Begann um 1500 die Europäisierung der Welt? (Wahlmodul 1)

Kompetenzen erwerben

Sachkompetenz:
- die Motive und Abläufe der europäischen Entdeckungsfahrten kennen und erläutern
- die Wahrnehmung der Entdecker und Eroberer durch die einheimische Bevölkerung beschreiben
- die Herrschaftsstrukturen in der Neuen Welt charakterisieren
- die Folgen der Kolonialisierung auf die außereuropäische Welt diskutieren

Methodenkompetenz:
- schriftliche Quellen analysieren
- ein historisches Urteil entwickeln

Urteilskompetenz:
- die Vorgänge der „Kolonialisierung" in ihren kurz- und langfristigen Auswirkungen bewerten
- die kontroversen Deutungen der „Europäisierung der Welt" beurteilen

Voraussetzungen und Motive der europäischen Expansion

M 1 Der „Erdapfel" des Martin Behaim, Nürnberg 1492

Für den Beginn der Entdeckungsfahrten der Spanier und Portugiesen am Ende des 15. Jahrhunderts gibt es eine Vielzahl von Gründen, die sich zum Teil wechselseitig bedingen. Die entscheidende geistig-kulturelle Voraussetzung schufen die Neuerungen der Renaissance und des Humanismus (vgl. Kapitel 5, S. 106 ff.). Der Mensch wurde nun als eigenverantwortliche, schöpferische und vielseitig gebildete Persönlichkeit wahrgenommen, die sich frei entwickeln und entfalten sollte. Die Humanisten als Vertreter dieses neuen Menschenbildes stießen bei ihren Studien antiker Schriften zudem auf längst vergessene geografische Erkenntnisse, die nun eigene Forschungen anstießen. So entstanden erstaunlich exakte Karten wie die Weltkarte des Paolo Toscanelli (um 1470), die Kolumbus nutzte, oder der erste Globus vom Nürnberger Kaufmann und Geograf Martin Behaim (1492), noch ohne den amerikanischen Kontinent. Eng damit zusammen hängt ein weiterer Faktor: die Verbesserung der Schiffs- und Navigationstechnik in Europa nach 1400. Segelte man im Mittelalter noch auf Sicht, so ermöglichten der Kompass seit dem 13. Jahrhundert sowie Astrolabium, Quadrant, Nocturnum und Jakobsstab seit dem 15. Jahrhundert die genaue Bestimmung der Himmelsrichtung sowie der Position des Schiffes durch Messung der Sternen- und Sonnenhöhe. Mit der sogenannten Karavelle, einem zwei- oder dreimastigen Segelschiff, wurde außerdem an der europäischen Westküste ein Schiff entwickelt, das aufgrund seiner größeren Stabilität, guten Beweglichkeit und Manövrierfähigkeit einer Atlantiküberfahrt gewachsen war. Eine wichtige Rolle spielten außerdem wirtschaftliche Motive. Im Europa des 14. und 15. Jahrhunderts hatte sich ein stabiles Wirtschaftsgefüge mit regem Fernhandel entwickelt (vgl. Kapitel 4, S. 74 ff.). Die Nachfrage nach Gewürzen wie Pfeffer, Zimt und Ingwer sowie nach Luxuswaren wie Seide, Teppichen und Edelsteinen wuchs unter den Stadtbürgern und Adligen Europas immer stärker an. Der Fernhandel wurde jedoch auf der Meeresroute durch den Indischen Ozean vor allem von arabischen Kaufleuten kontrolliert und auf dem Landweg über die Seidenstraße herrschten die Osmanen. Es wurde immer schwieriger, die wachsende Nachfrage zu befriedigen. Eine Westroute über den Atlantik nach Asien schien die Lösung dieser Probleme zu sein. Viele Gelehrte und Seefahrer vermuteten, dass dieser Weg sogar der kürzere sei. Außerdem fehlten den Europäern zunehmend Edelmetalle für die Prägung von Gold- und Silbermünzen, die vor allem von den Händlern für die stetig wachsenden Handelsströme benötigt wurden. Aber auch die Landesfürsten und Könige in den sich entwickelnden frühmodernen Staaten brauchten große Geldsummen für den Aufbau von Verwaltungen, für Hofhaltung, Heere und Kriege.

Und schließlich gab es **politische und religiöse Motive** für die Unterstützung der Entdeckungsfahrten. Vor allem die portugiesischen und spanischen Königshäuser wollten sich neue Einnahmequellen erschließen und gleichzeitig ihre Reiche stärken und vergrößern. So hatte das Königreich Aragon, neben Kastilien das wichtigste christliche Reich auf der Iberischen Halbinsel, im 15. Jahrhundert bereits durch Eroberungen in Italien sein Territorium erheblich erweitern können und war damit eine wichtige Seemacht im Mittelmeer geworden. Nachdem sich die Königreiche Aragon und Kastilien 1469 durch die Heirat der kastilischen Thronerbin Isabella (1451–1504) mit Ferdinand (1452–1516), dem Erben Aragons, vereinigt und damit die spanische Monarchie begründet hatten, trat Spanien in unmittelbare Konkurrenz zu Portugal um die Vorherrschaft auf dem Atlantischen Ozean. Hinzu kam die Kreuzzugsidee, die Ende des 15. Jahrhunderts durch den Sieg der christlichen **Rekonquista*** über die muslimischen Araber und deren Vertreibung von der Iberischen Halbinsel neuen Auftrieb bekam. Der Kampf der christlichen Fürsten Europas gegen die arabisch-muslimische Herrschaft galt als ein missionarischer Kampf für die gesamte Christenheit, der im Verlauf der europäischen Eroberung der Neuen Welt gegen die dortigen „Ungläubigen" seine Fortsetzung fand.

M 2 Spanische Goldmünzen, um 1520

Rekonquista
Rückeroberung der Iberischen Halbinsel durch christliche Staaten im Kampf gegen die arabische Herrschaft vom 8. Jahrhundert bis 1492 (Eroberung Granadas)

Europäische Entdecker und ihre Fahrten

Da der Fernhandel nach Asien durch die Ausdehnung des osmanischen Herrschaftsbereichs immer schwieriger wurde, stand zunächst der Seeweg nach Indien im Vordergrund der europäischen Expeditionsplanungen. Portugal begann auf Initiative des portugiesischen Prinzen **Heinrich des Seefahrers (1394–1460)** planmäßig entlang der Westküste Afrikas nach Süden vorzudringen. 1415 bildete die portugiesische Eroberung des nordafrikanischen Ceuta, des westlichen Endpunkts der Karawanenwege, auf denen das Gold Westafrikas ans Mittelmeer gebracht wurde, zugleich den Auftakt der großen Entdeckungsfahrten. Dem Portugiesen **Bartolomëu Diaz (um 1450–1500)** gelang 1488 die

Umsegelung der afrikanischen Südspitze. Einen ersten Höhepunkt erreichten die Entdeckungen mit der Fahrt des Vasco da Gama (1468/69–1524), der im Auftrag des portugiesischen Königs segelte und 1498 Kalicut, das Zentrum des Seehandelsverkehrs im Indischen Ozean, erreichte. Damit hatten die Portugiesen den östlichen Seeweg nach Indien erschlossen. Ihren Vorsprung bei der Erschließung der neuen Handelsroute zum Fernen Osten nutzten die Portugiesen zur Errichtung eines eigenen Handelsimperiums im Indischen Ozean. Gesichert wurde es durch befestigte Handels- und Militärstützpunkte an der afrikanischen und indischen Küste sowie durch die gewaltsame Verdrängung der arabischen Händler.

Christoph Kolumbus und die Entdeckung Amerikas

In Spanien dagegen waren die Kräfte durch die Rekonquista gegen die arabische Herrschaft gebunden. Erst 1492, nach dem Sieg über das arabische Granada, stellten auch die Könige Isabella von Kastilien und Ferdinand II. von Aragonien das notwendige Geld bereit. Christoph Kolumbus (1451–1506), Sohn eines Genueser Tuchwebers und Händlers, erhielt für seine Expeditionspläne einer Atlantikfahrt nach Indien die Zusage der spanischen Krone sowie die Unterstützung durch hohe geistliche Würdenträger (ein erstes Gesuch hatte der Königshof 1486 abgelehnt). Zuvor hatte er sowohl in Portugal als auch in England und Frankreich keine Förderer für sein Projekt gewinnen können. Einen Großteil seines nautischen und geografischen Wissens hatte er sich im Selbststudium sowie auf kleineren Handelsreisen an der westafrikanischen Küste sowie im Nordatlantik angeeignet. Kolumbus glaubte, im Westen des Ozeans befinde sich eine große Landmasse, bei der es sich um die Ostküste Asiens handele, und verfolgte daher den Plan einer Westfahrt nach Indien. Dabei konnte er sich auf die wissenschaftlichen Erkenntnisse der Antike beziehen. Bekannt war ihm beispielsweise die Behauptung des Aristoteles, man könne den Ozean zwischen den Felsen von Gibraltar, den „Säulen des Herakles", und Asien innerhalb weniger Tage überqueren. Bestärkt wurde Kolumbus in seinem Plan auch durch den Florentiner Wissenschaftler Paolo Toscanelli, mit dem er über seine Vorstellungen 1474 korrespondierte. Über Toscanelli wurde Kolumbus auch von Marco Polo und dessen Reisebeschreibungen über China und Japan beeinflusst. Am 17. April 1492 schlossen die Könige von Spanien mit Kolumbus einen Vertrag. Das Königshaus stellte Kolumbus dabei nicht nur finanzielle Mittel zur Verfügung, sondern auch eine Reihe von königlichen Vollmachten. Ein Großteil der Finanzierung wurde durch private Mittel interessierter Kaufleute und Kredite zur Verfügung gestellt. Unterstützt wurde Kolumbus auch von den Franziskanern*, die in seinem Projekt die Möglichkeit sahen, die seit der osmanischen Blockade unterbrochene

M 3 Christoph Kolumbus, Gemälde von Sebastiano del Piombo, 1519

Franziskaner
1210 gegründeter katholischer Bettelorden mit den Schwerpunkten Seelsorge, Bildungsarbeit und Mission

Missionstätigkeit in Asien wieder aufzunehmen. So konnte Kolumbus am 3. August 1492 mit drei Karavellen und neunzig Mann Besatzung vom Hafen von Palos aus in See stechen.

Nach über zwei Monaten erreichte Kolumbus mit seiner Mannschaft am 12. Oktober 1492 die zur Bahamas-Gruppe gehörende Insel Guanahani, die er für die spanische Krone in Besitz nahm und in San Salvador (span. „Heiliger Retter") umtaufte. „Entdeckt" wurden außerdem Kuba (*Santa Maria de la Concepción*) und Haiti (*La Isla Española*, engl. *Hispaniola*), die zweitgrößte Insel der Antillen. Aus den Überresten des gestrandeten Schiffes „Santa Maria" errichtete Kolumbus die erste spanische Festung in der Neuen Welt, die er „*La Navidad*" (span. „Weihnachten") nannte. Kolumbus unternahm noch drei Reisen über den Atlantik, bei denen er weitere Inseln „entdeckte" und erstmals auch amerikanisches Festland erreichte. Er blieb jedoch bis zum Ende seines Lebens davon überzeugt, das von ihm entdeckte Land gehöre zu Indien. Daher behielten die Spanier bis ins 18. Jahrhundert die Bezeichnung „*las Indias*" oder „*las Indias Occidentales*" (span. „Westindien") sowie den Namen „*Indios*" für die lateinamerikanischen Ureinwohner bei. 1513 durchquerte **Vasco Núñez de Balboa** die mittelamerikanische Landenge und erreichte den Pazifischen Ozean, den er „Südmeer" nannte. Damit war endgültig klar, dass es sich bei Kolumbus' Entdeckungen um einen neuen Kontinent handelte. Dieser wurde aber weder nach Kolumbus noch nach Balboa, sondern nach dem Italiener **Amerigo Vespucci (1451–1512)** benannt, der als Erster bei den neu entdeckten Inseln und Ländern einen neuen Kontinent vermutet hatte.

M 4 Die Entdeckungsfahrten der Europäer im 15. und 16. Jahrhundert

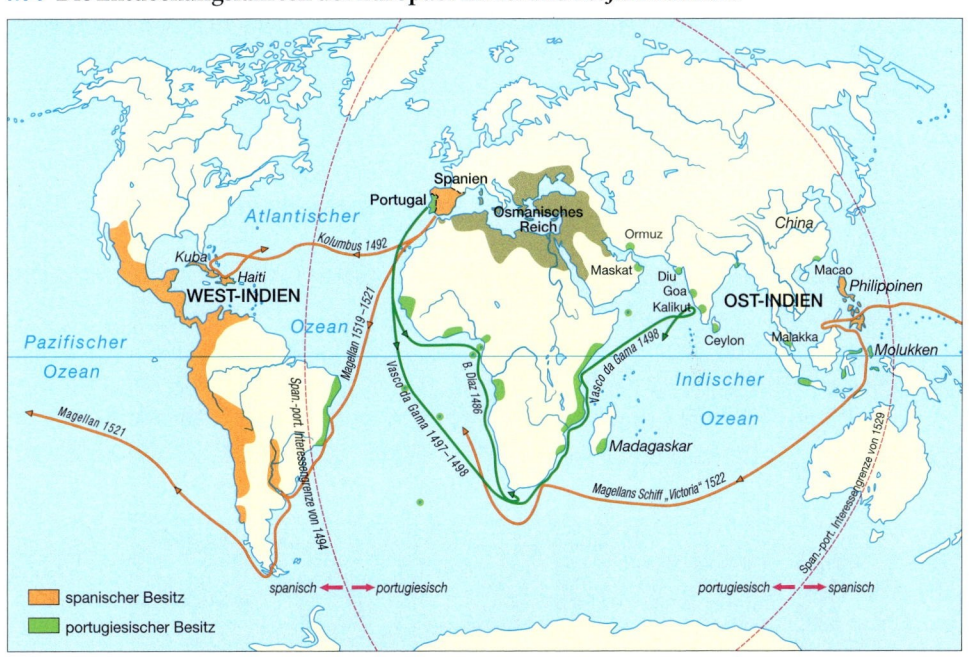

Eroberung der altamerikanischen Hochkulturen

Konquistador
Span. *conquistador* = Eroberer. Es bezeichnet die spanischen und portugiesischen Eroberer Mittel- und Südamerikas, die auf ihren Expeditionen im 16. Jh. die indianischen Reiche unterwarfen.

Die von Kolumbus erschlossenen Karibischen Inseln waren für die spanischen Konquistadoren* durch die atlantischen Winde und Strömungen leicht zugänglich. Entscheidend für die problemlose Einnahme war jedoch, dass die Inselbevölkerung weder über eine effektive militärische Organisation verfügte noch unter Kontrolle der mächtigen Reiche auf dem amerikanischen Festland stand. Da sie keine Kontakte zu den Azteken (Mexiko) und Maya (Südamerika) unterhielten, konnten diese auch nicht vor der drohenden Eroberung gewarnt werden. So dienten die Karibischen Inseln den Spaniern für ihre weitere Invasion auf dem Festland „als Brückenkopf" (John Darwin).

Die Eroberung des amerikanischen Festlandes ist vor allem mit zwei Konquistadoren verbunden: Hernán Cortés (1485–1547), der 1519–1521 das Aztekenreich in Mexiko eroberte, und Francisco Pizarro (1478–1541), der 1532–1534 das Inkareich in Peru unterwarf. Die Eroberung führte zur Zerstörung der beiden Hochkulturen und begründete die spanische Herrschaft in Mittel- und Südamerika. Exemplarisch wird hier die Eroberung des Aztekenreiches dargestellt. Cortés zeichnete sich dabei durch rücksichtsloses Streben nach Reichtum und Prestige, Risikobereitschaft und Missionseifer aus und repräsentiert damit den Prototyp des Konquistadoren. Nach der Unterwerfung des Aztekenreiches wurde die Konquista immer weiter nach Süden ausgedehnt. Der wichtigste Begleiter Cortés', Pedro de Alvarado, gelangte 1524 nach Guatemala und El Salvador. Von Panama aus erfolgte die Erschließung von Costa Rica, Nicaragua, Honduras sowie der Pazifikküste nach Süden. Nach der Zerstörung des Inkareiches durch Pizarro wurden das westliche Kolumbien, Chile und Bolivien erobert sowie schließlich von Santiago de Chile aus eine Verbindung über die Anden zu den spanischen Gebieten in Argentinien im Osten Südamerikas hergestellt.

M5 Die Ankunft der Spanier unter Hernán Cortés in Veracruz 1519, Freskogemälde des Mexikaners Diego Rivera (1886–1957), fertiggestellt 1951 (Ausschnitt)

Gegenseitige Wahrnehmung der Europäer und der einheimischen Bevölkerung

Schon die ersten Kontakte mit der einheimischen Bevölkerung zeigten die deutlichen kulturellen und gesellschaftlichen Unterschiede auf. Seit der ersten Fahrt von Kolumbus wurden sie von den Europäern pauschal mit dem Begriff „Indios", später dann als „Indianer" bezeichnet. In den Augen der Europäer waren die indigenen* Bevölkerungsgruppen zunächst gleichermaßen fremd und übten eine ambivalente Faszination aus. Sie galten einerseits als rückständig und wurden aufgrund der Praxis der Menschenopfer als „Menschenfresser" oder „Barbaren" bezeichnet. Andererseits findet sich in den Beschreibungen der Neuen Welt auch das Bild des in paradiesischer Unschuld und Naturnähe lebenden „edlen Wilden". Die Behauptung des Kannibalismus diente den Europäern als Rechtfertigung für die Konquista, insbesondere für die Ausbeutung und Versklavung der indigenen Bevölkerung. Die rechtliche Begründung lieferte 1513 der spanische Jurist Palacios Rubios in einem Gutachten, dem sogenannten Requerimiento: Gott als Schöpfer der Welt, lautete die Argumentation, habe durch den Papst als seinen Stellvertreter die entdeckten Länder den spanischen Königen geschenkt; demnach müsste die Urbevölkerung die neuen Herren anerkennen und sich zum Christentum bekehren lassen; weigere sie sich, sei mit Krieg und Versklavung zu drohen. Bereits Zeitgenossen kritisierten diese Kriegserklärung an die indigene Bevölkerung, die in den folgenden Jahrzehnten immer wieder als Rechtfertigung für die Konquista herangezogen wurde. Die Versklavung war faktisch weder vereinbar mit der staatsrechtlichen Stellung der eroberten Gebiete als „freies Kronland", wonach die dort lebende Bevölkerung als grundsätzlich frei angesehen wurde, noch mit dem kirchlichen Missionierungsanspruch.

Die indigene Bevölkerung nahm die Europäer ebenfalls als „fremd" und „eigenartig" wahr. Ihre Reaktionen auf die Fremden fielen je nach Volksstamm verschieden aus. Die Taino der Antillen waren beispielsweise ein friedliches Pflanzervolk und hießen die Spanier willkommen. Sie erhofften sich sogar Schutz von ihnen gegen die kriegerischen Kariben. Erbitterten Widerstand über fast zwanzig Jahre hinweg leisteten die Maya. Sie nahmen die Spanier als Eindringlinge und Feinde wahr, die ihre Hochkultur zerstören wollten. Auch die mächtigen Inka Südamerikas kämpften lange gegen die Spanier. Mit der Ermordung ihres Herrschers Atahualpa 1533 zerfielen jedoch ihre staatlichen Strukturen und damit auch der organisierte Widerstand. Bei den Azteken kam den Spaniern bei der Eroberung neben der Zerstrittenheit der politischen Eliten noch der Götterglaube zu Hilfe. Der aztekische Herrscher Moctezuma sah mit der Ankunft der Spanier eine Weissagung erfüllt, nach der der Priesterkönig Quetzalcoatl wiederkehren sollte, um die Menschen vor den „blutigen Göttern" zu retten. Er sah sich deshalb verpflichtet, abzutreten und dem Spanier Hernán Cortés als „Priesterkönig" die Macht zu überlassen.

Indigene (auch autochthone) Völker (lat. *indiges* = eingeboren) sind die Nachkommen einer Bevölkerung vor einer Eroberung oder Kolonisation eines Staates oder einer Region, die sich als eigenständiges Volk verstehen und ihre sozialen, wirtschaftlichen und kulturellen Institutionen beibehalten.

M 6 Porträt des Inka-Häuptlings Atahualpa, Zeichnung, o. J.

Europäische Besiedlung und Herrschaft in der Neuen Welt

Im **Vertrag von Tordesillas 1494** teilten Spanien und Portugal mit päpstlicher Legitimation die neu entdeckten Gebiete unter sich auf. Amerika (mit Ausnahme Brasiliens) fiel an Spanien, Portugal sicherte sich Brasilien, Afrika und Asien (mit Ausnahme der Philippinen). Damit schufen die beiden größten Seemächte Europas die Basis für eine dauerhafte Inbesitznahme. Zunächst mussten die Stellung und die Rechte der Konquistadoren geklärt werden. Insbesondere die spanische Krone wollte das Machtstreben der Konquistadoren in der Neuen Welt eindämmen und dem eigenen Herrschaftswillen unterordnen. Ende des 15. Jahrhunderts begannen die spanischen Könige, das zunächst Kolumbus und seinen Vertretern vorbehaltene Entdeckungs- und Handelsmonopol aufzuweichen und anderen Interessierten die Überfahrt zu gestatten. Die folgenden Fahrten dienten nicht nur der Erforschung und Erschließung, sondern auch der Besiedlung. Mit der Gründung erster Siedlungen schuf die Krone die Voraussetzung für deren nachhaltige Integration in ein künftiges spanisches Weltreich. 1503 wurde in Sevilla das **Königliche Handelshaus** (*Casa de Contratación*) gegründet, das den gesamten Personen- und Handelsverkehr reglementierte.

Mythos „El Dorado"

M 7 Ansicht der legendären goldenen Stadt El Dorado, Kupferstich, 17. Jh.

Das entscheidende Motiv für die ersten Auswanderungen war die **Jagd nach Gold**, das man zuerst auf Hispaniola gefunden hatte. Bis 1502 kamen ca. 1500 Spanier, die durch das den Indianern abgenommene oder durch Sklavenarbeit gewonnene Gold von Hispaniola aus weitere Expeditionen und Beutezüge (*Entradas*) zu den anderen Inseln und zum Festland organisierten. Der kurze „Goldrausch" auf den Karibischen Inseln geriet so zum Ansporn, weitere Inseln und das Festland zu erobern. Dabei spielte eine kolumbianische Legende eine besondere Rolle, nach der jeder neue Herrscher der Muisca dem Sonnengott in einem Bergsee ein Opfer in Form von Gold darbrachte. So entstand der Mythos um einen sagenhaften Goldschatz in einem See bzw. die Existenz einer „Goldenen Stadt". Der Mythos *El Dorado* (dt. der Goldene) begründete zahlreiche Expeditionen ins Binnenland von Südamerika, um den sagenhaften Goldschatz zu finden. Er steht exemplarisch für die Dynamik, die die Entdeckung der Neuen Welt auslöste und die von Habgier, Kampfeslust und Überlegenheitsgefühlen bis hin zu Forschergeist und Missionierungsdrang reichte.

Spanische Kolonialherrschaft: Repartimiento/Encomienda

Beim Aufbau der spanischen Kolonialherrschaft in Mittel- und Südamerika wurde im Zuge einer allgemeinen Zentralisierung und zur Stärkung der Krone 1524 der **Indienrat** als staatliche Zentralbehörde ins Leben gerufen. Die Überseegebiete selbst wurden als Vizekönigreiche eigenständige Teilreiche mit – formal betrachtet – „freien" Untertanen (Neuspanien 1535; Peru 1542; Neugranada 1718; La Plata 1776). Die Vizekönige hatten keine Erbrechte, sondern waren Amtspersonen, die abberufen werden konnten.

Die Praxis der Kolonialherrschaft basierte auf dem System von **Repartimiento*** (Zuteilung von Indios) bzw. **Encomienda*** (Schutzauftrag). Es sorgte dafür, dass spanischen Siedlern eine bestimmte Anzahl von Eingeborenen als „freie Untertanen der Krone" zum Arbeitseinsatz zugeteilt wurde. Auflage war es, sie angemessen unterzubringen, zu versorgen, zu entlohnen und in christlicher Religion zu unterweisen. Auf dieser Basis ließen spanische Siedler im Laufe der Frühen Neuzeit Millionen Ureinwohner auf Plantagen und in Silberbergwerken zwangsweise arbeiten; hinzu kamen ca. zwölf Millionen aus Afrika importierte Sklavenarbeiter und -arbeiterinnen. In der Realität wurden die Bestimmungen des spanischen Staates weitgehend ignoriert und die Kolonisten beuteten die indigene Bevölkerung hemmungslos aus. Kritik an der spanischen Herrschaftspraxis entzündete sich bereits unter Zeitgenossen, insbesondere bei den Dominikanermönchen, die in Amerika lebten. In zahlreichen Berichten klagten sie das unchristliche Verhalten der spanischen Kolonisten an. Zum berühmtesten Ankläger wurde **Bartolomé de Las Casas (1474–1566)**, der sich aufgrund seiner Erfahrungen in der Neuen Welt den Dominikanern anschloss und zum vehementen Verteidiger der Indios entwickelte. Die Kritik führte zu einer öffentlichen Grundsatzdebatte über die Legitimität der Eroberung und über den Umgang mit der indigenen Bevölkerung. Papst und spanische Krone reagierten auf die Diskussion mit Erklärungen bzw. Gesetzen: So verkündete Papst Paul III. 1537 in einer Bulle die Auffassung, Indios seien „wahre Menschen" und dürften „das Recht auf Besitz und Freiheit" ausüben, auch wenn sie den christlichen Glauben noch nicht angenommen hätten. Bereits 1530 unternahm Karl V. mit einem königlichen Erlass einen ersten Versuch, die Sklaverei endgültig abzuschaffen. Aufgrund der von Las Casas angestoßenen Debatte setzte der spanische König darüber hinaus eine Prüfungskommission ein, deren Ergebnis schließlich 1542/43 in den „Neuen Gesetzen" (span. *Leyes Nuevas*) mündete, in denen die Sklaverei prinzipiell verboten wurde. Weil die Regelungen auf heftigen Widerstand der Kolonisten stießen und in Peru zur offenen Rebellion führten, wurden entscheidende Passagen der Gesetze, insbesondere zur Abschaffung des Encomienda-Systems, bereits 1545 wieder zurückgenommen.

Die Begriffe Partimiento (von lat. repartire „verteilen, zuteilen") und Encomienda (von span. encomendar: anvertrauen) wurden teilweise synonym gebraucht.

Folgen der Kolonialisierung

In der kolonisierten Welt kam es zu tief greifenden Umwälzungen, die sich insbesondere in den **demografischen Folgen** zeigten. Sowohl die Eroberung als auch die Ausbeutung und Versklavung der einheimischen Bevölkerung in den Bergwerken und auf den Plantagen erforderten zahllose Opfer. Traditionelle gesellschaftliche und familiäre Strukturen sowie kulturelle Werte der indigenen Bevölkerung wurden zerstört. Das Massensterben ist allerdings nicht allein auf die europäischen Verbrechen zurückzuführen, denn Konquistadoren, Großgrundbesitzer und

Bergwerksunternehmer hatten ein ökonomisches Interesse an den einheimischen Arbeitskräften. Entscheidend für die demografische Katastrophe waren die von den Europäern eingeschleppten Infektionskrankheiten, denen die bisher isoliert lebenden Altamerikaner schutzlos ausgesetzt waren, da ihr Immunsystem auf die unbekannten Erreger nicht reagierte. Darüber hinaus entwickelten sich auch innerhalb des kolonialen Herrschaftssystems Formen kultureller Selbstbehauptung. Selbst dort, wo die indigene Bevölkerung der direkten kolonialen Herrschaft der Spanier ausgesetzt war, zeigten sich die Grenzen des Kolonialismus. Letztendlich führten die freiwilligen und erzwungenen Migrationen aus Europa und Afrika zur Vermischung der verschiedenen Bevölkerungsgruppen, die eine völlig neue ethnische Struktur in Lateinamerika hervorbrachte.

Gravierend waren auch die **ökonomischen und ökologischen Auswirkungen** des spanischen Kolonialismus in Lateinamerika. Die Einführung des westlichen Wirtschaftssystems führte zu radikalen Veränderungen des Ökosystems, die inzwischen auf die Alte Welt zurückwirken. Dauerhafte ökonomische und ökologische Schäden in vielen Regionen richtete der Raubbau an den natürlichen Ressourcen an. Dazu zählen die Ausbeutung der Bodenschätze, die Überweidung großer Flächen durch den stark wachsenden Viehbestand sowie die Rodung großer Waldgebiete für den Holzbedarf im Bergbau, bei der Zuckerproduktion und im Städtebau. Insbesondere die Entfernung schützender Vegetation durch Überweidung und Abholzung führte zur Bodenerosion, also zur übermäßigen Abtragung von Böden.

M 8 Durch Erosion zerstörter Hang bei Cuzco in Peru, Fotografie, 2010

Die „Europäisierung" der Welt – Gegenstand kontroverser Deutungen

Die Entdeckungsfahrten leiteten die „Europäisierung" der Welt ein. Auf der Suche nach neuen Handelswegen und Sklavenmärkten, nach Gewürzen und Edelmetallen erschlossen die Europäer in einem Zeitraum von fast vier Jahrhunderten nahezu alle Erdteile. Dabei nahmen die Europäer keine Rücksicht auf die einheimische Bevölkerung, wie die Eroberung Mittel- und Südamerikas zeigte: Die Portugiesen und Spanier teilten die „Neue Welt" unter sich auf, ließen ihre transatlantischen Besitzansprüche durch den Papst bestätigen und gingen gewaltsam gegen die Altamerikaner vor. Sie zerstörten deren Hochkulturen, nahmen das Land und dessen Bewohner in Besitz und errichteten im Namen ihrer europäischen Herrscherdynastien Kolonialreiche von gewaltiger räumlicher Ausdehnung. Dabei rechtfertigten sie ihr Vorgehen mit dem christlichen Missionsgedanken. Die Kolonialreiche bestanden teilweise bis in das 20. Jahrhundert. Erst im Zuge der „Dekolonisation" lösten sich die Kolonien vom jeweiligen „Mutterland" durch Verhandlungen, Aufstände oder Kriege ab und beriefen sich dabei auf ihr nationales Selbstbestimmungsrecht.

Die europäische Expansion und ihre Folgen sind bis heute Gegenstand kontroverser Geschichtsdeutungen. Bis zur ersten Hälfte des 20. Jahrhunderts wurden in Europa die positiven Wirkungen des „Zeitalters der Entdeckungen" hervorgehoben, insbesondere der erfolgreiche Export der europäischen Zivilisation und des christlichen Glaubens. Bis heute wird in Spanien am 12. Oktober an die „Entdeckung" Amerikas als den Beginn der Verbreitung der spanischen Kultur und Sprache erinnert. In Lateinamerika dagegen wird in erster Linie auf die unmittelbaren und langfristigen negativen Folgen des „Kulturzusammenstoßes" (Bitterli) für die amerikanischen Völker verwiesen. Ungeachtet dieser kontroversen Beurteilung aus unterschiedlichen Perspektiven sehen heute viele Historiker in der europäischen Expansion den Beginn des Globalisierungsprozesses, der auch Europa nachhaltig beeinflusste.

Webcode:
KH300943-043

1 **Arbeitsteilige Gruppenarbeit/Referat:** Suchen Sie sich jeweils einen in der Darstellung vorgestellten Entdecker aus und tragen Sie in kleinen Gruppen Informationen zu seinem Lebenslauf, seinen Motiven, seinen Unterstützern und seiner Fahrt zusammen. Präsentieren Sie die Ergebnisse in Ihrem Kurs in einem kurzen Referat.
2 Erläutern Sie auf der Basis der Darstellung die unmittelbaren und die langfristigen Folgen der europäischen Expansion für die Neue Welt.
3 **Pro- und Kontra-Liste:** Europäisierung als Beginn der Globalisierung? Erstellen Sie eine Liste mit Argumenten für und gegen diese These.

Hinweise zur Arbeit mit den Materialien

Der Materialteil beginnt mit dem Themenblock **Geschichte Altamerikas am Beispiel der Azteken** (M 9 bis M 12). Anschließend werden die **Voraussetzungen und Motive** der europäischen Expansion diskutiert. Eine Quelle (M 13) und ein Sekundärtext (M 14) beleuchten die Motive der Kolumbusfahrt. Ein Bildmaterial (M 15) widmet sich dem Mythos El Dorado und dem Motiv Gold. M 16 zeigt die wichtige Rolle der katholischen Kirche. Das erste **Zusammentreffen der Kulturen** und die unterschiedlichen Wahrnehmungsweisen der „anderen" können anhand zweier Berichte über eine Begegnung zwischen dem spanischen Eroberer Cortés und dem Aztekenherrscher Moctezuma untersucht werden (M 17 und M 18). Zwei Bildmaterialien illustrieren die europäische Sicht auf die einheimischen Bewohner (M 19 und M 20), während zwei fachwissenschaftliche Texte sowohl die europäische als auch die indigene Wahrnehmung beleuchten (M 21 und M 22). Das spanische **koloniale Herrschaftssystem Encomienda** kann anhand einer Verfügung der spanischen Königin Isabella (M 23) sowie der Kritik des Dominikanermönchs Bartolomé de Las Casas (M 24) und eines Bildes (M 25) analysiert werden. Die vielfältigen und langfristigen **Folgen der Kolonialisierung** in Mittel- und Südamerika werden differenziert mithilfe einer zeitgenössischen Analyse, einer fachwissenschaftlichen Erörterung sowie einer Tabelle zur Bevölkerungsentwicklung erschlossen (M 26 bis M 28). Die abschließenden Materialien widmen sich der Leitfrage des Kapitels nach der **Europäisierung der Welt**.

Das Thema europäische Expansion/Europäisierung der Welt ist ein sehr komplexer Gegenstand, der oft als einseitiger Prozess der Unterdrückung bzw. als Beleg der Überlegenheit der europäischen Kultur betrachtet wird. **Theoriemodelle** können helfen, eine sachliche Analyse zu erreichen. Zu diesem Zweck werden hier die Ansätze zu **Kulturbegegnung/Kulturzusammenstoß** (Bitterli) sowie zum **Kolonialismus** (Osterhammel) vorgestellt.

Die **Methodenseiten** „Schriftliche Quellen interpretieren" geben eine Einführung in die Arbeit mit Textquellen (Beispiel: zeitgenössische Analyse der Rechtslage aus katholischer Sicht). Im Anschluss können Arbeitsschritte zur Entwicklung eines historischen Urteils (Beispiel: Beurteilung der Konquista in den 1970er-Jahren) erlernt werden.

Am Ende des Kapitels finden sich **weiterführende Arbeitsanregungen** und die Möglichkeit, die im Kapitel erworbenen **Kompetenzen zu überprüfen** (S. 72).

Die Azteken – eine alte Kultur in Mittelamerika

M 9 Die Historikerin Claudia Schnurmann über Herrschaft und Gesellschaft der Azteken (1998)

Erst im 14. Jahrhundert verband sich die multiethnische Bevölkerung auf dem Gebiet des heutigen Staates Mexiko zu einer Gemeinschaft, die aus den Stämmen der Mexica und Tenocha bestand. Der heute übliche Name „Azteken", der von einem mythischen Ort Aztlan abgeleitet wird, setzte sich erst im 18. Jahrhundert durch. Das „aztekische Reich" bildete nach altweltlichen Vorstellungen genau genommen kein „Reich", sondern bestand eher aus einer Ansammlung vieler kleiner, etwa 40 bis 60 Stadtstaaten, die einem Bund dreier Städte, Tenochtitlan, Texoco und Tlacopan am See von Mexiko und deren Herrschern Tribute leisten mussten. Dieses Tributimperium fügte sich zu einem Staat, der kaum den Ordnungskategorien Europas entspricht [...]: kein geschlossenes, abgegrenztes Territorium, kein einheitliches Recht, keine einheitliche Verwaltung, kein stehendes Heer, stattdessen eine Vielzahl von Sprachen und Identitäten, wobei sich die aztekische Sprache, das Nahuatl, zur allgemein verständlichen *lingua franca* entwickelte. Das komplexe Gebilde unter der Führung dreier Stadtstaaten geriet im Verlauf des 15. Jahrhunderts mehr und mehr unter die Kontrolle von Technotitlan, dem heutigen Mexiko-City, und der dort herrschenden Familie Colhua. Ihre Führer waren zwar im lokalen Kontext absolute Herrscher, aber ihre Autorität wurde auf überregionaler Ebene nicht unwidersprochen hingenommen. Sowohl die beiden anderen mächtigen Stadtstaaten als auch aufstrebende Herrschaften in anderen Gebieten des lockeren Verbundes versuchten wiederholt die Entwicklung eines Zentrums und eines alleinigen Herrschers zu unterlaufen. Der unmittelbaren Machtausübung selbst eines so mächtigen Herrschers wie Moctezuma II. (Reg. 1502–1520), unter dem Tenochtitlan an politischem und militärischem Einfluss gewann, waren Grenzen gesetzt: und zwar Grenzen der Kommunikation. Die Azteken galten als „Fußgängergesellschaft", sie kannten weder Last- noch Reittiere: Ochsen, Pferde oder Esel gab es nicht. Das Rad war nicht in Gebrauch. Man kannte es zwar, benutzte es aber nur bei Spielzeug oder Kunstobjekten. Die Mobilität der Azteken war beschränkt; den Transport von Menschen und Waren erledigten Träger […].

Die aztekische Gesellschaft gliederte sich in zwei Schichten: Es gab eine Adelsschicht, die zirka zehn Prozent der Bevölkerung umfasste, und die große Menge der Nichtadligen. Am unteren Ende der sozialen Leiter standen die Sklaven, die jedoch nicht in Unfreiheit geboren waren oder lebenslänglich in diesem Zustand verharrten, sondern infolge von Verkauf, Verschuldung oder krimineller Vergehen zeitweilig ihre Freiheit verloren oder sogar freiwillig darauf verzichten konnten. Das Volk arbeitete in der Mehrzahl als Bauern oder Handwerker. Der Adel besaß das Land, verfügte über die nötigen Arbeitskräfte, lebte zumeist in großen Haushalten und seine männlichen Angehörigen frönten im Gegensatz zum monogamen Volk der Polygamie. Der Adel stellte auch die Priesterschaft, die neben Kultämtern politische Funktionen übernahm. Nach aztekischer Vorstellung gab es eine Ordnung des Kosmos, der auch die zahlreichen Götter unterworfen waren. […]

In Verbindung mit den wiederholt auftretenden Hungersnöten, die als göttliche Strafen interpretiert wurden, und der Überbevölkerung – allein in Tenochtitlan lebten 150 000 bis 300 000 Menschen – machte sich um die Wende vom 15. zum 16. Jahrhundert eine aggressiv-pessimistische Grundstimmung bei den Azteken breit. […] Die latente Krisenstimmung bildete den Hintergrund der Regierung des Moctezuma II. […] Innerhalb der aztekischen Eliten schwelten Spannungen, Rivalitäten und Misstrauen, die den Spaniern ideale Ansatzstellen bieten sollten, um Keile in das aztekische Machtgefüge zu treiben.

Claudia Schnurmann, Europa trifft Amerika, Fischer Taschenbuch, Frankfurt/ M. 1998, S. 42–44.

M 10 Menschenopfer, Darstellung aus einer aztekischen Handschrift, ca. 15. Jahrhundert

M 11 Der italienische Humanist Peter Martyr von Anghiera (1457–1526) beschreibt die Stadt Tenochtitlan (1523)

Die Stadt Tenustitan [= Tenochtitlan], die Residenz des großen Königs Moctezuma, liegt in der Mitte des Salzsees. Von welcher Seite man auch zu ihr hinkommen will, der Abstand vom Festland beträgt jeweils anderthalb bis zwei Leugen [rd. 6 km]. Tag und Nacht ist der See von ankommenden und abfahrenden Booten belebt. Auch auf den vier steinernen Brückendämmen kann man von allen Seiten in die Metropole gelangen. Die Dämme sind fest gebaut und stellen eine fast durchgehende Verbindung dar; nur an einzelnen Stellen sind sie von Öffnungen unterbrochen. […] Über einen der Deiche verläuft ohne Unterbrechung eine

M 12 Mittel- und Südamerika in vorkolonialer Zeit

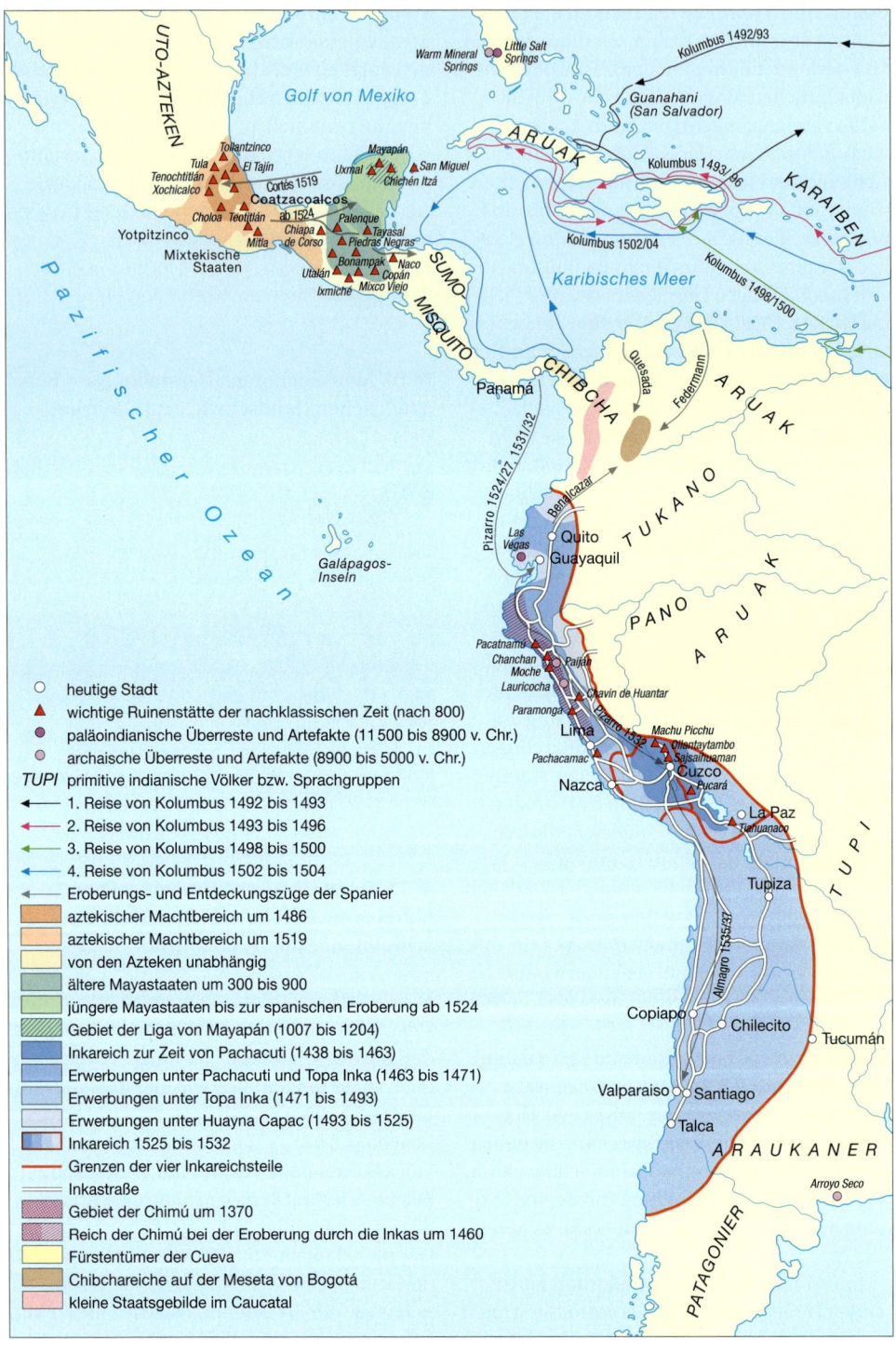

1 Beschreiben Sie anhand von M 12 die Spanne der altamerikanischen Kulturformen.

Wasserleitung zur Stadt. So erhält die ganze Einwohnerschaft Trinkwasser. Angestellten des Königs, die auch über Boote verfügen, sind bestimmte Bezirke zugewiesen, in denen sie für die Bevölkerung Wasser verkaufen; dafür muss eine Abgabe entrichtet werden. […]

Auf den Plätzen und Märkten in Tenustitan verkauft man alles, was zum Hausbau und zur Hausausstattung gehört: Pfosten und Balken, Latten, Kalk, Gips, Ziegel und Bruchsteine, die für den jeweiligen Gebrauch behauen sind. Vielfältige Tonwaren werden angeboten: Krüge, Kannen, Schüsseln, Mischkessel, Platten, Schalen, Becken, Pfannen, Näpfe, Kumpe, alles handgearbeitete Gefäße. Stahl und Eisen kennen die Menschen dort nicht; Gold, Silber, Zinn, Blei und Messing haben sie dagegen im Überfluss. Jeder Käufer wird auf dem Markt die erwähnten Metalle in der Form bekommen, wie er sie wünscht: im Rohzustand, gegossen, geschmiedet und kunstvoll zu Schmuck verarbeitet. […]

Etwas anderes darf ich nicht übergehen. Auf dem weiten Gelände des größten Platzes in Tenustitan steht ein gewaltiges Rathaus. Dort sitzen ständig zehn oder zwölf angesehene ältere Männer, die als Rechtskundige alle auftretenden Streitigkeiten entscheiden. Neben ihnen stehen Polizeidiener mit Stäben, die deren Befehle ausführen. Auch Beamte, die Rechnungen und Maße überwachen, sind zur Stelle. Ob sie auch Gewichte kennen, weiß man noch nicht.

Hans Klingelhöfer (Hg.), Peter Martyr von Anghiera. Acht Dekaden über die Welt, Bd. 2, Wiss. Buchgesellschaft, Darmstadt 1973, S. 44 f. und 49 f.

1 Erarbeiten Sie aus M 9 und M 11 Merkmale der Herrschaft bei den Azteken. Erörtern Sie, ob man das Aztekenreich als einen „Staat" bezeichnen kann.
2 **Schaubild:** Erstellen Sie anhand der Informationen aus M 9 und M 11 ein Schaubild zur Gesellschaftsstruktur der Azteken.
3 Vergleichen Sie mit der Gesellschaft Europas um 1500 (siehe Kap. 2, ibs. S. 16 ff.).
4 **Recherche:** Informieren Sie sich über die Bedeutung der Religion bei den Azteken und interpretieren Sie die Abbildung M 10.

Voraussetzungen und Motive der europäischen Expansion

M 13 Vertrag zwischen Kolumbus und den Königen von Spanien, Isabella und Ferdinand, 17. April 1492

Die erbetenen Titel und Rechte, welche Eure Hoheiten dem Don Cristóbal de [sic] Colón gewähren und verleihen als Belohnung für das, was er in den Ozeanischen Meeren entdeckt hat (*que ha descubierto*), und für die Reise, die er jetzt mit Gottes Hilfe im Dienste Eurer Hoheiten auf diesen Meeren unternehmen soll, sind jene, die im Folgenden ausgeführt werden:

Zum Ersten ernennen Eure Hoheiten als Herrn über die genannten Ozeanischen Meere von heute an den genannten Don Cristóbal Colón zu ihrem Admiral über alle jene Inseln und Festlande, die von ihm und durch seine Bemühungen in den genannten Ozeanischen Meeren entdeckt und gewonnen werden, auf Lebenszeit, und nach seinem Tode seine Erben und Nachkommen auf ewig, von einem zum anderen fortlaufend, und mit allen jenen Vorrechten und Privilegien, die zu diesem Amt gehören. […]

Ferner ernennen Eure Hoheiten den genannten Don Cristóbal Colón zu ihrem Vizekönig und Generalgouverneur aller genannten Inseln und Festlande und Inseln, die er, wie erwähnt, in den genannten Meeren entdeckt und gewinnt. Für die Verwaltung von allen und jeder einzelnen der Inseln und Festlande wird er für jedes Amt drei Personen vorschlagen, unter denen Eure Hoheiten diejenige Person auswählen werden, die für ihre Dienste am geeignetsten erscheint. So werden die Länder, die ihn Unser Herr zum Nutzen und Vorteil Eurer Hoheiten finden und gewinnen lässt, besser verwaltet werden. […]

Des Weiteren wollen Eure Hoheiten, dass von allen und jedweden Waren, die gekauft, getauscht, gefunden, gewonnen oder vorgefunden werden innerhalb des Amtsbereichs der genannten Admiralität, welche Eure Hoheiten dem genannten Don Cristóbal Colón von heute an verleihen, dieser nach Abzug aller entstandenen Unkosten den zehnten Teil von allem für sich haben und einnehmen soll. Ob es nun Perlen, Edelsteine, Gold, Silber, Spezereien oder irgendwelche anderen Dinge und Handelswaren welcher Art, Bezeichnung oder Gattung auch immer sind; in der Weise also, dass er von dem, was rein und unbelastet bleibt, den zehnten Teil haben und einnehmen und damit nach seinem Gutdünken verfahren soll, wobei die übrigen neun Teile für Eure Hoheiten bleiben. [...]

Ferner, wenn wegen der Waren, die er von den Inseln und Festlanden, welche man, wie erwähnt, gewinnt und entdeckt, mitbringen wird, oder wegen der Waren, die im Tausch für jene hier von anderen Händlern erworben werden, an dem Ort, an welchem der genannte Handel und das Geschäft abgeschlossen wird, irgendein Rechtsstreit entsteht, so sollen Eure Hoheiten einverstanden sein und von heute an verfügen, dass in solch einem Verfahren von keinem anderen Richter als von ihm oder von seinem Vertreter ein Urteil gefällt wird, falls dies zu den Privilegien eines Admiralsamtes gehört.

Zit. nach: Eberhard Schmitt (Hg.), Dokumente zur Geschichte der Europäischen Expansion, Bd. 2: Die Großen Entdeckungen, C. H. Beck, München 1984, S. 106f.

1 Fassen Sie die wesentlichen Vertragsinhalte zusammen.
2 Erläutern Sie die Interessen der Vertragspartner.

M 14 Der Historiker Horst Gründer über Kolumbus (2006)

Welches waren die Triebkräfte, die hinter den Plänen des Kolumbus standen und die ihn alle Rückschläge, sowohl diejenigen vor dem Aufbruch zu seiner Westfahrt als auch diejenigen während und nach seinen vier Amerikareisen, auf sich nehmen ließen? Wenn es ein Motiv gibt, das sein gesamtes „Bordbuch", das Tagebuch seiner ersten Reise, durchzieht und das sich auch an anderen Stellen immer wieder findet, dann ist es materieller Wohlstand für Spanien und sich selbst. Schon in Marco Polos Reisebeschreibungen und in dem „*Imago Mundi*" des Peter von Ailly hatte er insbesondere jene Stellen mit zahlreichen Randbemerkungen versehen, die sich auf Gold- und Silbervorkommen, Gewürze und Edelsteine bezogen.

Wenn man indes die Entwicklung des Kolumbus verfolgt und die vorhandenen Zeugnisse genauer prüft, entsteht ein differenzierteres Bild. Im Prolog seines „Bordbuchs" sieht Kolumbus etwa sein Unternehmen in die spanische Rekonquista eingebettet und stellt es in die universale Verbreitung des Christentums. Das Bekehrungsmotiv ist hier unmissverständlich ausgesprochen. Und es ist gekoppelt an das bekannte Thema der Suche nach dem Reich des „Priesterkönigs Johannes". Dessen Herrschaftsbereich lokalisierte er in unmittelbarer Nähe des Reiches des Großkhans, des Kaisers von China. [...]

Auch die Schätze Indiens waren für ihn nur Mittel zum Zweck, das heißt, sie sollten der Befreiung Jerusalems dienen und dem Christentum weltweit zum Sieg verhelfen. Als er während seiner dritten Reise im Mündungstrichter des Orinoco das irdische Paradies gefunden zu haben glaubte, ging er davon aus, dass dessen Reichtümer ausreichen würden, den entscheidenden Kreuzzug zur Wiedereroberung des Heiligen Grabes zu finanzieren. Seinen Namen hatte er inzwischen in Cristóbal Colón geändert, was programmatisch auf den „Evangelisator" (*Cristóbal* „Christusträger") und „Kolonisator" (*Colón* „Siedler") verwies. In der Wiedereroberung Jerusalems und der Christianisierung der Welt sah er wohl das letzte Ziel seiner Bemühungen um die Westfahrt nach Indien. Franziskanische Spiritualität, Kreuzfahrermentalität und Goldhunger bildeten bei Kolumbus mithin eine Einheit; so war er verspäteter „Kreuzfahrer" und moderner „Konquistador" zugleich.

Die Zeit Welt- und Kulturgeschichte, Bd. 8: Frühe Neuzeit und Altamerika, Zeitverlag, Hamburg 2006, S. 133ff.

1 Analysieren Sie M 14 im Hinblick auf die Motive des Kolumbus.
2 Diskussion: Erörtern Sie auf der Grundlage Ihrer Ergebnisse die Frage: Kolumbus – Missionar oder Konquistador?

M 15 Präkolumbianische Goldskulptur des Muisca-Rituals, o. J.

Jeder neue Herrscher der Muisca musste dem Sonnengott bei seinem Antritt Opfer darbringen. Dabei wurde der nackte Körper des Fürsten mit Goldstaub überzogen. Dann fuhr er mit vier Begleitern auf einem Floß in die Mitte eines Bergsees und warf zahlreiche Gegenstände aus Gold mit Edelsteinen zu Ehren des Gottes in den See. Anschließend reinigte er sich im Wasser vom Goldüberzug. Der Mythos um einen sagenhaften Goldschatz im Goldland El Dorado lehnte sich an dieses Ritual an, entstand aber erst im 16. Jahrhundert.

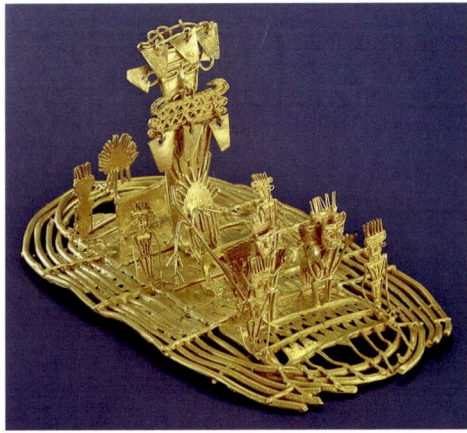

1 Skizzieren Sie den Einfluss von Mythen wie dem „Mythos El Dorado" auf die Dynamik der europäischen Eroberungen.

M 16 Die päpstliche Bulle Inter caetera, 4. Mai 1493

Unter den anderen der göttlichen Majestät wohlgefälligen und Unserem Herzen erwünschten Werken ist es das Wichtigste, dass der katholische Glaube und die christliche Religion gerade in Unserer Zeit verherrlicht und überall verbreitet, das Heil der Seelen gefördert und die barbarischen Nationen gedemütigt und zum Glauben zurückgeführt werden. [...]

(§ 4.) Nachdem Ihr alles und namentlich, wie es katholischen Königen und Fürsten geziemt, das Interesse der Verherrlichung und Verbreitung des katholischen Glaubens gewissenhaft nach der Art Eurer Vorfahren glorreichen Angedenkens erwogen hattet, habt Ihr Euch vorgenommen, die genannten Inseln und Festländer samt ihren Bewohnern mit Gottes Hilfe Euch zu unterwerfen und zum katholischen Glauben zurückzuführen. [...]

(§ 6.) Das Gebiet, das Wir Euch aus bloßer Freigebigkeit, in voller Kenntnis und Apostolischer Machtvollkommenheit[1], aus eigenem Antrieb, nicht etwa aus Veranlassung einer Bitte von Eurer Seite[2] übergeben, umfasst alle Inseln und Festländer, ob schon bekannt oder noch zu entdecken, in westlicher und südlicher Richtung, [...]; dazu ziehen Wir eine Linie vom arktischen Pol zum antarktischen Pol, also von Norden nach Süden, gleich ob nun die Festländer und Inseln auf dem Wege nach Indien oder nach einer anderen Weltgegend entdeckt wurden oder entdeckt werden[3]. Diese Linie soll hundert Meilen westlich von den Inseln, die als Azoren und Kapverden bekannt sind, nach Süden verlaufen, sodass Euch alle westlich dieser Linie gelegenen Inseln und Festländer, ob schon bekannt oder noch zu entdecken, zufallen, sofern sie sich bis zum letztvergangenen Weihnachtstag, mit dem das gegenwärtige Jahr 1493 begonnen hat, nicht im tatsächlichen Besitz eines anderen christlichen Königs oder Fürsten befunden haben.

Geschichte in Quellen, hg. von Wolfgang Lautemann und Manfred Schlenke, Bd. 3: Renaissance. Glaubenskämpfe. Absolutismus. Bearbeitet von Fritz Dickmann, bsv, München 1982, S. 57 ff.

---

1 Gemeint ist hier die Autorität des Papstes, der sich als Nachfolger des Apostel Petrus sieht, als Oberhaupt der römisch-katholischen Kirche.
2 Eine formelhafte Wendung, die dazu diente, dem Empfänger der Urkunde Gebührenfreiheit zu verschaffen. In Wirklichkeit war die Gebietsübertragung von Spanien beantragt.
3 Laut Vertrag von Tordesillas (1494) 370 Meilen westlich der Kapverdischen Inseln

---

1 Erläutern Sie die Rolle der katholischen Kirche bei der Inbesitznahme der Neuen Welt. Zeigen Sie insbesondere, welchen rechtlichen Anspruch der Papst erhebt.

Kulturen treffen aufeinander

M 17 Auszug aus einer aztekischen Chronik (16. Jahrhundert)

Sie entstand auf Veranlassung des Franziskaners Bernardino de Sahagún. Er ließ darin indigene Schüler in der ersten Hälfte des 16. Jahrhunderts Berichte über die Eroberung Mexikos in ihrer eigenen Sprache, dem Náhuatl, niederschreiben:

Als das Jahr „Dreizehn Kaninchen" sich seinem Ende näherte, [...] erschienen sie [d. h. Cortés mit seiner Schiffsflotte] wieder. Sie wurden wieder gesehen. Sogleich brachte
5 man Moctezuma die Kunde, und er sandte sofort Boten aus, denn er dachte: „Nun ist unser Fürst Quetzalcóatl[1] gekommen!" In seinem Herzen fühlte er: Er ist erschienen, er ist zurückgekommen. Nun wird er wieder seinen
10 Thron einnehmen, wie er versprochen hat, ehe er uns verließ. Moctezuma schickte fünf hohe Gesandte aus, die die Fremden begrüßen und ihnen Willkommensgeschenke bringen sollten. [...]
15 Moctezuma war sehr erstaunt und bestürzt über ihren Bericht und die Beschreibung der göttlichen Speise entsetzte ihn mehr als alles andere. Sie nährten sich nicht von Blut und menschlichen Herzen! Erschrocken hörte er
20 auch davon, wie die Kanone brüllt, wie ihr Donner trifft, dass man taub und ohnmächtig wird. [...] Und die Gesandten berichteten weiter: „Ihre Kriegstracht und ihre Waffen sind ganz aus Eisen gemacht. Sie kleiden sich ganz
25 in Eisen, mit Eisen bedecken sie ihren Kopf, aus Eisen sind ihre Schwerter, ihre Bogen, ihre Schilde und Lanzen. Sie werden von Hirschen auf dem Rücken getragen, wohin sie wollen. Herr, auf diesen Hirschen sind sie so hoch wie
30 Dächer. [...]" Als Moctezuma diesen Bericht gehört hatte, griff die Furcht ihn an. Sie schwächte sein Herz bis zur Ohnmacht, es schrumpfte zusammen. Und die Verzweiflung eroberte ihn. Doch dann sandte er wieder Ab-
35 geordnete aus, er schickte seine klügsten Leute [...] und die edelsten und tapfersten Krieger. [...] Moctezuma schickte auch Gefangene mit. Sie waren für Opfer bestimmt, wenn es die Götter nach Menschenblut gelüstete. Die Ge-
40 fangenen wurden vor den Fremden geopfert, doch als die Weißen das sahen, schüttelten sie sich vor Abscheu und Ekel. [...]

Moctezuma hatte die Magier beauftragt, auszuforschen, wer die Fremden wären. Zu-
45 gleich sollten sie trachten, sie zu verzaubern, irgendein Unheil auf sie herabzuziehen [...]. Die Zauberer taten ihr Werk, sie besprachen die Fremden, aber die Wirkung blieb aus. [...] Da kehrten die Zauberer eilig zurück und berichteten Moctezuma, wie stark und unver-
50 wundbar die Fremden wären. [...]

Moctezuma war angsterfüllt und verwirrt; von Schrecken gepeinigt, verzweifelte er an der Zukunft seiner Stadt. Sein Volk war verwirrt wie er, beriet, besprach die Berichte.
55 Man kam auf den Straßen zusammen, bildete Gruppen, Gerüchte verbreiteten Schrecken. Man weinte und klagte. [...]

Nachdem die Fremden Cholula vernichtet hatten, machten sie sich auf den Weg nach der
60 Hauptstadt Mexiko[2]. Sie kamen in Schlachtordnung, als Eroberer, und der Staub stieg in Wirbeln über den Landstraßen auf. Ihre eisernen Stäbe glitzerten böse in der Sonne und die Fähnchen daran flatterten wie Fledermäuse.
65 [...] Einige waren von Kopf bis Fuß in blitzendes Eisen gekleidet. Diese glänzenden Eisenmänner erschreckten jeden, der sie sah.

Moctezuma sandte noch einmal verschiedene Fürsten aus. [...] Sie schenkten den Göt-
70 tern goldene Banner und Fahnen aus Quetzalfedern und goldene Halsketten. Als sie das Gold in ihren Händen hatten, brach Lachen aus den Gesichtern der Spanier hervor, ihre Augen funkelten vor Vergnügen, sie waren
75 entzückt. Wie Affen griffen sie nach dem Gold [...]. [...] Sie rissen die goldenen Banner an sich, prüften sie Zoll für Zoll, schwenkten sie hin und her, und auf das unverständliche fremde Rauschen im Wind antworteten sie
80 mit ihren wilden, barbarischen Reden.

Miguel Leon-Portilla/Renate Heuer (Hg.), Rückkehr der Götter. Die Aufzeichnungen der Azteken über den Untergang ihres Reiches, Vervuert, Frankfurt/M. 1986, S. 23–53.

---

1 Quetzalcóatl: aztekischer Gott des Windes, des Himmels und der Erde
2 Mexiko: Tenochtitlán, heute Mexiko City

M 18 Der spanische Konquistador Hernán Cortés schreibt in einem Bericht an Kaiser Karl V. über seine Begegnung mit Moctezuma (1520)

Kurze Zeit nachher aber, nachdem alle meine Leute schon einquartiert waren, kehrte er zurück mit vielen und mannigfaltigen Kleinodien von Gold und Silber und Federbüschen sowie mit fünf- bis sechstausend Stück baumwollenen Gewebes […]. Nachdem er mir das übergeben hatte, […] redete er zu mir Folgendes: „Seit langer Zeit bereits besitzen wir durch unsere Urkunden von unseren Voreltern Kenntnis, dass weder ich noch alle jetzigen Einwohner dieses Landes Eingeborene desselben sind, sondern vielmehr Fremde, die aus sehr entfernten Gegenden stammen. Gleichfalls wissen wir, dass unser Geschlecht durch einen Herrn hierher geführt wurde, dessen Vasallen sie alle waren und der darauf nach seinem Geburtslande zurückkehrte, später aber wiederkam – doch erst nach so langer Zeit, dass sich die Zurückgebliebenen unterdessen schon mit eingeborenen Weibern verheiratet und viele Kinder erzeugt, auch neue Ortschaften gebildet hatten, wo sie lebten. Und als er sie wieder mit sich hinwegzuführen gedachte, wollten sie nicht folgen und ihn nicht einmal mehr als ihren Herren erkennen, und so entfernte er sich wieder.

Wir aber haben stets dafür gehalten, dass jemand von seinen Nachkömmlingen dereinst erscheinen würde, um dieses Land zu unterjochen und uns wiederum zu ihren Vasallen zu machen. Und nach der Gegend, aus welcher Ihr gekommen zu sein versichert, das heißt vom Sonnenaufgange her, und nach Euren Erzählungen von jenem großen Herrn oder Könige, der Euch von dort gesendet hat, glauben wir und halten es für gewiss, dass derselbe unser angestammter Herrscher sei; besonders da Ihr sagt, dass auch er von uns seit langer Zeit schon Kunde besessen. Seid deshalb überzeugt, dass wir Euch gehorchen und Euch als Gebieter und als Statthalter jenes großen Herrn anerkennen werden, von dem Ihr redet. […] Wohl mögt Ihr daher im ganzen Lande, soweit ich es zur Herrschaft besitze, nach Willkür befehlen […]. […]

Jetzt gehe ich in ein anderes Haus, wo ich wohne. Ihr werdet hier mit aller Notdurft für Euch und Eure Leute versorgt werden. Ihr braucht Euch um nichts zu kümmern, denn Ihr befindet Euch in Eurem Hause und Eurer Heimat."

Ich antwortete nun auf alles, was er gesagt hatte, ihn überall befriedigend, wo es mir angemessen schien, und besonders ihn in seinem Glauben bestärkend, dass wirklich Ew. Majestät der längst von ihnen Erwartete sei.

Ernst Schultze (Hg.), Ferdinand Cortés. Die Eroberung Mexikos, Gutenberg, Hamburg 1907, S. 199–222.

1 Analysieren Sie M 17 bzw. M 18 im Hinblick auf die Reaktion Moctezumas und der Azteken auf die Ankunft der Europäer.
2 Diskutieren Sie, inwieweit die aztekische Chronik (M 17) tatsächlich die Sicht der Azteken wiedergibt.
3 Verfassen Sie zu M 17 und M 18 Parallelberichte aus der Perspektive
  a) eines am Zug nach Mexiko teilnehmenden spanischen Soldaten,
  b) eines an der Expedition teilnehmenden Mönches, der an einen Ordensvorgesetzten schreibt,
  c) eines aztekischen Kriegers, der zu den Ratgebern Moctezumas gehört.

M 19 Die Landung des Kolumbus auf der Insel San Salvador am 12. Oktober 1492, Kupferstich von Theodor de Bry, 1594

M 20 Kolorierter Holzschnitt aus der lateinischen Erstausgabe der Briefe des Kolumbus', 1493

M 21 Der Historiker Bernd Hausberger über die Beschreibung der Altamerikaner durch die Europäer (2008)

Die Beschreibung der Bewohner der neuen Welt beruhte auf den frühen Reiseberichten, von denen etwa die Berichte des Kolumbus und des Amerigo Vespucci größte Verbreitung
5 in Europa fanden. Aus diesen Texten wurden verschiedene topische[1] Modelle des Indios entwickelt, die sich ihrerseits auf die klassischen, bis auf Herodot[2] zurückreichenden Diskurse der Fremdbeschreibung rückbeziehen.
10 Ursprünglich herrschte das Bild des exotischen „Anderen" vor, und zwar in den Varianten des barbarischen und verabscheuungswürdigen Menschenfressers wie des als Kontrast zur europäischen Sündhaftigkeit
15 präsentierten unschuldig-guten Wilden. Bald kam das Bild des Indio als Opfer hinzu. Immer blieb der Indianer dabei ein stereotypes und abstraktes Wesen, und die jeweils favorisierten Beschreibungen transportierten oder
20 unterstützten jeweils andere Interessen und Ziele. Das Bild des „edlen Wilden" fand Verwendung, um zu belegen, dass aus den Indianern ohne große Mühe ganz besonders gute Christen werden würden, das des „wilden Wil-
25 den", um die Notwendigkeit der Eroberung und der Mission, jetzt verstanden als zivilisa-

torische Anstrengung, zu belegen. […] Selbst von ihren positivsten Interpreten wurden die indianischen Kulturen aber letztlich als hinter den europäischen Kulturen zurückstehend
30 betrachtet, hatten sie doch in Isolation vom Evangelium gelebt.

Bernd Hausberger, Das Reich, in dem die Sonne nicht unterging. Die iberische Welt, in: Peter Feldbauer u. a. (Hg.), Die Welt im 16. Jahrhundert, Mandelbaum Verlag, Wien 2008, S. 346.

---

1 topisch: ein Topos ausdrückend, d. h. ein feststehendes Bild vermitteln
2 Herodot (ca. 485–425 v. Chr.): griechischer Historiker

---

1 Charakterisieren Sie die unterschiedlichen europäischen Darstellungen der Indios und erklären Sie deren Funktion (M 21).
2 Ordnen Sie den unterschiedlichen Darstellungen die Abbildungen M 19 und M 20 zu.

M 22 Der Historiker Richard Konetzke über die unterschiedlichen Reaktionen der Einheimischen auf die Europäer (1969)

Die Spanier hatten ihren ersten Kontakt mit amerikanischen Eingeborenen auf den Inseln des Karibischen Meeres. Sie trafen auf den Großen Antillen die Taino, die der Völkerfamilie der Aruak oder Arawaken angehörten und
5 vom südamerikanischen Festland her die Westindischen Inseln in Besitz genommen hatten. […] Sie näherten sich den Fremden, die, so meinten sie, vom Himmel gekommen waren, ohne Argwohn und tauschten, was sie
10 besaßen, bereitwillig für irgendwelche Kleinigkeit aus. Kolumbus meinte, dass man nie „Leute von so gutem Herzen und von solcher Freigebigkeit, noch so furchtsam gesehen habe, und schien in jedem Eingeborenen den
15 ‚edlen Wilden' gefunden zu haben. […]
Die Kariben dagegen wurden als ein grausames Kriegervolk bekannt. Sie unternahmen Raubzüge nach den von den Taino bewohnten Inseln, erschlugen die Männer und ver-
20 schleppten die Frauen. Die Taino lebten in ständiger Furch vor den Überfällen der Kari-

ben und konnten darum in den Weißen ihre Beschützer erblicken. [...]

Eine politische Macht stellten Taino und Kariben gegenüber den europäischen Invasoren nicht dar, da ihre staatliche Organisation noch kaum über Dorfgemeinschaften und kleine Fürstentümer hinausgekommen war. Spätere Aufstände einzelner Häuptlinge sind von den Spaniern brutal niedergeschlagen worden.

Richard Konetzke, Die Indianerkulturen Altamerikas und die spanisch-portugiesische Kolonialherrschaft. Fischer Weltgeschichte Bd. 22: Süd- und Mittelamerika I, 17. Aufl., Fischer Taschenbuch Verlag, Frankfurt/M. 1999, S. 13f.

1 Erläutern Sie die Ursachen für die unterschiedliche Wahrnehmung der Europäer durch die einheimische Bevölkerung.

Herrschaftsstrukturen in der Neuen Welt

M 23 Verfügung der spanischen Königin Isabella über die Herrschaft in Española (Encomienda-System), 20. Dezember 1503

Isabella, von Gottes Gnaden Königin von Kastilien und Leon etc.: Da der König, Mein Herr, und Ich durch die Instruktion, die Wir dem Don Nicolas de Ovando zur Zeit seiner Statthalterschaft auf den Inseln und dem Festland des Ozeans erteilen ließen, befohlen haben, dass die auf der Insel Española [Haiti] ansässigen Indianer freie Menschen und keiner Dienstbarkeit unterworfen sein sollten [...], Ich jetzt aber erfahren habe, da die Indianer infolge der ihnen gegebenen reichlichen Freiheit die Christen fliehen, Gespräch und Umgang mit ihnen meiden, auch gegen Lohn nicht arbeiten wollen und sich müßig herumtreiben, geschweige denn sich dazu gewinnen lassen, belehrt und zu unserem heiligen katholischen Glauben bekehrt zu werden, dass deshalb die dort auf der Insel wohnenden Christen keine Arbeitskräfte für ihre Farmen und für die Goldgewinnung finden können, wodurch den einen wie den anderen Schaden erwächst, und weil Wir wünschen, dass die genannten Indianer sich zu unserem heiligen katholischen Glauben bekehren und darin unterrichtet werden, dies sich aber besser tun lässt, wenn die Indianer mit den auf der Insel wohnenden Christen in Berührung kommen, mit ihnen umgehen und zu tun haben, beide einander helfen und so die Insel kultiviert, bevölkert und ertragreich gemacht wird, auch Gold und andere Metalle gefördert werden und Meine Königreiche und deren Bewohner daraus Nutzen ziehen, so habe Ich diese Verfügung wie folgt ausfertigen lassen und befehle hiermit Euch, Unserem Gouverneur, dass Ihr von dem Tage an, wo Ihr diese Meine Verfügung erhaltet, künftig die Indianer nötigt und antreibt, mit den Christen der genannten Inseln Umgang zu pflegen, in ihren Häusern zu arbeiten, Gold und andere Metalle zu schürfen und Landarbeit für die auf der Insel ansässigen Christen zu leisten, und dass Ihr jedem für den Arbeitstag Tagelohn und Unterhalt geben lasst, wie sie Euch nach der Beschaffenheit des Bodens, des Arbeiters und der Tätigkeit angemessen erscheinen, dass Ihr jedem Kaziken [Häuptling] auferlegt, eine bestimmte Anzahl Indianer bereitzuhalten, um sie jeweils da, wo es nötig ist, zur Arbeit einsetzen zu können, und damit sie sich an den Festtagen und wann es sonst erforderlich scheint zusammenfinden, um an den dafür bestimmten Orten über die Dinge des Glaubens zu hören und darin unterrichtet zu werden, dass jeder Kazike die von Euch jeweils vorgeschriebene Zahl von Indianern beibringt und an die von Euch benannten Personen zur Arbeit überlässt, gemäß näherer Anweisung dieser Personen und gegen einen von Euch festzusetzenden Tagelohn.

Die genannten Verpflichtungen sollen sie als freie Personen leisten, die sie ja sind, nicht als Sklaven. Ihr habt dafür zu sorgen, dass diese Indianer gut behandelt werden, und zwar diejenigen unter ihnen, die Christen sind, besser als die anderen; Ihr dürft nicht dulden oder Anlass geben, dass irgendjemand ihnen Leid oder Schaden zufügt oder sie ungebührlich behandelt; dass keiner sich irgendetwas der Art unterstehe, bei Meiner Ungnade und bei Geldstrafe von 10 000 Maravedis im Fall der Zuwiderhandlung.

Fritz Dickmann (Bearb.), Geschichte in Quellen, Bd. 3, hsv. 2. Aufl., München 1976, S. 68.

M 24 Bartolomé de Las Casas (1474–1566), Dominikanermönch und Bischof von Chiapa (Mexiko), beschreibt in seiner „Historia de las Indias" die Praxis des Encomienda-Systems (16. Jh.)

Es ist nun zu berichten, wie der Gouverneur die Verfügung auslegte oder vielleicht auch nicht auslegte, sondern wie er sie durchführte. Was die erste und wichtigste Sache betrifft, die die Königin sich zum Ziel gesetzt hatte und zu setzen verpflichtet war, nämlich die Erziehung, Belehrung und Bekehrung der Indianer, so habe ich schon oben gesagt [...], dass der Missionierung und Bekehrung dieser Menschen nicht mehr Aufmerksamkeit und Mühe zugewendet, nicht mehr Nachdenken und Sorgfalt gewidmet wurde, als wenn die Indianer Klötze oder Steine, Katzen oder Hunde gewesen wären. [...]

Die zweite Vorschrift, dass jeder Kazike eine bestimmte Anzahl von Leuten zu stellen habe, führte der Gouverneur so aus, dass er die zahlreiche Bevölkerung dieser Insel vernichtete; er übergab nämlich jedem Spanier, der den Wunsch dazu äußerte, dem einen 50, dem anderen 100 Indianer, [...] darunter Kinder und Greise, schwangere Frauen und Wöchnerinnen, Hohe und Niedere, ja selbst die Herren und angestammten Könige dieser Völker und dieses Landes. Diese Art der Verteilung der eingeborenen und ansässigen Indianer nannte er und nannte man allgemein *Repartimiento*. Auch dem König gab er an jedem Ort sein *Repartimiento* wie einem Einheimischen, der seine Landgüter und Besitzungen bewirtschaftet, auch ließ er für den König Gold graben. [...]

Viertens sollten die Indianer nur auf einige Zeit und nicht für die Dauer verdingt werden und mit Milde und Güte behandelt werden. Der Gouverneur aber überlieferte sie [den Spaniern] zur ständigen Arbeitsleistung, ohne ihnen eine Ruhepause zu gewähren, wie sich aus der *Repartimiento*-Bescheinigung ergibt. [...]

Ferner ließ er über die unerträgliche Arbeitsbelastung hinaus noch zu, dass man spanische Aufseher über sie setzte, die sich durch Grausamkeit hervortaten; bei den Minenarbeitern waren es die sogenannten *Mineros*, und bei denen, die auf den Farmen und Landgütern arbeiteten, die *Estancieros*. Die behandelten sie mit solcher Strenge und Härte und derart unmenschlich, dass man sie nur für Teufelsknechte halten konnte, und ließen ihnen Tag und Nacht nicht einen Augenblick Ruhe. Sie gaben ihnen Stock und Rutenhiebe, Ohrfeigen, Peitschenschläge, Fußtritte [...]. Bei der fortgesetzten unmenschlich harten Behandlung durch die *Estancieros* und *Mineros*, der pausenlosen unerträglichen Arbeit, bei der man sie niemals ausruhen ließ, und da sie genau wussten, dass nur der Tod sie davon befreien werde, wie ihre Leidensgenossen, die sie neben sich sterben sahen, ergriff sie eine Verzweiflung wie die Verdammten im Höllenfeuer, und Einzelne flohen in die Berge, um sich dort zu verstecken. Darauf setzte man Häscher ein, die nach ihnen jagten und sie wieder herbeibrachten.

Wolfgang Lautemann/Manfred Schlenke (Hg.), Geschichte in Quellen, Bd. 3, 2. Aufl., bsv, München 1976, S. 69 f.

M 25 Arbeit im Silberbergwerk von Potosí, kolorierter Kupferstich, 18. Jh.

Das Silberbergwerk von Potosí im heutigen Bolivien versorgte Europa in der Frühen Neuzeit mit großen Silbermengen. Die Spanier ließen an diesem Ort in den Anden eine Stadt errichten, in der zeitweise mehr als 150 000 Menschen lebten. Zehntausende starben hier durch Zwangsarbeit im Bergbau.

1 Erarbeiten Sie aus M 23 Merkmale und Ziele des Encomienda-Systems.
2 Analysieren Sie Ursachen und Motive des Encomienda-Systems (M 23). Unterziehen Sie sie einer kritischen Bewertung.
3 Stellen Sie mithilfe von M 24 Anspruch und Wirklichkeit der spanischen Kolonialherrschaft gegenüber.
4 Erörtern Sie, inwieweit die Verfügung von 1503 für die Zustände in den Silberbergwerken (M 25) verantwortlich war.

Auswirkungen der Kolonialisierung

M 26 Toribio de Benavente (ca. 1490 bis 1569) über die Folgen der spanischen Herrschaft für die Indianer (um 1550)

Gott verwundete und bestrafte dieses Land und seine Bewohner, sowohl einheimische als auch fremde, mit zehn verheerenden Plagen. Die erste waren die Pocken […].
Die zweite Plage war die Conquista, durch die viele starben, besonders in der Stadt Mexiko […].
Die dritte Plage war eine große Hungersnot, die nach der Einnahme der Stadt ausbrach. Denn da sie infolge des Krieges, bei dem die einen den Mexikanern halfen, das Land zu verteidigen, während andere auf der Seite der Spanier kämpfen, die Felder nicht bestellen konnten oder aber die Felder, die die einen bepflanzten, von den andern zerstört wurden, gab es nichts zu essen […].
Die vierte Plage waren die *calpixques* oder Aufseher und die Neger, die, nachdem man das Land aufgeteilt hatte, die Konquistadoren in ihren Besitzungen und Dörfern, mit denen sie betraut worden waren, einsetzten, damit sie die Tribute überwachten und auf ihren Ländereien nach dem Rechten sahen. Diese Aufseher wohnen in den Dörfern, und obwohl sie zumeist Arbeiter sind, die aus Spanien eingewandert sind, führen sie sich in diesem Lande wie Herren auf und springen mit den einheimischen Fürsten um, als seien es ihre Sklaven. […]
Die fünfte Plage waren die hohen Abgaben und Dienstleistungen, die die Indianer erbringen mussten. Da sie in ihren Tempeln und in vielen Gräbern ihrer Fürsten und Herren eine große Menge Gold aufbewahrt hatten, das sie abliefern konnten, legte man ihnen hohe Tribute auf, und die Indianer, die seit den Zeiten des Krieges große Furcht vor den Spaniern hegten, gaben alles, was sie hatten. Da aber die Tribute immer weiter gefordert wurden, gewöhnlich alle achtzig Tage, mussten sie, um die Zahlungen einhalten zu können, ihre Kinder und Ländereien an Kaufleute und Händler verkaufen, und wenn sie ihre Tribute nicht einhielten, bedeutete das für viele den Tod […].
Die sechste Plage waren die Goldminen, denn außer den Tributen und Dienstleistungen, die die Spanier aus ihren Dörfern bezogen, begannen sie auch, nach Minen zu suchen; und die Zahl der indianischen Sklaven, die darin zu Tode kamen, ist so groß, dass man sie nicht zählen kann. […]
Die siebte Plage war der Wiederaufbau der Stadt Mexiko. […] Und bei diesen Arbeiten […] starben viele Indianer.
Die achte Plage war die Jagd auf Sklaven, die sie für die Minen benötigten. Es gab Jahre, da gingen sie mit solchem Eifer ans Werk, dass die Sklaven wie große Herden von Schafen aus allen Teilen des Landes in Mexiko zusammenströmten, wo sie gebrandmarkt wurden. […]
Die neunte Plage war der Arbeitsdienst in den Minen, zu denen die Indianer bis zu einer Entfernung von sechzig Leguas [ca. 300 km] und mehr Versorgungsgüter bringen mussten. Der Weg war manchmal so weit, dass das Essen, das die Träger für sich selbst mitführten, kaum reichte, um zu den Minen zu gelangen, geschweige denn, um den Rückweg anzutreten; außerdem hielten sie die Minenbesitzer nicht selten für einige Tage zurück, damit sie ihnen beim Roden halfen. […] Andere kehrten so entkräftet in ihre Dörfer zurück, dass sie bald darauf starben, und von diesen und den Sklaven, die in den Minen umkamen, ging ein solcher Gestank aus, dass es die ganze Umgebung verpestete […].
Die zehnte Plage war der Streit, der zwischen den Spaniern in Mexiko ausbrach und die Gefahr heraufbeschwor, das ganze Land zu verlieren, was unzweifelhaft geschehen wä

re, wenn Gott die Indianer nicht in Blindheit gehalten hätte.

Toribio de Benavente, Geschichte der Indios von Neu-Spanien; zit. nach Wilfried Westphal, Der Adler auf dem Kaktus, Westermann, Braunschweig 1990, S. 225–228.

1 Erläutern Sie ausgehend von M 26 die Strukturen der kolonialen Herrschaft.

M 27 Entwicklung der einheimischen Bevölkerung Spanisch-Amerikas

Der Bevölkerungsstand im Jahr 1492 wird mit 100 Prozent zugrunde gelegt.

Zeitraum	Krankheit/Intervall	Veränderung in Prozent	Bevölkerung in Prozent der Erstbevölkerung
1492			100,0
1493–1514	Grippe?	– 0,0	80,0
1514–1519	5 Jahre	+ 2,5	82,0
1519–1528	Pocken	– 35,0	53,3
1528–1531	3 Jahre	+ 1,5	54,1
1531–1534	Masern	– 25,0	40,6
1534–1545	11 Jahre	+ 5,5	42,8
1545–1546	Lungenpest	– 35,0	27,8
1546–1557	11 Jahre	+ 5,5	29,3
1557–1563	Masern	– 20,0	23,4
1563–1576	13 Jahre	+ 6,5	24,9
1576–1591	Typhus	– 47,0	13,2
1591–1595	4 Jahre	+ 2,0	13,5
1595–1597	Masern	– 8,0	12,4
1597–1611	14 Jahre	+ 7,0	13,3
1611–1614	Masern	– 8,0	12,2
1614–1630	16 Jahre	+ 8,0	13,2
1630–1633	Typhus	– 10,0	11,9

Nach: Wolfgang Reinhard, Die Unterwerfung der Welt. Globalgeschichte der Europäischen Expansion 1415–2015, C. H. Beck, 2. Aufl., München 2016, S. 325.

1 Beschreiben Sie die Entwicklung der einheimischen Bevölkerung Spanisch-Amerikas.

M 28 Der Historiker John Darwin über die Folgen des spanischen Kolonialismus und die Grenzen der Einflussnahme (2010)

Auch kulturell waren die Auswirkungen der Eroberung gemischt. In Mexiko wie auch in Peru hatten die Auswirkungen des spanischen Angriffs die indigenen religiösen Institutionen nach kurzer Zeit aufgelöst. Bis 1531 hatten die Spanier allein in Mexiko 600 Tempel und 20 000 Götterbilder zerstört. Die alte Priesterelite war entmachtet worden. Der unterworfenen Bevölkerung wurde eine weitgehend einheitliche religiöse Vorstellungswelt aufgezwungen. Tatsächlich übernahm sie die christlichen Kulte und Feiern ohne größeren Widerstand. Die indianischen Notabeln wurden bis zu einem gewissen Grad in die Verwaltungsstrukturen integriert. Nicht zuletzt ersetzte die spanische Kleidung zunehmend die traditionellen Indianertrachten, die die Kirche von Anfang an mit großer Missbilligung betrachtet hatte.

Doch verschiedene Umstände begrenzten Spaniens kulturellen Einfluss. Die vergleichsweise wenigen spanischen Siedler konzentrierten sich in den Städten und kamen nur von Zeit zu Zeit mit der indianischen Bevölkerung des Hinterlandes in Kontakt. Diese Tendenz wurde durch die Entscheidung der spanischen Regierung noch verstärkt, die indianischen Gemeinden von dem zu trennen, was die Verwalter und Kirchenmänner als korrumpierendes und ausbeuterisches Verhalten der Siedler betrachteten. Zusammen mit der Entlegenheit und Unzugänglichkeit eines Großteils des Landesinneren (vor allem im Hochland der Anden) führte dies dazu, dass in den Landgebieten die alten religiösen und magischen Kulte der Eingeborenen erhalten blieben. Selbst dort, wo die Indianer einem direkteren kolonialen Einfluss der Spanier ausgesetzt waren, blieben die Ergebnisse oft ambivalent. Die Verwaltungsbezirke Neuspaniens entsprachen weitgehend den alten „Stadtstaaten" der vorkolumbischen Zeit. Auch die örtliche Herrschaftselite zeigte eine bemerkenswerte Kontinuität. Außerdem bedeutete die Zerstörung der Strukturen der alten Religion aus der Zeit vor der Eroberung keinesfalls das Ende der traditionellen Heiler, Propheten und Wahrsager, der *Conjuros*, die auf dem Land immer noch großes Ansehen genossen. Natürlich konnte das Spanische auch nicht die alten Sprachen verdrängen. Gemäß einer neueren Untersuchung begann das Spanische erst im Verlauf des 17. Jahrhunderts, die grammatischen Strukturen der indianischen Sprachen zu beeinflussen. Davor beschränkte sich sein Einfluss auf den Gebrauch einiger Lehnsubstantive[1]. Obwohl Spanischamerika weiterhin hartnäckig indianisch blieb, wurde es gleichzeitig ethnisch vielfältiger. Zwar trafen in Mexiko und Peru genug Spanier beiderlei Geschlechts und mit einer ausreichenden Bandbreite von Berufen ein, um „vollständige" Gesellschaften zu bilden, die spanische Gemeinden nach dem Vorbild der Alten Welt bewahren und neu errichten konnten. Aber von den ersten Tagen der Eroberung an hatten spanische Männer mit indianischen Frauen Kinder gezeugt, was zur Entstehung einer Population von „Mestizen" führte. Um die schrumpfenden und widerspenstigen indianischen Arbeitskräfte zu ersetzen, brachten die Spanier ab Mitte des 16. Jahrhunderts afrikanische Sklaven ins Land, mit denen sie ebenfalls sexuell verkehrten. Die daraus hervorgehenden Nachkommen bildeten die Gemeinschaft der „Mulatten". Mitte des 17. Jahrhunderts bestand die Bevölkerung von Neuspanien aus etwa 150 000 weißen Spaniern, 150 000 Mestizen, 130 000 Mulatten, 80 000 afrikanischen Sklaven sowie vielleicht einer Million Indianer. Ein ähnliches Muster galt für Peru. In den 1640er-Jahren gab es in ganz Spanischamerika bereits etwa 330 000 afrikanische Sklaven. Das Ergebnis waren komplexe, rassisch geschichtete Gesellschaften, in denen der jeweilige Beruf und Status die ethnische Herkunft widerspiegelte und in denen die politische und wirtschaftliche Macht in den Händen von Weißen lag, ob sie nun noch in Spanien geboren worden waren oder bereits aus den Kolonien stammten. Letztere wurden als *Criollos* (Kreolen) bezeichnet. In einem in der Alten Welt Eurasiens unvorstellbaren Maße hatte Spanien die mächtigsten Gesellschaften des vorkolumbischen Amerikas aufgelöst und einige der schwächeren nahezu vernichtet. Es hatte den Raum geschaffen, in dem sich eine neue Gesellschaft bilden sollte, die den spanischen Bedürfnissen und Vorstellungen aufgeschlossen gegenüberstand. Tatsächlich hatte Spanien es jedoch bis Mitte des 17. Jahrhunderts, also nach über 150 Jahren in Amerika, trotz der erfolgreichen Eroberung nicht geschafft, sich seine amerikanischen Besitzungen einzuverleiben. Neuspanien war kein weiteres spanisches Königreich, keine Kopie Kastiliens geworden. Stattdessen hatte die Eroberung eine ganz neue ethnische Struktur und eine eigenständige, wenn auch ihren Ursprung nicht verleugnende spanisch-amerikanische Kultur begründet: die neue kreolische Gesellschaft.

John Darwin, Der imperiale Traum. Die Globalgeschichte großer Reiche 1400–2000, übers. v. Michael Bayer u. Norbert Juraschitz, Campus, Frankfurt/M. 2010, S. 69ff.

---

1 Lehnsubstantiv: Substantiv, das aus einer anderen Sprache übernommen wurde

---

1 Zeigen Sie anhand von Beispielen aus M 28 die Ambivalenz des kolonialen Einflusses der Spanier auf.
2 Skizzieren Sie die ethnische Vielfalt Spanisch-Amerikas.

Geschichte kontrovers: Europäisierung der Welt?

M 29 Die Historikerin Luise Schorn-Schütte (2009)

Die Frühe Neuzeit ist die Epoche, in der sich Europa aus seinem eigenen Schatten herausbegibt und in die Welt hinein zu wirken beginnt. Im 16. Jahrhundert setzte damit eine Entwicklung ein, die weltgeschichtliche Perspektiven eröffnete. Die europäischen Eliten erkannten ihre Handlungsmöglichkeiten sehr rasch als Erweiterung des wirtschaftlichen Aktionsradius, verbanden dies aber ebenso rasch mit einer zusätzlichen politischen Horizonterweiterung. Es ist verständlich, dass dieser Blick der Europäer die eigene Perspektive in den Mittelpunkt stellte. Die Öffnung Europas für die Welt war in charakteristischer Wechselwirkung zugleich auch eine Europäisierung der Welt. Dieser Blick war für die frühneuzeitlichen Jahrhunderte selbstverständlich und wichtig, er wies der europäischen Politik eine durchaus neue Richtung. Der häufig formulierte Vorwurf, die wissenschaftliche Betrachtung der Expansion als Bewegung der europäischen Geschichte sei eurozentrisch, ist eine Reduzierung ihrer Komplexität und verkennt die Wechselwirkungen zwischen europäischer und außereuropäischer Realität.

Luise Schorn-Schütte, Geschichte Europas in der Frühen Neuzeit. Studienhandbuch 1500–1789, Schöningh Verlag UTB, 2. Aufl., Paderborn 2013, S. 321.

M 30 Der Historiker Horst Gründer (2006)

Die Umschlagszentralen der Güterströme lagen in Europa in den Handelsmetropolen des Nordwestens und der westlichen Mittelmeerländer. [...] Das Ausgreifen europäischer Handelsinteressen auf die übrige Welt und das Entstehen eines Weltverkehrssystems bedeuteten vorerst jedoch nur bedingt die Etablierung eines europazentrischen „kapitalistischen Weltmarktes". Denn der Kontakt mit den Europäern löste regional und lokal sehr differenzierte Prozesse aus, wobei die Erweiterung des afrikanischen Sklavenmarktes aufgrund der europäischen Nachfrage sicherlich das fragwürdigste Ergebnis war. [...] In Iberoamerika bewirkte die europäische Nachfrage nach Gold und Silber zweifelsohne schwerwiegende Veränderungen im ökonomischen und sozialen Gefüge Altamerikas. Eine Integration in das „Weltwirtschaftssystem" fand allerdings nur für einige Produkte statt, während sich seit dem 17. Jahrhundert eigenständige wirtschaftliche Binnenstrukturen entwickelten. Die ökonomische Stoßkraft des europäischen Aufbruchs richtete sich ohnedies nicht in erster Linie auf die Suche nach Märkten für eigene Waren, vielmehr ging es darum, außerhalb Europas liegende Ressourcen in das europäische Handelssystem zu integrieren. Der aufkommende Kapitalismus hat diesen Prozess begleitet und ist von ihm gefördert worden, er war aber noch keineswegs weltbeherrschend.

Die Zeit Welt- und Kulturgeschichte, Bd. 8: Frühe Neuzeit und Altamerika, Zeitverlag, Hamburg 2006, S. 161–170, hier S. 169 f.

1 Skizzieren Sie die Position der Autoren zu der Frage der Europäisierung der Welt infolge der Entdeckungsfahrten (M 31 und M 32).
2 Arbeiten Sie verschiedene Ebenen heraus, auf denen von Europäisierung gesprochen werden kann.

M 31 Hernán Cortés mit dem aztekischen Herrscher Moctezuma II. bei seinem Aufenthalt in Tenochtitlan, Druck, 1565

1 Beschreiben Sie das Bild und zeigen Sie die „Europäisierung des Wilden" auf.

M 32 Der Historiker Wolfgang Reinhard (2008)

Politisch haben sich durch den Kolonialismus Gewichtsverschiebungen ergeben. England wäre ohne sein Kolonialreich nicht auf lange Zeit zur ersten See- und Weltmacht geworden, während Russland und die USA ihre Macht der Kolonisation ihrer Kontinente zu verdanken haben. Frühere Kolonialmächte hingegen haben möglicherweise mehr Schaden als Nutzen von ihren Imperien gehabt. Spaniens Machtstellung beruhte auf seinen europäischen Besitzungen, während die Einkünfte aus seinem Kolonialreich es möglicherweise nur zu der überzogenen Großmachtpolitik verleitet haben, die im 17. Jahrhundert Entscheidendes zu seinem Niedergang beitragen sollte. Europäische Politik wurde allerdings Weltpolitik; aus dem europäischen Staatensystem ist ein Weltstaatensystem geworden. Schon seit dem 17. Jahrhundert könnte man von „Weltkriegen" sprechen. Das Völkerrecht erhielt durch die Diskussion über die spanischen Rechtstitel in Amerika neue Impulse. Aber das Bild der Politik entspricht im Grunde dennoch dem der Wirtschaft, denn ausschlaggebend waren stets die Beziehungen der europäischen, später der westlichen Mächte untereinander; die Kolonien waren selten – vielleicht im Falle Britisch-Indiens – mehr als Bauern in diesem Schachspiel. Und es brauchte seine Zeit, bis vom Kolonialismus hervorgebrachte Neulinge auf diesem Feld wie die USA und Japan überhaupt angemessen berücksichtigt wurden.

Dass die Lage auf dem *gesellschaftlichen und kulturellen Feld* nicht anders ist, versteht sich von selbst, denn vor allem hier wusste sich Europa allen „Heiden" und „Barbaren" stets überlegen. Die Einsicht eines López de Gómara[1] von der weltgeschichtlichen Bedeutung der neuen Welten wurde bezeichnenderweise lange Zeit nicht in breiterem Umfang nachvollzogen. Die ganz gewöhnliche Information über die neuen Länder und deren Wahrnehmung in Europa ließen lange erstaunlich zu wünschen übrig. Erst sehr langsam entwickelte sich eine wissenschaftliche Erforschung Asiens, Amerikas und Afrikas; ursprünglich war sie fast ausschließlich von Missionaren betrieben worden, die solches Wissen für ihre Arbeit benötigten.

Zu einer geistigen Auseinandersetzung mit fremden Kulturen kam es nur in vorübergehenden Ausnahmefällen wie mit China im 17./18. Jahrhundert. Aber gerade diese Chinabegeisterung lässt deutlich erkennen, dass es den Europäern dabei nicht um den Anderen an sich geht, sondern eigentlich um sich selbst. So ist denn auch der bewunderte edle Wilde nichts anderes als ein verkleideter – oder entkleideter – Europäer. Hier wie anderswo erweist sich die Rückwirkung des Kolonialismus auf Europa als mehr oder weniger marginal[2]. Kolonialismus war offenbar eine ziemlich einseitige Angelegenheit! Doch gerade daraus ergaben sich weit reichende mentale Konsequenzen für die Europäer und die Welt. Ihr Kolonialismus hatte Menschen verschiedenster Herkunft weltweit in Kontakt gebracht und vermischt wie nie zuvor in der Geschichte. Eine Folge waren die erstmalige oder zumindest verstärkte Wahrnehmung und Instrumentalisierung rassischer Unterschiede. Konflikte konnten jetzt nicht mehr wie bisher nur religiös, sozial oder regional begründet werden, sondern mit rassischen Unterschieden. Die Stärkung des ethnischen Bewusstseins und die Einführung rassischer Kriterien sind eine schwere Erblast des Kolonialismus. Für Europäer bedeutete dies einerseits Stärkung ihres Überlegenheitskomplexes, andererseits aber auch Entwicklung eines Schuldkomplexes. Beide lassen sich übrigens keineswegs reinlich trennen und eindeutig „den Rechten" bzw. „den Linken" zuordnen; man bedenke z. B. das zivilisatorische Sendungsbewusstsein der französischen Linken oder die selbstverständliche Annahme, das eigene Schuldgefühl zeuge von höheren politischen Maßstäben!

Wolfgang Reinhard, Kleine Geschichte des Kolonialismus, Kröner, 2., vollst. überarb. u. erw. Aufl., Stuttgart 2008, S. 378 f.

---

1 López de Gómara (ca. 1511–1566): Sekretär und Hauskaplan von Hernán Cortés
2 marginal: randständig, nicht unmittelbar wichtig

---

1 Analysieren Sie die politischen sowie die gesellschaftlichen und kulturellen Folgen für Europa (M 32).
2 Erörtern Sie die These des Autors, den Europäern gehe es nicht um den Anderen an sich, sondern „eigentlich um sich selbst" (Z. 56 ff.).
3 Nehmen Sie Stellung: Kann man im 16. Jahrhundert von einer Europäisierung der Welt sprechen? (M 28 bis M 33)

M 33 Die Kirche Nuestra Señora de los Remedios auf der aztekischen Tempelpyramide Tepanapa, Cholula, Fotografie, 1995

1 Beschreiben Sie auf der Basis von M 33 den langfristigen Einfluss der Europäer auf die Entwicklung Südamerikas.

Geschichte und Theorie:
Von der Kulturberührung zum Kulturzusammenstoß

M 34 Der Historiker Urs Bitterli über Kulturberührung, Kulturzusammenstoß, Kulturbeziehung (1986)

[Kulturberührung]
Unter Kulturberührung verstehen wir das in seiner Dauer begrenzte, erstmalige oder mit großen Unterbrechungen erfolgende Zusammentreffen einer Gruppe von Europäern mit Vertretern einer überseeischen Kultur. Kulturberührungen dieser Art haben weitgehend den Charakter der frühen Entdeckungsfahrten bestimmt. [...]
   Neben ihrer Zufälligkeit und ihrer kurzen Dauer sind solche Kulturberührungen gekennzeichnet durch die rudimentären Formen der Kommunikation zwischen den aufeinandertreffenden Kulturvertretern. Man verständigte sich zwar, aber nicht in der umfassenden Form des Gesprächs, sondern durch Zeichensprache und Mimik; man tauschte zwar Geschenke aus, aber lediglich, um die Annäherung zu erleichtern, nicht um eine Partnerschaft, wie die Handelsbeziehung sie erfordert, herzustellen. [...] Auch wenn im ersten Auftreten der Europäer der spätere Konflikt meist schon angelegt war, darf festgehalten werden, dass die Kulturberührung in der Regel nicht nur durch beidseitige Friedfertigkeit gekennzeichnet war, sondern auch eine Periode gegenseitiger Annäherung darstellte, die für alle Beteiligten überaus anregend, unterhaltsam, ja beglückend verlaufen konnte. [...]

[Kulturzusammenstoß]
Die Dauer solcher Kulturberührungen war abhängig vom Grad des kolonialen Engagements des Mutterlandes, von den Distanzen sowie der Zugänglichkeit der Küsten und Territorien, von den Aktivitäten rivalisierender Seemächte. Es lag in der Natur dieser Art des Kulturkontakts, dass er meist nur wenige Jahre währte. Dann pflegte sich entweder – im glücklichsten Falle – ein Modus vivendi friedfertigen gegenseitigen Austauschs einzuspielen, der zu neuen Abhängigkeiten und beidseitigen Anpassungen führte: die Kulturbeziehung war entstanden. Oder es ereignete sich – leider der häufigere Fall –, dass die Kulturberührung in einen Kulturzusammenstoß umschlug, der die kulturelle Existenz des militärisch und machtpolitisch schwächeren Partners bedrohte und seine physische Existenz gefährdete oder gar auslöschte. [...]
   Ausschlaggebend für den Verlauf waren die geografische Situation und das Machtgefälle zwischen den Kulturen. Auf Inseln führte der Kulturzusammenstoß oft zur völligen Liquidation der Urbevölkerung, während er auf dem Festland, wo Fluchtwege offenblieben, den scheinbar milderen Charakter der Verdrängung gewann. Militärisch gut ausgerüstete Hochkulturen oder solche, die in der Lage waren, sich in nützlicher Frist gegen die Bedrohung zu schützen, konnten dem Kulturzusammenstoß ausweichen, ihn lokalisieren

oder in der Form des „kalten Krieges" einfrieren. [...] Grundsätzlich [...] kam es aus zwei Hauptgründen zum Konflikt, einerseits, weil die Vertreter der Fremdkulturen sich in ihrer bisherigen Lebensweise und in ihrem gewohnten Besitzstand bedroht fühlten, andererseits, weil sie den Respekt vor und das Vertrauen zu den Europäern verloren hatten. [...] Neben der hauptsächlichen Konfliktursache der Besitzaneignung gab es eine große Zahl weiterer Konfliktherde [...]. Häufig mischten sich die Europäer in die internen Auseinandersetzungen der Eingeborenen ein, und es gelang ihnen, etwa durch Waffenlieferungen, die Machtkonstellation in ihrem Sinne zu verändern oder das bisher bestehende Gleichgewicht zu zerstören. [...] Nicht selten versuchte man auch auf die innertribalen Machtverhältnisse Einfluss zu nehmen [...].

Oft entstanden Konflikte auch im Zusammenhang mit dem Warenhandel, den dadurch geweckten neuen Bedürfnissen und der Erschöpfung der Ressourcen [...]. Schließlich kam es auch immer wieder und überall, oft unter der Einwirkung von Alkohol, zu Gewalttätigkeiten zwischen einzelnen Personen aus beiden Kulturen, die bereits schwelende Spannungen ins offene Feuer der Kampfhandlungen umschlagen lassen konnten. Mitverantwortlich für den Ausbruch solcher persönlichen Konflikte war, das muss leider betont werden, die weitverbreitete Diskriminierung der Fremdkulturen, die das Leben ihrer Vertreter als weniger wertvoll und Mord, Totschlag und Vergewaltigung als lässliche Sünde erscheinen ließ. [...]

Eine enorme Bedrohung bedeutete die Einschleppung und Übertragung bisher unbekannter Krankheiten wie Pocken, Tuberkulose oder Syphilis, denen die Überseebewohner keine durch Immunisierung entwickelten Abwehrkräfte entgegensetzen konnten. [...] Umgekehrt konnte es durchaus vorkommen, dass die nach Übersee ausfahrenden Europäer ihrerseits Opfer ihnen bisher kaum bekannter Krankheiten wurden. [...] Katastrophale Folgen für die Fremdkulturen ergaben sich nicht nur durch Krieg und Epidemien, sondern auch aus der Überführung großer Bevölkerungsteile in Zwangsarbeit und Sklaverei. [...]

[Kulturbeziehung]
Unter bestimmten Umständen jedoch konnte es geschehen, dass die Kulturberührung in eine Kulturbeziehung überging oder dass sich, weit seltener zwar, der Kulturzusammenstoß zur Kulturbeziehung wandelte. Unter der Kulturbeziehung [...] verstehen wir ein dauerndes Verhältnis wechselseitiger Kontakte auf der Basis eines machtpolitischen Gleichgewichts oder einer Patt-Situation. Bedingung einer Kulturbeziehung war das Spiel von Angebot und Nachfrage; ihre Träger waren auf europäischer Seite Händler und Missionare. [...]

Friedliche Kulturbeziehungen, wie der Handel sie ermöglichte, wurden auch von den Missionaren angestrebt und oft über längere Zeiträume hinaus auch erreicht. [...] Dies geschah in einem doppelten Sinne: einerseits sah man ein, dass Bekehrungen nur in einem Klima gegenseitigen Vertrauens Glaubwürdigkeit beanspruchen konnten, und man bemühte sich, dieses Klima herzustellen; andererseits erkannte man es als wichtige Aufgabe, Spannungen, wie sie aus dem Verhältnis der autochthonen Bevölkerung zu den Kolonisten entsprangen, abzubauen, und hatte damit auch oft Erfolg. Dennoch war die Kulturbeziehung, wie der Missionar sie pflegte, ein äußerst problematisches Unterfangen, was darin begründet lag, dass der Missionar zwar weit stärker als der Händler und der Kolonist die sympathetische Annäherung suchte, dass er aber dennoch im Kern immer der Exponent der europäischen Kultur blieb.

Urs Bitterli, Alte Welt – neue Welt. Formen des europäisch-überseeischen Kulturkontaktes vom 15. bis zum 18. Jahrhundert [zuerst 1986], dtv, München 1992, S. 17–50.

1 Erläutern Sie die Begriffe „Kulturberührung", „Kulturzusammenstoß" und „Kulturbeziehung".
2 Bitterli hat seine Typologie aus vergleichenden Studien über verschiedene Regionen und Zeiten aufgestellt. Erläutern Sie seine Begriffe am konkreten Beispiel der spanischen Eroberung Lateinamerikas.

Kolonialismus

M 35 Der Historiker Jürgen Osterhammel über Kolonisation und Kolonialismus (1995)

[Formen der Expansion in der Geschichte] „Kolonisation" bezeichnet im Kern einen *Prozess* der Landnahme, „Kolonie" eine besondere Art von politisch-gesellschaftlichem *Personenverband*, „Kolonialismus" ein *Herrschaftsverhältnis*. Das Fundament aller drei Begriffe ist die Vorstellung von der Expansion einer Gesellschaft über ihren angestammten Lebensraum hinaus. Derlei Expansionsvorgänge sind ein Grundphänomen der Weltgeschichte. Sie treten in sechs Hauptformen auf:

(1) *Totalmigration* ganzer Völker und Gesellschaften: Völkerwanderungen. [...]

(2) *Massenhafte Individualmigration*, die klassische Auswanderung im weitesten Sinne. Dabei verlassen Individuen, Familien und kleine Gruppen aus vorwiegend wirtschaftlichen Motiven ohne Rückkehrabsichten ihre Heimatgebiete. [...]

(3) *Grenzkolonisation*. Damit ist die in den meisten Zivilisationsräumen bekannte extensive Erschließung von Land für die menschliche Nutzung gemeint, [...] zum Zwecke der Landwirtschaft oder der Gewinnung von Bodenschätzen. [...]

(4) *Überseeische Siedlungskolonisation*. Sie ist eine Sonderform der Grenzkolonisation, [...]. Nicht nur unter antiken, sondern auch noch unter frühneuzeitlichen Bedingungen machte die Logistik den entscheidenden Unterschied zur eigentlichen kontinentalen Grenzkolonisation aus. Die Distanz führte dazu, dass hier aus der Kolonisation tatsächlich Kolonien im Sinne [...] von distinkten Gemeinwesen hervorgingen. [...]

(5) *Reichsbildende Eroberungskriege*: die klassische Form [...] der Errichtung der Herrschaft eines Volkes über ein anderes. [...]

(6) *Stützpunktvernetzung*: Diese Form der maritimen Expansion besteht in der planmäßigen Anlage von militärisch geschützten Handelsfaktoreien, von denen weder binnenländische noch nennenswerte Impulse zu großräumiger militärischer Landnahme ausgehen. [...]

Kolonialismus ist eine Herrschaftsbeziehung zwischen Kollektiven, bei welcher die fundamentalen Entscheidungen über die Lebensführung der Kolonisierten durch eine kulturell andersartige und kaum anpassungswillige Minderheit von Kolonialherren unter vorrangiger Berücksichtigung externer Interessen getroffen und tatsächlich durchgesetzt werden. Damit verbinden sich in der Neuzeit in der Regel sendungsideologische Rechtfertigungsdoktrinen, die auf der Überzeugung der Kolonialherren von ihrer eigenen kulturellen Höherwertigkeit beruhen.

Jürgen Osterhammel, Kolonialismus. Geschichte, Formen, Folgen, C. H. Beck, 2. Aufl., München 1997, S. 8–15, 21.

1 Prüfen Sie, ob es sich bei der europäischen Expansion nach Mittel- und Südamerika um Kolonisation bzw. Kolonialismus handelt.

M 36 Kapitän Ruminavi präsentiert Pizarro und de Almagro zwei Frauen, aus: *„Nueva coronica y buen gobierno"* von Poma de Ayala, Kupferstich, um 1613

1 Zeigen Sie auf Basis des Bildes M 36 zentrale Elemente des Kolonialismus auf.

Schriftliche Quellen interpretieren

In der Gegenwart zeigt sich die Geschichte in Form von Quellen. Sie bilden die Grundlage unserer historischen Kenntnisse. Doch nicht die Quellen selbst stellen das Wissen dar, erst ihre systematische Analyse ermöglicht eine adäquate Rekonstruktion und Deutung von Geschichte.

Die bedeutsamsten Quellen für die Rekonstruktion von Vergangenheit sind schriftliche Zeugnisse. Sie werden unterteilt in **erzählende Quellen**, die zum Zweck der Überlieferung verfasst wurden, z. B. Chroniken, Geschichtsepen, Mono- und Biografien, sowie in **dokumentarische Quellen**, z. B. Urkunden, Akten, Gesetzestexte und Zeitungen, die gesellschaftliche und private Ereignisse und Prozesse unmittelbar und meist unkommentiert wiedergeben. Bei der Untersuchung schriftlicher Quellen kommt es darauf an, zusätzlich zur Analyse formaler und inhaltlicher Aspekte deren Einordnung in den historischen Kontext vorzunehmen und ihren Aussagegehalt kritisch zu beurteilen. Nur wenn der Interpretierende Subjektives und Objektives abwägt und Tatsachen und Meinungen unterscheidet, ist das Ergebnis der Quellenarbeit eine weitgehende Annäherung an die historische Wirklichkeit.

Tipp:
sprachliche Formulierungshilfen S. 142 f.

Webcode:
KH300943-063

Arbeitsschritte für die Interpretation

1. Leitfrage	Welche Fragestellung bestimmt die Interpretation der Quelle?
2. Analyse	*Formale Aspekte* – Wer ist der Autor (ggf. Amt, Stellung, Funktion, soziale Schicht)? – Wann und wo ist der Text entstanden bzw. veröffentlicht worden? – Um welche Textart handelt es sich (z. B. Brief, Rede, Vertrag)? – Mit welchem Thema setzt sich der Autor auseinander? – An wen ist der Text gerichtet (z. B. Privatperson, Institution, Machthaber, Öffentlichkeit, Nachwelt)? *Inhaltliche Aspekte* – Was sind die wesentlichen Textaussagen (z. B. anhand des gedanklichen Aufbaus bzw. einzelner Abschnitte)? – Welche Begriffe sind von zentraler Bedeutung (Schlüsselbegriffe)? – Wie ist die Textsprache (z. B. sachlich, emotional, appellativ, informativ, argumentativ, manipulierend, ggf. rhetorische Mittel)? – Was ist die Kernaussage des Textes?
3. Historischer Kontext	In welchen historischen Zusammenhang (Ereignis, Epoche, Prozess bzw. Konflikt) lässt sich die Quelle einordnen?
4. Urteilen	*Sachurteil* Autor: – Welchen politisch-ideologischen Standpunkt nimmt der Autor ein? – Welche Intention verfolgt der Verfasser der Texte? Quelle: – Inwieweit ist der Text glaubwürdig? – Enthält er Widersprüche? Adressat(en): Welche Wirkung sollte der Text bei den Adressaten erzielen? *Werturteil* Wie lasst sich der Text im Hinblick auf die Leitfrage aus heutiger Sicht bewerten?

Übungsbeispiel

M 1 Aus einer Vorlesung des spanischen Dominikaners und Theologieprofessors Francisco de Vitoria (1538)

Es gibt sieben unbegründete und sieben oder acht begründete und rechtmäßige Titel [für die Unterwerfung der Eingeborenen], die man vorbringen könnte. Der erste könnte lauten: Der Kaiser ist der Herr der Welt. Der Kaiser ist aber nicht Herr der Welt. Beweis: Herrschaft kann nur auf natürlichem oder göttlichem oder menschlichem Recht beruhen, aber nach keinem dieser drei hat er Anspruch auf die Weltherrschaft. [...] Der zweite Rechtstitel, auf den man sich beruft [...], wird auf den Papst zurückgeführt. Man sagt nämlich, der Papst sei Herr der ganzen Welt auch in zeitlichen Dingen, infolgedessen habe er auch die spanischen Könige zu Fürsten der Eingeborenen einsetzen können, und so sei es dann geschehen. [...] Ich antworte hierauf ganz kurz mit folgenden Thesen: Erstens ist der Papst nicht weltlicher und zeitlicher Herr des Erdkreises, wenn man von Herrschaft und staatlicher Gewalt an sich spricht. [...] Drittens hat der Papst zeitliche Gewalt nur zugunsten der geistlichen Dinge, d. h. soweit es zur Verwaltung der geistlichen Angelegenheiten erforderlich ist. [...] Über die Ungläubigen aber hat er keine geistliche Gewalt, demnach auch keine weltliche. [...] Aus dem Gesagten wird klar, dass die Spanier bei ihrer ersten Fahrt in die Länder der Eingeborenen keinerlei Rechte besaßen, deren Gebiete in Besitz zu nehmen. Man könnte sich noch auf einen anderen Titel stützen, auf das Recht der Entdeckung, und dies war ursprünglich auch der einzige, auf den man sich berief. [...] Aber über diesen dritten Titel brauchen wir nicht viele Worte zu verlieren, da [...] die Eingeborenen die rechtmäßigen Herren waren, nach öffentlichem wie privatem Recht. [...] Als vierter Rechtstitel wird der Fall vorausgesetzt, dass die Eingeborenen den christlichen Glauben nicht annehmen wollen, selbst wenn er ihnen dargeboten wird und sie inständig ermahnt werden, ihn zu ergreifen. [...] Antwort: 1. Ehe die Eingeborenen etwas über den christlichen Glauben gehört hatten, waren sie auch nicht wegen ihres Nichtglaubens an Christus der Sünde des Unglaubens verfallen. [...] 5. Ich bin nicht hinreichend sicher, ob der christliche Glaube [...] den Eingeborenen so vorgetragen und verkündet worden ist, dass sie bei Sündenstrafe zum Glauben verpflichtet wären. [...] Ich habe jedenfalls nichts von Zeichen oder Wundern oder von Beispielen so frommen Lebenswandels gehört, dagegen viel von Ärgernis, wüsten Taten und vielfacher Ruchlosigkeit. [...] 6. Selbst wenn der Glaube den Eingeborenen noch so oft mit einleuchtenden Gründen gepredigt wäre, und sie wollten ihn nicht annehmen, dürfte man sie doch nicht mit Krieg überziehen oder ihrer Güter berauben.

Zit. nach: Wolfgang Lautemann/Manfred Schlenke (Hg.), Geschichte in Quellen, Bd. 3, bsv, 3. Aufl., München 1982, S. 82 ff.

1 Interpretieren Sie M 1 mithilfe der Arbeitsschritte von S. 63.

M 2 Konventskirche von Salamanca mit der Statue des Francisco de Vitoria im Vordergrund, Fotografie, 2016.

Der Dominikanerpriester Francisco de Vitoria (1483–1546) war seit 1526 Theologieprofessor an der Universität zu Salamanca.

Lösungshinweise

Mögliche Leitfrage: Besitzen die Europäer einen Rechtsanspruch auf die „Neue Welt"?

Analyse

Formale Aspekte
Autor: Francisco de Vitoria, spanischer Dominikaner und Theologieprofessor
Entstehungszeit: 1538
Textart: Vorlesung
Thema: Rechtsanspruch der Europäer auf die „Neue Welt"
Adressaten: Öffentlichkeit, insbesondere spanische und portugiesische Krone, Papst und spanische Konquistadoren

Inhaltliche Aspekte
Argumentation: Vitoria analysiert in seiner Vorlesung „unbegründete [...] und begründete [...] Titel", mit denen die Unterwerfung der Eingeborenen gerechtfertigt wurde; in dem Auszug werden nur die unbegründeten Rechtstitel thematisiert (Z. 1–4).
Der erste Rechtstitel: Der Kaiser sei „nicht der Herr der Welt" und habe auch keinen „Anspruch auf die Weltherrschaft" (Z. 5–10).
Der zweite: Der Papst sei „nicht weltlicher und zeitlicher Herr des Erdkreises", also habe er weder geistliche noch weltliche Gewalt über die Ungläubigen (Z. 13–26).
Der dritte: Die Spanier hätten auch nicht das Recht der Entdeckung besessen, da „die Eingeborenen die rechtmäßigen Herren waren" (Z. 31–39).
Der vierte: Der Autor bezweifelt, ob der christliche Glaube den Eingeborenen so verkündet worden sei, „dass sie bei Sündenstrafen zum Glauben verpflichtet wären" (Z. 48–53); wenn sie den Glauben nicht annehmen wollten, „dürfe man sie doch nicht mit Krieg überziehen oder ihrer Güter berauben" (Z. 60–62).
Zentrale Begriffe: Rechtstitel; Kaiser; Papst; Eingeborene; christlicher Glauben
Textsprache: sachlich, argumentativ
Kernaussage: Vitoria schlussfolgert auf der Grundlage seiner Argumentation, dass die Spanier keinerlei Rechte besaßen, die Gebiete der Eingeborenen in Besitz zu nehmen.

Historischer Kontext
Zeitliche Einordnung: Anfänge der europäischen Expansion um 1500
Intention der Europäer: Die Europäer sicherten ihre globalen Interessensphären nicht nur mit politischen und militärischen Mitteln ab, sondern auch durch eine behauptete rechtliche Legitimierung. Dieser Rechtsanspruch beruhte im Wesentlichen auf drei Rechtstiteln: 1. dem Entdeckungs- oder Finderrecht bei unbewohnten Inseln, 2. dem päpstlichen Verleihungsrecht unter dem Vorbehalt der Missionsverpflichtung und 3. auf Verträgen zwischen den Seemächten.
Theoretische Rechtfertigung durch den Papst: Idee einer päpstlichen Weltherrschaft, die eine direkte Gewalt des Papstes auch in weltlichen Dingen behauptete (Zwei-Schwerter-Theorie) und dem Papst eine Oberhoheit über alle Heidenvölker zuerkannte
Rechtsgrundlage: päpstliche Bullen (z. B. mehrere Bullen Papst Alexanders VI. von 1493) und Staatsverträge zwischen Spanien und Portugal (z. B. Vertrag von Alcáçovas-Toledo von 1479 oder Vertrag von Tordesillas von 1494).

Beurteilung
Sachurteil: Vitoria widerlegt den Rechtsanspruch der Europäer, indem er sich argumentativ mit den drei relevanten Rechtstiteln auseinandersetzt. Entschieden weist er damit die Herrschaftsansprüche der weltlichen Fürsten, insbesondere der spanischen Krone, sowie des Papsttums zurück. Sein Text steht im Gegensatz sowohl zu den theoretischen Rechtfertigungen (z. B. der Schrift des Kronjuristen Palacios Rubios) als auch zu den päpstlichen Bullen und den Staatsverträgen zwischen Spanien und Portugal über die Aufteilung der „Neuen Welt".
Werturteil: Aus heutiger Sicht kann gesagt werden, dass die Europäer keinen Rechtsanspruch auf die „Neue Welt" besaßen. Vitoria formuliert mit seiner differenzierten und nachvollziehbaren Argumentation die Ideen des heute gültigen Völkerrechts, das von der Gleichberechtigung und dem Selbstbestimmungsrecht der Völker ausgeht.

Ein historisches Urteil auf der Grundlage von Sekundärtexten entwickeln

Urteilskompetenz

Tipp: sprachliche Formulierungshilfen S. 142 f.

Zu den zentralen fachspezifischen Fähigkeiten im Geschichtsunterricht gehört die Urteilskompetenz. Urteilen bedeutet die Fähigkeit, eine eigenständige, begründete und nachvollziehbare Stellungnahme zu einer Fragestellung zu formulieren. Kriterien eines gelungenen Urteils sind
- sachliche Angemessenheit,
- logische Gedankenführung und
- differenzierte Argumentation.

Um einen historischen Gegenstand angemessen beurteilen zu können, ist es sinnvoll, ihn aus unterschiedlicher Sicht zu untersuchen:
- aus der Perspektive historischer Zeitgenossen (Prinzip der Multiperspektivität)
- und/oder aus der Perspektive von Nachgeborenen, z. B. Historikern (Prinzip der Kontroversität).

Auf einer dritten Ebene erfolgt im Rahmen des Unterrichts, z. B. in der Gruppe oder im Plenum, die Auseinandersetzung mit den Wahrnehmungen der Zeitgenossen und den Deutungen der Nachgeborenen (Prinzip der Pluralität). Dies ist die Grundlage für eine selbstständige Stellungnahme zum historischen Gegenstand.

Bei der Urteilsbildung wird zwischen Sach- und Werturteil unterschieden: Während das Sachurteil ein Urteil auf der Ebene des historischen Gegenstandes ist, werden bei einem Werturteil gegenwärtige gesellschaftliche Normen auf historische Sachverhalte bezogen und eigene Wertmaßstäbe reflektiert.

Prozess der Urteilsbildung

Das Urteilsmodell M 1 zeigt einen idealtypischen Prozess der Urteilsbildung, der auch variiert werden kann. So lässt sich eine Stellungnahme auf der Basis a) von Quellen, b) von Sekundärtexten, in der Regel Deutungen von Historikern (wie im folgenden Übungsbeispiel), oder c) von Quellen und Sekundärtexten formulieren.

Zunächst erfordert die Fähigkeit, ein Urteil zu bilden, sowohl Kenntnisse über den zu untersuchenden historischen Sachverhalt (Sachkompetenz) als auch methodische Verfahren, sich solche Kenntnisse anzueignen, diese mit vorhandenem Wissen zu vernetzen und auf neue Zusammenhänge anzuwenden (Methodenkompetenz). Mit methodischen Verfahren ist in erster Linie der Vergleich von Quellen und Darstellungen anhand von Vergleichsaspekten gemeint.

Der Prozess der Urteilsbildung verläuft in mehreren Phasen:

1. Entwicklung einer Leitfrage: Für die Untersuchung des historischen Gegenstandes wird eine Fragestellung entwickelt, die im Prozess der Urteilsbildung beantwortet werden soll.

2. Erwerb von Kenntnissen: Als Voraussetzung für die Beschäftigung mit dem historischen Sachverhalt ist die Beschaffung von Informationen (Grundwissen) notwendig, die sich aus Gesamtdarstellungen, Schulbuchtexten, Lexika sowie aus Quellen gewinnen lassen.

3. Auseinandersetzung mit dem historischen Gegenstand aus verschiedenen Sichtweisen (Perspektiven): Vergleich anhand geeigneter Aspekte

a) von mindestens zwei Quellen oder bzw. und
b) von mindestens zwei Sekundärtexten oder
c) von mindestens zwei schriftlichen Produkten oder mündlichen Äußerungen einzelner Schüler bzw. Gruppen.

4. Formulierung eines Sachurteils: Urteilsbildung auf der Ebene des historischen Gegenstands.

5. Formulierung eines Werturteils: Urteilsbildung auf der Grundlage gegenwärtiger gesellschaftlicher und subjektiver Normen und Werte.

M 1 Modell der Urteilsbildung

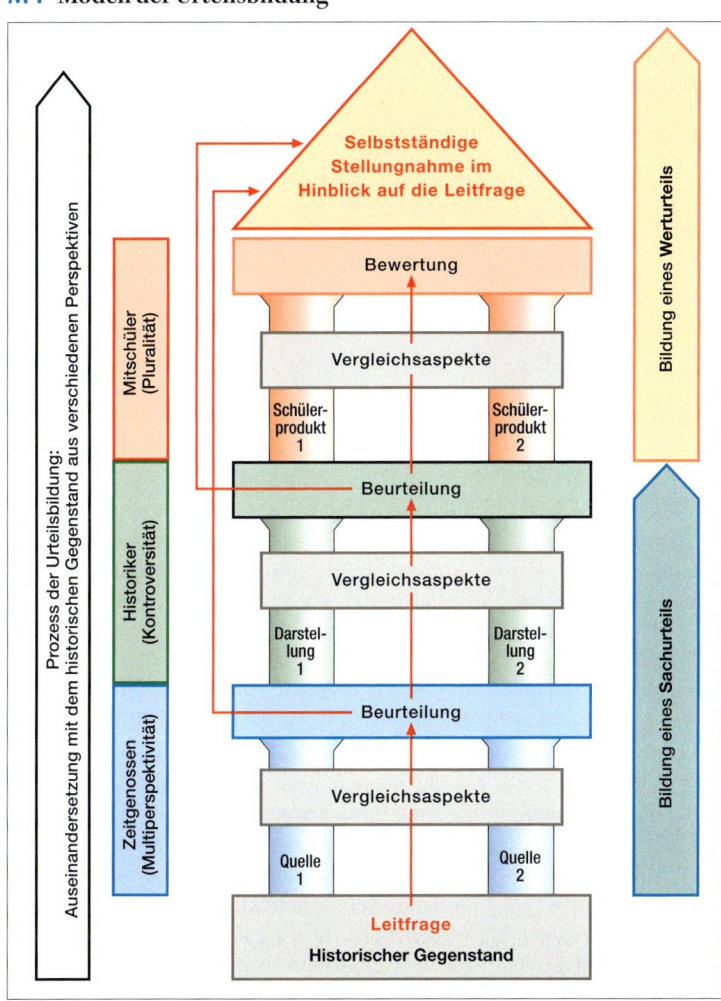

**Übungsbeispiel:
Die Beurteilung der Konquista**

M 2 Der uruguayische Journalist und Schriftsteller Eduardo Galeano (1973)

Die Wundertat der Entdeckung Amerikas ließ keine Erklärung zu, die nicht auf der im mittelalterlichen Kastilien herrschenden, militärischen und kriegerischen Tradition der
5 Kreuzzüge fußte, und die Kirche ließ sich nicht lange bitten, der Eroberung der unbekannten Regionen jenseits des Meeres geweihten Charakter zu verleihen. Papst Alexander VI., der Spanier war, machte Königin
10 Isabella zur Herrin der Neuen Welt. Die Expansion des Königreiches Kastilien erweiterte das Reich Gottes auf Erden.

Drei Jahre nach der Entdeckung führte Christoph Kolumbus persönlich den Feldzug
15 gegen die Eingeborenen Santo Domingos an. Eine Handvoll Ritter, zweihundert Fußsoldaten und ein paar eigens für den Angriff dressierte Hunde dezimierten die Indianer. Mehr als fünfhundert von ihnen wurden nach Spa-
20 nien verfrachtet, in Sevilla als Sklaven verkauft und gingen elend zugrunde. Aber einige Theologen protestierten, und der Sklavenhandel mit den Indianern wurde zu Beginn des 16. Jahrhunderts formell verboten. In Wirklich-
25 keit wurde er nicht verboten, sondern gesegnet: Vor jeder Kampfaktion hatten die Befehlshaber der Eroberungskampagne den Indianern, ohne Dolmetscher, aber in Anwesenheit eines öffentlichen Notars, einen aus-
30 gedehnten und rhetorischen Aufruf zu verlesen, in dem sie dazu angehalten wurden, zum heiligen katholischen Glauben überzutreten: „Wenn ihr es nicht tun solltet oder es bösartig verzögert, bestätige ich euch, dass ich mit
35 Gottes Hilfe machtvoll bei euch einziehen und Krieg gegen euch führen werde […]."

Das Epos der Spanier und der Portugiesen in Amerika verknüpfte die Verbreitung des christlichen Glaubens mit der unrechtmäßi-
40 gen Inbesitznahme und der Plünderung des Reichtums der Eingeborenen. Die unerschlossenen, gefahrenumwobenen Gebiete voll dichten Urwalds stachelten die Habgier der Feldkapitäne an, der adligen Ritter und der in
45 Lumpen gehüllten Soldaten […]. Es gab wohl Gold und Silber in großen Mengen […]. Schließlich hörte die Bevölkerung der Karibischen Inseln auf, Abgaben zu entrichten, da sie selbst zu bestehen aufhörte: Die Eingebo-
50 renen wurden in den Goldwäschereien bei der furchtbaren Arbeit, mit dem halben Leib unter Wasser den goldhaltigen Sand zu durchwühlen, völlig aufgerieben. Viele Eingeborene Santo Domingos eilten dem ihnen von ihren neu-
55 en weißen Unterdrückern auferlegten Schicksal voraus. Sie töteten ihre Kinder und begingen massenweise Selbstmord.

Eduardo Galeano, Die offenen Adern Lateinamerikas. Die Geschichte eines Kontinents von der Entdeckung bis zur Gegenwart, übers. v. Leonardo Halpern und Anneliese Schwarzer de Ruiz, Hammer, Wuppertal 1973, S. 21 ff.

M 3 Der deutsch-chilenische Journalist und Historiker Ernst Samhaber (1976)

Die weltgeschichtliche Bedeutung der spanischen Eroberung Amerikas lag zunächst darin, dass zwei scheinbar so mächtige Reiche beim ersten Ansturm zusammenbrachen, so-
5 dann aber in der gründlichen Umgestaltung des Erdteils. Europäische Lebensformen, die europäische Landwirtschaft, die spanische Sprache und das Christentum setzten sich in weiten Bereichen durch. Die Spanier haben ei-
10 nen sehr viel fester organisierten Staat in Mexiko und Peru aufgebaut, als das Azteken und Inka möglich gewesen war. Eine geordnete Verwaltung reichte bis in das letzte Indianerdorf hinein. Die geistliche Hierarchie erstreck-
15 te sich vom Erzbischof bis in die einzelnen Pfarreien hinunter. Die Landwirtschaft gliederte sich in große Rittergüter – *Encomiendas*. Mit dem Getreide kam der Pflug, mit den Pferden der Wagen. Als die reichen Silberminen
20 von Potosí und Guanajuato – Mexiko – entdeckt wurden, begann der Bergbau. […] Die Erschließung des weiten Erdteils und die Bekehrung der Indianer war einmal der Kirche zu verdanken, vor allem der nimmermüden Hingabe der Mönche, sodann den freien Un-
25 ternehmern, die sowohl die Kriegszüge wie die wirtschaftliche Entwicklung des riesigen

Gebietes auf eigene Rechnung unternahmen [...]. Die Konquistadoren waren raue Gesellen, aber auch nicht härter als die christlichen Adligen damals gegenüber ihren Bauern in Europa und als Osmanen, Mongolen oder Türken in Mittelasien und in Indien. Die schlimmsten Opfer kosteten die eingeschleppten Krankheiten: Pocken und andere Seuchen rafften häufig ein Drittel der Bevölkerung hinweg. Da bei den kurzen Kriegen der Widerstand bald zusammenbrach, blieben ihre Verluste an Toten begrenzt. Dagegen hörten die entsetzlichen Kriege auf, die vorher das Hochland von Mexiko verwüstet und Tausende zum Opferstein gebracht hatten [...]. Die Eingeborenen sollten zum christlichen Glauben bekehrt werden, womit sie den Schutz der katholischen Kirche genossen. Das führte zwar zu Reibungen und Streitigkeiten zwischen Krone, Kirche und Siedlern, aber Krone und Kirche haben sich durchgesetzt, obwohl sie sich nur auf die moralische Autorität stützen konnten.

Ernst Samhaber, Weltgeschichte, Bertelsmann, Gütersloh 1976, S. 332 ff., 346.

1 Setzen Sie sich mit der Beurteilung der Autoren auseinander, indem Sie
  a) eine Leitfrage formulieren,
  b) sich über die wesentlichen Aspekte der Konquista informieren,
  c) die Sekundärtexte analysieren (M 2, M 3),
  d) die Sekundärtexte anhand geeigneter Aspekte vergleichen und
  e) im Hinblick auf die Leitfrage ein Sach- und ein Werturteil formulieren.

Lösungshinweise

1. Entwicklung einer Leitfrage
Mögliche Fragestellung: Die Konquista – Fluch oder Segen für Amerika?

2. (Grund-)Kenntnisse über den historischen Gegenstand
– „Entdeckung" Amerikas durch Kolumbus (S. 36 ff.)
– Rechtsanspruch der Konquistadoren, insbesondere die päpstlichen Bullen (S. 33)
– Eroberung am Beispiel des Aztekenreiches (S. 38 ff.)
– Umgang mit der indigenen Bevölkerung (S. 40 ff.)
– Auswirkungen des Kolonialismus für Lateinamerika (S. 41 ff.)

3. Auseinandersetzung mit dem historischen Gegenstand
a) Analyse
Formale Aspekte
M 2
Autor: Eduardo Galeano, uruguayischer Journalist und Schriftsteller
Veröffentlichung: 1973
M 3
Autor: Ernst Samhaber, deutsch-chilenischer Journalist und Historiker
Veröffentlichung: 1976
M 2 und M 3
Textart: Auszug aus einer wissenschaftlichen Darstellung
Thema: Beurteilung der Konquista
Adressaten: Historiker, Studenten, Schüler sowie interessierte Öffentlichkeit, insbesondere in Lateinamerika und Europa

Inhaltliche Aspekte
M 2
Thesen:
– Die Eroberung der Neuen Welt wurde durch die katholische Kirche legitimiert.
– Die Inbesitznahme und Plünderung durch die Konquistadoren war nicht rechtmäßig und führte zur Vernichtung und Versklavung der Eingeborenen.

Argumentation:
Entdeckung Amerikas fußte auf der kriegerischen Tradition der Kreuzzüge (Z. 4 f.)
Legitimation durch das Papsttum:
– Kirche habe sich nicht lange bitten lassen, „der Eroberung der unbekannten Regionen [...] geweihten Charakter zu verleihen" (Z. 5 ff.)
– Papst Alexander VI. habe die spanische Königin Isabella zur „Herrin der Welt" gemacht (Z. 8 ff.)
Folgen von Kolumbus' Feldzug 1495 für die Eingeborenen Santo Domingos:
– Dezimierung, Verschleppung und Versklavung (Z. 16 ff.)

Sklavenhandel sei im 16. Jh. nicht verboten, sondern gesegnet worden:
- Androhung von Krieg, wenn Indianer nicht „zum heiligen katholischen Glauben über[...]treten" (Z. 33 ff.)

Spanier und Portugiesen hätten Verbreitung des christlichen Glaubens mit „der unrechtmäßigen Inbesitznahme und Plünderung des Reichtums der Eingeborenen" verbunden (Z. 39 ff.)

Motiv für die Eroberung: „Habgier der Feldkapitäne [...], der adligen Ritter und der in Lumpen gehüllten Soldaten" (Z. 43 ff.)

Vernichtung der Eingeborenen:
- aufgrund unmenschlicher Arbeitsbedingungen bei der Goldwäscherei (Z. 50 ff.)
- durch kollektiven Selbstmord aus Angst vor den „weißen Unterdrückern" (Z. 55 ff.)

M 3
Thesen:
- Die weltgeschichtliche Bedeutung der spanischen Eroberung bestand in der europäischen Umgestaltung Amerikas.
- Die Konquistadoren gingen zwar hart gegen die Eingeborenen vor, aber der Großteil kam nicht durch die Kriegszüge, sondern durch die eingeschleppten Krankheiten um.
- Die nicht versklavten Indianer standen unter dem Schutz der Kirche.

Argumentation:
weltgeschichtliche Bedeutung der spanischen Eroberung:
- Zusammenbruch der „scheinbar so mächtige[n] Reiche" der Azteken und Inka (Z. 3 ff.)
- „gründliche Umgestaltung" Amerikas (Z. 5 ff.): europäische Lebensformen, Landwirtschaft (Pflug und Wagen), spanische Sprache, weitgehende Durchsetzung des Christentums, fest organisierte Staatsformen, geordnete Verwaltung, Bergbau

Erschließung des weiten Erdteils und Bekehrung der Indianer seien zu verdanken (Z. 22 ff.):
- der Kirche, v. a. „der nimmermüden Hingabe der Mönche"
- den freien Unternehmern, die Kriegszüge wie wirtschaftliche Entwicklung „auf eigene Rechnung unternehmen"

Beurteilung der Konquistadoren:
- seien zwar „raue Gesellen" gewesen, aber „auch nicht härter" als die christlichen Adligen gegenüber den Bauern in Europa und als die Osmanen, Mongolen oder Türken in Mittelasien und Indien (Z. 29 ff.)
- begrenzte Opferanzahl infolge der Kriegszüge, da der Widerstand der Eingeborenen gering gewesen sei (Z. 37 ff.)
- dagegen hätte ein Großteil der Eingeborenen erleichtert aufgeatmet, da die „entsetzlichen Kriege" zwischen der indianischen Bevölkerung aufhörten (Z. 39 f.)

Schutz der Indianer durch die Kirche:
- Kirche habe sich im Streit mit den Siedlern zusammen mit der Krone durchgesetzt (Z. 46 ff.)

b) Vergleich der Sekundärtexte
siehe Seite 71

4. Sachurteil
Mögliche Ansätze: Stellungnahme zu den Beurteilungen der Konquista durch die Autoren
- grundsätzliche Positionen: Während Galeano ausschließlich die negativen Folgen der Konquista sowie das unheilvolle Wirken der katholischen Kirche betont, spricht Samhaber von der weltgeschichtlichen Bedeutung der Eroberung und nennt positive Gesichtspunkte hinsichtlich der wirtschaftlichen, politischen und kulturellen Entwicklung Amerikas.
- Rolle der Konquistadoren: Das Vorgehen der Eroberer ist aus der Sicht Galeanos nicht rechtmäßig gewesen. Zudem wurden sie durch niedere Motive wie Habgier angetrieben. Samhaber argumentiert ansatzweise differenziert, indem er einräumt, die Eroberer seien durchaus „raue Gesellen" gewesen. Gleichzeitig entlastet er sie aber mit dem Hinweis auf das übliche Vorgehen der Herrschenden bzw. Sieger in Europa und Asien zur damaligen Zeit und unterstreicht, dass der Großteil der Eingeborenen durch die eingeschleppten Krankheiten umgekommen sei.
- Argumentation: Beide Autoren argumentieren weitgehend einseitig. Auch die Darstellung Samhabers ist nur scheinbar differenziert.

5. Werturteil

Mögliche Ansätze: Stellungnahme zur Konquista aus der heutigen Sicht auf der Grundlage der Beurteilungen der beiden Autoren:
- Frage der Legitimität: Aus heutiger Sicht besaßen die Europäer keinen Anspruch auf die Inbesitznahme der Neuen Welt. Bezug: Völkerrecht
- Einzelne Argumente, z. B. den von Samhaber angeführten Hauptgrund für die Dezimierung der Eingeborenen: In der Geschichtswissenschaft herrscht heute Einigkeit darüber, dass der Großteil der indigenen Bevölkerung durch die von den Europäern eingeschleppten Infektionskrankheiten umgekommen ist.
- Differenzierte Bewertung, z. B. der Rolle der Kirche: Die katholische Kirche hat die Konquista zwar durch päpstliche Bullen legitimiert und zur Verbreitung des christlichen Glaubens in den eroberten Gebieten aufgerufen; Vertreter der Kirche haben sich jedoch auch vehement für den Schutz der Indios eingesetzt.
- Bezug zur Leitfrage: eigenständige, begründete Gewichtung der einzelnen Aspekte

b) Vergleich der Sekundärtexte anhand geeigneter Aspekte

Vergleichsaspekte	M 2 (Galeano)	M 3 (Samhaber)
Grundsätzliche Beurteilung der Konquista	Die Konquista, d. h. die Inbesitznahme des Landes und Plünderung der Eingeborenen durch die spanischen und portugiesischen Konquistadoren, war nicht rechtmäßig und führte zur Vernichtung und Versklavung der Eingeborenen.	Die weltgeschichtliche Bedeutung der Konquista bestand in der europäischen Umgestaltung, die in politischer, wirtschaftlicher, religiöser und kultureller Hinsicht für die Entwicklung Amerikas Fortschritte brachte.
Rolle der katholischen Kirche	– Eroberung sei durch die katholische Kirche und das Papsttum im Hinblick auf die Verbreitung des christlichen Glaubens legitimiert gewesen (Z. 5 ff.) – Entdeckung Amerikas fuße auf der militärischen und kriegerischen Tradition der Kreuzzüge (Z. 4 f.) – Papst Alexander VI. habe die spanische Königin Isabella zur „Herrin der Welt" gemacht (Z. 8 ff.)	– Erschließung des weiten Erdteils und Bekehrung der Indianer seien der Kirche zu verdanken, vor allem dem Einsatz der Mönche (Z. 21 ff.) – Schutz der nicht versklavten Indianer habe die Kirche übernommen (Z. 43 ff.) – im Streit mit den Siedlern um den Schutz der Indianer hätten sich Krone und Kirche durchgesetzt, „obwohl sie sich nur auf die moralische Autorität stützen konnten" (Z. 46 ff.)
Rolle der Konquistadoren	– Inbesitznahme des Landes und Plünderung der Eingeborenen seien nicht rechtmäßig gewesen (Z. 38 ff.) – Motiv der Konquistadoren: Habgier hinsichtlich der zu erwartenden Kriegsbeute in Form von Gold und Silber (Z. 42 ff.)	– seien zwar „raue Gesellen" gewesen, aber „auch nicht härter" als die christlichen Adligen gegenüber den Bauern in Europa und als die Osmanen, Mongolen oder Türken in Mittelasien und Indien (Z. 29 ff.) – nur eine geringe Anzahl sei durch die Kriegszüge der Konquistadoren umgekommen (Z. 37 f.)
Folgen für die Eingeborenen	Dezimierung, Verschleppung und Vernichtung der Eingeborenen aufgrund: – unmenschlicher Arbeitsbedingungen bei der Goldwäscherei (Z. 50 ff.) – des kollektiven Selbstmords aus Angst vor den „neuen weißen Unterdrückern" (Z. 54 ff.)	– „die schlimmsten Opfer" hätten die eingeschleppten Krankheiten gekostet (Z. 34 ff.) – bei der Mehrheit erleichtertes Aufatmen über Beendigung der „entsetzlichen Kriege" zwischen den Eingeborenen (Z. 39 ff.) – Schutz durch die katholische Kirche für die nicht versklavten Indianer (Z. 43 ff.)
Bezug zur Leitfrage	= Konquista war ein Fluch für Amerika.	= Konquista war ein Segen für Amerika.

Erarbeiten Sie Präsentationen

Thema 1
Malintzin – eine kulturelle „Überläuferin"?
Die gebürtige Aztekin Malintzin (auch Malinche oder Malinalli; christlicher Taufname Doña Marina) war eine der 20 Sklavinnen, die Cortés 1519 in der Nähe von Potochan von den dort ansässigen Maya als Tribut erhielt. Sie wurde nicht nur seine Geliebte, sondern aufgrund ihrer Sprachkenntnisse auch zur Dolmetscherin und wichtigsten Beraterin. Erarbeiten Sie eine Präsentation zur Rolle und historischen Bewertung von Malintzin.

Literaturtipps
Barbara Dröscher, Carlos Rincón (Hg.), La Malinche. Übersetzung, Interkulturalität und Geschlecht, Verlag Walter Freu, 2. Aufl., Berlin 2010.

Eva Karnofsky, Barbara Potthast, Mächtig, mutig und genial, Vierzig außergewöhnliche Frauen aus Lateinamerika, Rotbuch, Berlin 2013, S. 29–36.

Hanns J. Prem, Die Azteken. Geschichte – Kultur – Religion, C. H. Beck, München 2011.

M 1 Malintzin dolmetscht zwischen Cortés und einer Abordnung der Xaltelcolco, Zeichnung aus der mexikanischen Bilderhandschrift „*Lienzo de Tlaxcala*" („Die Geschichte der Tlaxcala"), um 1550

Thema 2
Die nautisch-technische „Revolution"
Zur Seefahrt um 1500 gehörten neben der Risikobereitschaft der Seefahrer weitere Voraussetzungen: hochseetaugliche Schiffe, exakte Karten und Navigationsinstrumente. Die Europäer griffen dabei auch auf Erfindungen der Araber und Chinesen zurück und entwickelten diese weiter. Stellen Sie ausgewählte Neuerungen vor und erörtern Sie, ob die Bezeichnung „nautisch-technische Revolution" gerechtfertigt ist.

Literaturtipp
Horst Gründer, Voraussetzungen für Fahrten auf hoher See: Neuerungen in Schiffbau, Kartografie und Navigation, in: Die Zeit Welt- und Kulturgeschichte, Bd. 8: Frühe Neuzeit und Altamerika, Zeitverlag, Hamburg 2006, S. 100–105.

M 2 Titelblatt von „The Mariners Mirror", kolorierte Radierung von Theodor de Bry (1528–1598).

Das Titelblatt zeigt mehrere Instrumente, mit denen die Seefahrer ihren Kurs bestimmten.

Webcode:
KH300943-072

Überprüfen Sie Ihre Kompetenzen

M 3 „*Plaza de la independencia*" in Quito, Ecuador, Fotografie 2008

Die Gründung von Städten war ein wichtiger Faktor bei der Etablierung der spanischen Herrschaft in Mittel- und Südamerika. Quito wurde 1534 nach der Eroberung durch die Spanier vom Konquistador Sebastián de Belalcázar unter dem Namen San Francisco de Quito auf den Resten einer alten Siedlung gegründet. Die Anlage der Städte folgte meist einem bestimmten, am europäischen Vorbild orientierten Muster: Um einen Hauptplatz mit Rathaus und Kirche gruppierten sich schachbrettartig angeordnete Häuserblocks.

Zentrale Begriffe

Azteken
Encomienda
Entdecker
Europäische Expansion
Europäisierung
Globalisierung
Indigene Völker
Kolonialismus
Konquistador
Mythos "El Dorado"
Rekonquista
Repartimiento

Sachkompetenz
1. Charakterisieren Sie Rahmenbedingungen und Motive der europäischen Entdecker.
2. Erläutern Sie die Rolle der Kirche im Rahmen der spanischen Kolonialherrschaft.

Methodenkompetenz
3. Beschreiben Sie die Fotografie M 3 und zeigen Sie, in welcher Form die Stadtgründungen in der Neuen Welt Teil des „Europäisierungsprozesses" waren.

Urteilskompetenz
4. Beurteilen Sie den Umgang der Spanier mit der indigenen Bevölkerung. Beziehen Sie die Begriffe Kulturkontakt/Kulturzusammenstoß und Kolonialismus in Ihre Argumentation mit ein.
5. Führen Sie eine Podiumsdiskussion durch mit je einem Vertreter Spaniens, eines süd- oder mittelamerikanischen Landes sowie der Kirche. Diskutieren Sie: Kolonialherrschaft: Segen oder Fluch? Ziehen Sie die Materialien M 2 und M 3 von S. 68 f. hinzu.

4 Handelshäuser, Handelsmächte, Geldwirtschaft – Beginn der Globalisierung? (Wahlmodul 2)

Kompetenzen erwerben

Sachkompetenz:
- Neuerungen der frühkapitalistischen Wirtschaft beschreiben
- die Entwicklung der europäischen Geldwirtschaft am Beispiel italienischer Stadtstaaten analysieren
- Macht und Einfluss von Handelshäusern und Handelsmächten am Beispiel der Fugger sowie der niederländischen Vereinigten Ostindischen Companie (VOC) und der englischen East India Company (EIC) bestimmen
- globale Handelswege und Handelsströme am Beispiel von Indien und Südostasien vor und nach der Ankunft der Europäer charakterisieren

Methodenkompetenz:
- Geschichtskarten analysieren

Urteilskompetenz:
- den Einfluss von Neuerungen im frühkapitalistischen Wirtschaftssystem beurteilen
- die Macht von Handelshäusern und Handelsmächten diskutieren
- sich mit der These auseinandersetzen, dass die Globalisierung im 15. und 16. Jahrhundert begonnen hat

Grundbedingungen des Wirtschaftens um 1500

An der Wende zur Neuzeit verfügten große Teile der Bevölkerung über wenig Vermögen oder waren arm. Auch konnten sie weder lesen noch schreiben. Wesentliche Teile ihrer Einkommen verbrauchte die Mehrheit für die Grundbedürfnisse Nahrung, Kleidung und Wohnung. Unter solchen Voraussetzungen konnte sich keine dynamische, arbeitsteilige Wirtschaft entfalten. Zwar lagen die Dinge bei den städtischen Oberschichten (Adlige, Fernhändler) anders, sodass von diesen eine erhebliche Nachfrage nach Luxusgütern, Schmuck, Gewürzen und feinen Stoffen, ausging. Doch insgesamt war das Spektrum von Nachfrage und Angebot bis in das 18. Jahrhundert hinein eng. In einer Gesellschaft, in der das Einkommen zum großen Teil für die Befriedigung der Grundbedürfnisse verwendet wird, spielt die Landwirtschaft eine große Rolle. Teilweise bis zu 90 Prozent der arbeitenden Menschen lebten in und von der Landwirtschaft. Einen tiefen Einschnitt in das Leben der Menschen und in die Wirtschaft stellte die **große Pest 1347–1350** dar, die mit einer langfristigen Klimaverschlechterung, Serien von Hungersnöten und anderen Krisen zusammenfiel. Historiker können die Auswirkungen der Seuche meist nur indirekt aus Angaben zur Steuer- und Abgabenentwicklung oder aus dem Erlöschen oder der Verlagerung von Siedlungen ablesen. Fest steht allerdings, dass Millionen Menschen starben und dass bis um 1470 die Sterblichkeitsrate über der Geburtenquote lag. Erst um 1500 kam es wieder zu einem Wachstum der Bevölkerung.

Stadtwirtschaft

Schneller als das Land überwanden die Städte die Krisen des Spätmittelalters. Sie wurden im Folgenden zu dynamischen Keimzellen des wirtschaftlichen Wandels. Durch Zuzug vom Land konnten sie ihre Bevölkerungsverluste ausgleichen, denn das Leben in der Stadt war unter anderem wegen des Mangels an Arbeitskräften und wegen niedriger Lebensmittelpreise attraktiv geworden. Im Wirtschaftsleben der Städte spielten die Zünfte, eine Vereinigung der ortsansässigen Mitglieder eines Handwerks, eine immer wichtigere Rolle. Sie regelten nicht nur Produktion, Ausbildung und Zugang zum Beruf, sondern auch das gesamte Alltagsleben ihrer Angehörigen. Mit wachsendem wirtschaftlichen Erfolg konnten sich einige Zünfte und Zunftmeister seit dem 14. Jahrhundert neben dem traditionellen Patriziat und der Kaufmannschaft als einflussreicher Faktor in der Stadtwirtschaft etablieren (siehe auch Kap. 2, S. 19). Bei der Gruppe der Kaufleute gab es ebenfalls große Unterschiede. Das Spektrum reichte vom kleinen Händler, der seine Waren lediglich im Nachbarort verkaufte, bis hin zu großen Handelsgesellschaften, die, wie die Fugger aus Augsburg, ihre Waren in ganz Europa ein- und verkauften bzw. produzieren ließen. Während die städtischen Handwerker ein „standesgemäßes" Arbeiten und Auskommen zum Ziel hatten, dominierte bei Kaufleuten und vor allem den Fernhändlern der Leistungsgedanke und das Gewinnstreben. Das Streben nach dem „großen Geld" veränderte das Wirtschaften und die Sozialstruktur in der Stadt. Auch die Handwerker wurden vom Gewinndenken erfasst, außen vor standen Tagelöhner, Gesellen und das Gesinde. Das Gefälle zwischen Arm und Reich in der Stadt verstärkte sich.

M 1 Altes Bäckersiegel der Stadt Berlin, Holzschnitt, um 1440

„Frühkapitalismus"

Im Laufe des 16. Jahrhunderts kam es zu Veränderungen in der gewerblichen Produktion. Zwar blieb das in Zünften organisierte Handwerk der wichtigste Produzent, doch erforderte die erhöhte Nachfrage und die Steigerung des Fernhandels neue Produktionsformen. Da die Zünfte meist eine abwehrende Haltung gegenüber technischen und organisatorischen Neuerungen einnahmen, entwickelten sich zwei neue gewerbliche Produktionsformen. Der Verlag, der sich seit dem 14. Jahrhundert, herausbildete, zeichnete sich dadurch aus, dass kleine Bauern oder Landarbeiter bei sich zu Hause spannen und webten und Metall verarbeiteten. Den Absatz der Produkte übernahmen herumreisende Kaufleute, die Verleger, die manchmal auch die Rohstoffe besorgten. Sie stellten also das Kapital in Form von Materialien sowie von Lohnzahlungen. Noch „kapitalintensiver" war die Manufaktur, die im 17. Jahrhundert immer größere Bedeutung erlangte. Sie war eine zentralisierte Produktionsstätte, d.h. zahlreiche Beschäftigte waren in einem Gebäude oder Gebäudekomplex tätig und stellten in Arbeitsteilung Produkte her, vor allem Seiden-, Porzellan- und Glasprodukte. Beschaffung und Absatz lagen in der Hand des Unternehmers. Hinzu kamen noch Berg- und Hüttenwerke, die ebenfalls einen hohen Kapitaleinsatz erforderten.

Die immer engere Verzahnung von Handel und Gewerbe durch den steigenden Kapitalbedarf von Verlagswesen, Manufakturen und Bergbau sowie die Zunahme von abhängiger, arbeitsteiliger Lohnarbeit werden von Historikern mit den Begriffen „Protoindustrialisierung" oder „Frühkapitalismus" bezeichnet. Der erste Begriff legt den Schwerpunkt auf die Betrachtung der Produktionsformen, der zweite auf die Rolle von Kapital, Märkten und Gewinnmaximierung. Mit beiden Begriffen soll betont werden, dass diese wirtschaftlichen Neuerungen der Frühen Neuzeit die Grundlagen für Entwicklungen der Moderne legten. Einig sind sich die Historiker darin, dass um 1500 lediglich frühe Stadien einer neuen Entwicklung vorliegen. Ob es sich dabei jedoch um eine bahnbrechende Neuerung als Element einer Zeitenwende handelt, ist umstritten. Sowohl die überwiegende Produktion von Gütern für den Markt statt für den Eigenbedarf als auch der Konzentrationsprozess von Kaufmannskapital und die Investition in Handel und Gewerbe habe es schon im 14./15. Jahrhundert gegeben, betont der Historiker Winfried Schulze.

Entwicklung einer europäischen Geldwirtschaft

Sieht man einmal von der Antike ab, so setzte in Europa erst von der zweiten Hälfte des 12. Jahrhunderts bis zur Mitte des 14. Jahrhunderts die Münzproduktion und das Wirtschaften mit Geld ein – statt des Tausches Ware gegen Ware. Ihren Ausgang nahm die Entwicklung in den oberitalienischen Städten Genua, Venedig und Pisa. Auch Bauern waren bald in das System eingebunden und brachten ihre Waren gegen Geld an den Kunden. Im 14. Jahrhundert begann sich außerdem der Wechsel durchzusetzen, und zwar wieder zunächst im Handel der oberitalienischen Städte. Ein Schuldner verpflichtet sich dabei schriftlich zur Rückzahlung eines Darlehens an einem anderen Ort in einer anderen Währung. So konnte er praktisch „bargeldlos" zahlen. Der lokale Geldwechsler bekam in den Städten Oberitaliens in der Folge eine Schlüsselstellung. Sein Wechseltisch, die *banca*, gab der heutigen Bank und dem Bankier den Namen. Die Wechsler waren Experten im Erkennen der verschiedenen einheimischen und fremden Währungen, die wegen der Münzhoheit der europäischen Städte und Fürsten sehr zahlreich existierten. Daneben nahmen sie auch Einlagen auf ein *conto corrente*, also ein Konto an, das Privatleute oder Handelsleute bei ihnen eröffnen konnten. Auf mündliche Anweisungen wurden Gelder von Konto zu Konto oder zu anderen Wechslern überwiesen. So konnte der „Bankier" schließlich – wie heute – Überziehungskredite anbieten und Darlehen an Kaufleute, Handwerker oder den Staat gewähren. Auch begannen wohlhabende Großbauern und Kaufleute Bauern und Handwerkern Geld auf ihre Äcker oder Häuser zu leihen. Eine Neuerung des 16./17. Jahrhunderts wurden öffentliche Banken. Venedig ging dabei mit seiner Staatsgirobank von 1587, dem *Banco di Rialto*, voran. Amsterdam folgte 1609, Hamburg 1619. Bedeutsam wurde im Laufe des 16. Jahrhunderts auch die Börse. Im Gegensatz zu Markt und Messe war sie ein Ort, wo man Waren oder Gelder handelte, ohne sie mit sich zu führen. Von Brügge aus verbreitete sich die Börse weiter, im 16. Jahrhundert begannen auch deutsche Kaufleute, sich an einer Börse zu versammeln (Köln ab 1553, Hamburg seit 1558, Frankfurt am Main seit 1585).

Durch die Entdeckung neuer Seewege und das wirtschaftliche und militärische Ausgreifen europäischer Staaten nach Asien, Afrika und Amerika wurden seit Ende des 15. Jahrhunderts nicht nur die meisten Teile der Erde für den Warenaustausch erschlossen, es kam auch durch den Import von Silber aus Mittelamerika zu einem **enormen Anstieg des Geldvolumens in Europa**. Zwischen 1500 und 1800 wurden schätzungsweise 90 000 Tonnen Edelmetall von Amerika nach Spanien verschifft, d. h. 85 Prozent der damaligen Weltproduktion.

M 2 Der Geldwechsler mit seiner Frau, Gemälde von Marinus van Reymerswaele, 1537

Die italienischen Stadtstaaten

Seit dem 12. und 13. Jahrhundert hatten sich Genua, Mailand, Pisa, Venedig und Florenz die kommunale Freiheit erkämpft. Gleichzeitig wurden sie zu Zentren der europäischen Wirtschaft. Dies hing mit dem Aufstieg der Kaufleute zusammen, die sich im zunehmenden Wettbewerb um Handelswege und Handelsgüter eine führende Position in Europa erarbeitet hatten. Hier vermittelten Großkaufleute, Bankiers und Tuchhersteller den Waren- und Geldhandel zwischen Europa und dem Orient. Aufgrund ihrer wachsenden Macht begannen sie auch die Politik ihrer Städte zu beeinflussen. Der Adel profitierte ebenfalls vom wirtschaftlichen Reichtum der Unternehmer, sodass die Grenzen zwischen Adel und Bürgertum in Oberitalien weniger starr waren als im nördlichen Europa. Außerdem gab es eine lange Tradition der klassischen Bildung, sodass die Förderung von Bildung und Kunst in den Gesellschaften Oberitaliens im 14. und 15. Jahrhundert eine geistige und eine materielle Basis fand. Auf diese Weise wurden die italienischen Stadtstaaten zur **Keimzelle der Renaissancekultur** in einem umfassenden Sinne: Wettbewerbsdenken,

Finanzwesen, Politik, Wissenschaft und Kunst brachten viele Neuerungen hervor. In den Jahrzehnten um 1500 breitete sich das neue Denken auch nördlich der Alpen aus. Fürsten aus Nord- und Westeuropa luden italienische Gelehrte und Künstler an ihre Höfe. Studenten, Künstler und Gelehrte Nordeuropas wiederum zogen in die Städte und an die Universitäten Oberitaliens, um dort Kunst und Architektur zu studieren und sich mit den Texten der Antike vertraut zu machen.

Florenz und die Medici

Besonders deutlich zeigt sich die enge Verzahnung von Wirtschaft, Politik und Kultur am Beispiel von Florenz. Um 1300 zählte Florenz zu den größten und wirtschaftlich bedeutendsten Städten Europas. Bankiers, Großkaufleute und Wollproduzenten sorgten für den Reichtum der Stadt. Der Zusammenbruch großer Bankhäuser und die Pest Mitte des 14. Jahrhunderts trafen Florenz schwer. Die Bevölkerung wurde mehr als halbiert, politische Instabilität und soziale Spannungen nahmen zu. Charakteristisch für die Politik in der Stadtrepublik Florenz war der Widerspruch zwischen den Idealen der Verfassungsordnung und der tatsächlichen Machtausübung. Nur männliche Angehörige der Zünfte durften für die Ämter ausgelost werden; das waren um 1400 nur rund 4000 Männer. Sieben der neun Mitglieder der Signoria, des obersten Rates, mussten aus den „höheren" Zünften kommen, zu denen die Bankiers, Großkaufleute und Wollproduzenten gehörten. Die tatsächliche Macht aber lag in den Händen von nur wenigen Familien. Um 1400 bestimmte der Kampf zwischen den „Optimaten", den Interessenvertretern der patrizischen Oberschicht, und den „Popolani", den Vertretern des Volkes, die Innenpolitik. Gestützt auf die Popolani gelang schließlich der Familie der Medici der politische Durchbruch. Internationale Bankgeschäfte, insbesondere die Führung der Finanzgeschäfte des Papstes, bildeten das Fundament für die Macht der Medici, die seit dem 13. Jahrhundert in Florenz bezeugt sind. Nach kurzer Verbannung kam Cosimo der Ältere (1389–1464) im Jahre 1434 in die Stadt zurück. Ohne jemals ein Amt zu bekleiden, lenkte er über seine Anhänger die Politik der Republik. Auch sicherten finanzielle Abhängigkeiten, politisch bestimmte Kreditvergaben und die Manipulation von Steuer- und Finanzgesetzen zuungunsten politischer Gegner seinen Einfluss. Lorenzo (1449–1492) – der wegen seiner Förderung von Malern, Architekten, Literaten und humanistischen Wissenschaftlern den Beinamen „il Magnifico" erhielt – sorgte z. B. dafür, dass nur Namen seiner Anhänger in die Ledersäcke kamen, aus denen die Lose für die Ämterbesetzung gezogen wurden. Auch ließ er neue Gremien einrichten, in denen nur seine Anhänger saßen. Mit ausländischer Hilfe vertrieben die „Popolani" die Medici 1494 aus der Stadt, die aber schon 1512 mithilfe päpstlicher und spanischer Truppen wieder nach Florenz zurückkehrten. 1531 schaffte Cosimo I. (1519–1574) die republikanische Verfassung ab, ließ sich zum Herzog von Florenz ausrufen und 1569 vom Papst die Würde des Großherzogs der Toskana übertragen. Diese Funktion behielt die Familie bis zu ihrem Ende im Jahre 1737.

Macht und Einfluss von Handelshäusern

Insgesamt betrachtet waren Spätmittelalter und Frühe Neuzeit nicht Jahrhunderte des festen, sondern des zirkulierenden Kapitals. Es war die Zeit des Handelskapitalismus. Damit waren jene Kapitalbestände gemeint, die sich durch Investitionen in Handelsunternehmungen aufbauten und vermehrten und nicht durch die ausschließliche Investition in eine einzelne feste Produktionsstätte wie den Verlag, die Manufaktur oder das Bergwerk. Die großen Fernkaufleute oder auch Kauffrauen und ihre durch Geld und Gewinnstreben gekennzeichnete Wirtschaftsweise bestimmten das ökonomische Geschehen. Um über die weit verzweigten Handelsverbindungen stets auf dem Laufenden zu sein und um durch die Gegenüberstellung von Soll und Haben Kredite genau planen zu können, begannen die oberitalienischen Handelshäuser schon um 1300 mit der doppelten Buchführung. Die großen städtischen Handelshäuser hatten Vertretungen in allen Städten Europas und waren obendrein als Großbankiers, als Verleger im Textil- und Metallsektor oder als Unternehmer im Bergbau tätig. Neu, geradezu revolutionär war, dass die kapitalistische Handhabung des Geldes ständisch nicht gebunden war.

M 3 Der Kaufmann Georg Gisze, Ölgemälde von Hans Holbein d. J., 1532

Das heißt: Die Macht der großen Handelsherren beruhte nicht auf Geburt, sondern auf ererbtem oder selbst geschaffenem Reichtum, auf Können, Risikobereitschaft – und Glück. Manche Familien wie die **Fugger** aus Augsburg oder die **Medici** aus Florenz schafften über mehrere Generationen hinweg ein weltweit agierendes Handels- und Bankenimperium, das zudem eng mit den Spitzen in Politik und Kirche verflochten war. Als Kreditgeber von Päpsten, Kaisern und Königen finanzierten sie Kriege, prächtige Hofhaltung und aufwendige Bauwerke. Im Gegenzug konnten sie Einfluss auf politische Entscheidungen nehmen bzw. im Fall der Medici sogar selbst führende Ämter bis hin zum Papst bekleiden.

Globale Handelsnetze

Im 15. und zu Beginn des 16. Jahrhunderts war Asien das wichtigste Zentrum der Weltwirtschaft. **Indien und China** waren die bevölkerungsreichsten Länder der Welt, China das Land mit der größten Wirtschaftsleistung. Bestimmt wurde der asiatische Handel von muslimischen Händlern, die aus dem Vorderen Orient kamen. Europa war ein wichtiger Handelspartner und Absatzmarkt, bildete aber auch einen eigenen Wirtschaftsraum. Man spricht von einer „polyzentrischen eurasischen Weltwirtschaft" (Christian Kleinschmidt), d.h., es gab noch kein globales System, das von einer Macht dominiert wurde, sondern die verschiedenen wirtschaftlichen Großräume Europa, Vorderer Orient und Asien existierten für sich, waren aber auch eng miteinander vernetzt. Das änderte sich jedoch im Laufe des 16. Jahrhunderts, als Europa durch seine

M 4 Fernhandelswege im Raum Afrika, Asien und Europa im 15. Jahrhundert

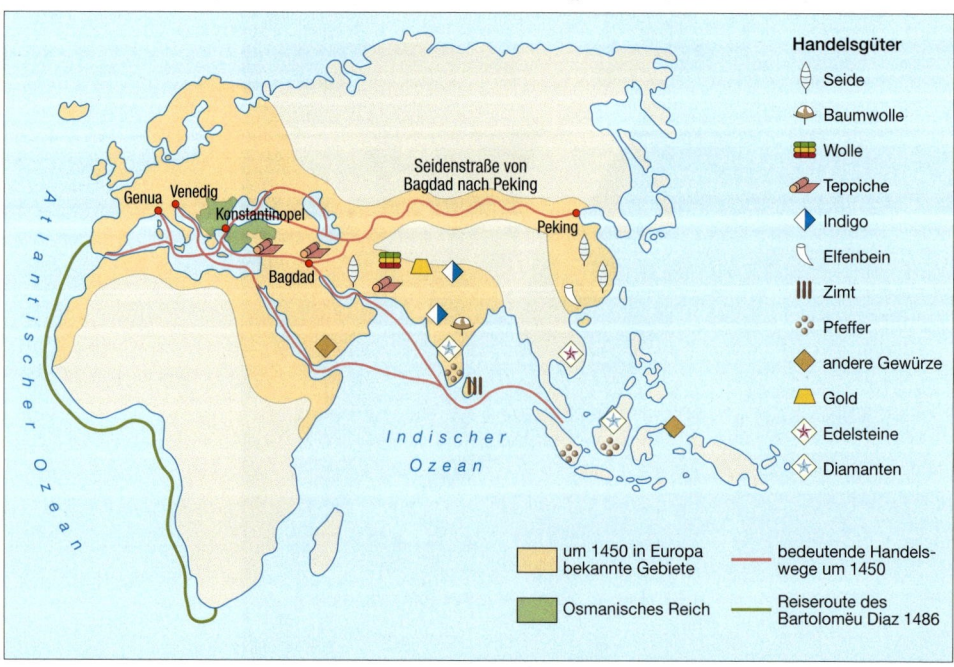

Entdeckungsfahrten, Kolonien und Handelsstützpunkte an Einfluss gewann und seine Wirtschaftsleistungen deutlich steigern konnte.

In Europa unterscheidet man grob zwei Handelsregionen: Nordwesteuropa (Zentren: Brügge und Gent, Nord-/Ostseeraum/Hanse, Messen der Champagne, später Leipzig und Frankfurt am Main) und Süd-/Südosteuropa einschließlich Mittelmeer (Zentren Genua und Venedig). In Asien spricht man von drei sich teilweise überschneidenden Handelsregionen: der muslimisch dominierte westliche Indische Ozean mit südlicher arabischer Halbinsel und Horn von Afrika, Indien sowie der südchinesisch-südostasiatische Raum. Im Vorderen Orient erstrecken sich die Handelssysteme entlang der drei wichtigsten Handelsrouten von Europa nach Asien: Die nördliche Route führte durch das Mongolenreich (Schwarzes und Kaspisches Meer, Samarkand bis China), die mittlere durch das Mittelmeer über Bagdad und den Persischen Golf zum Indischen Ozean, die südliche über Tunesien und Ägypten zum Indischen Ozean.

Aufstieg von europäischen Handelsmächten

Im Gefolge der Entdeckungsreisen verlagerten sich die Fernhandelswege, europäische Mächte stiegen zu Handelsmächten auf. Der Atlantik wurde zu einer wichtigen Route, über die vor allem Spanien, aber auch Portugal mit ihren Kolonialreichen in Süd- und Mittelamerika verbunden waren. Gehandelt wurden vor allem Gewürze, Getreide, Gold, Silber und Sklaven. Portugal besaß zudem noch wichtige Stützpunkte an der afrikanischen Küste sowie im Indischen Ozean und Indien. Diese gingen auf die Indienfahrten Vasco da Gamas zurück, der Ende des 15. Jahrhunderts die Südspitze Afrikas umsegelt hatte, um einen Seeweg für den Gewürzhandel mit Indien zu erschließen. Die Portugiesen errichteten Stützpunkte und Faktoreien* an den Küsten und erzwangen zum Teil auch gewaltsam den Zugang zu den lokalen Märkten und die Absicherung ihrer Handelsmonopole. Sie entwickelten ein umfassendes Verwaltungs- und Militärsystem, das über Handelsgewinne, Zölle und Steuern finanziert wurde. Dabei war nicht nur die portugiesische Krone als Geldgeber aktiv, sondern auch die großen Handelshäuser wie die Fugger und Welser oder italienische private Handelskonsortien. Schließlich überstieg der private Handelsanteil sogar den staatlichen.

Im 16. und 17. Jahrhundert kam es dann zum Aufstieg Englands und der Niederlande zu Seehandelsmächten. Beide profitierten von dem Rückzug Chinas, das bis ins 15. Jahrhundert hinein die größte Handelsflotte der Welt besessen hatte. Aufgrund von Pest, Naturkatastrophen, Korruption und der Bedrohung durch die Mongolen konzentrierten sie sich auf ihre Binnenwirtschaft, insbesondere die Landwirtschaft. Die Niederlande stiegen sowohl in den Atlantikhandel (v. a. mit Zuckerrohr) ein als auch in den Pazifikhandel. Die Gründung der niederländischen Vereinigten Ostindischen Companie (VOC) im Jahr 1602 bündelte die Aktivitäten. Die Handelskompanie führte in ihrer Organisation Staat, Fernhandel und Bankenwesen zusammen und wurde zu einem wichtigen Machtfaktor in den globalen Handelsnetzen. Sie besaß eine umfas-

Faktorei
Vom 16. bis zum 19. Jahrhundert Bezeichnung für eine (überseeische) Handelsniederlassung europäischer Kaufleute. Die Faktorei organisierte den Handel zwischen den europäischen Handelshäusern und der einheimischen Bevölkerung und verfügte meist über große Lager.

sende kaufmännische Infrastruktur. Hinzu kamen hoheitliche Befugnisse in ihren ostindischen Handelsstützpunkten (u. a. eine eigene Rechtsprechung) sowie eigene militärische Kräfte, um ihr Handelsmonopol notfalls gewaltsam durchzusetzen und die Stützpunkte dauerhaft abzusichern. Zu den wichtigsten Handelsgütern gehörten Zucker, Tee, Kaffee, Pfeffer und Seide. Im 17. Jahrhundert kam es zum Aufstieg **Englands** als weltweit agierende Handelsmacht. Mit der 1600 gegründeten **East India Company (EIC)** erarbeiteten sich englische Kaufleute eine Vorrangstellung im asiatischen Textilhandel. Der Baumwollhandel wurde neben Sklavenhandel und Plantagenwirtschaft zum wichtigsten Teil eines zunehmend weltumspannenden Wirtschaftssystems, in dessen Zentrum europäische Handelskompanien standen.

Globalisierung um 1500?

Der Beginn der **Globalisierung**, verstanden als Prozess der zunehmenden weltwirtschaftlichen Vernetzung und einer damit einhergehenden Angleichung („Konvergenz") der Wirtschaftsregionen auf verschiedenen Ebenen (Wirtschaft, Technik, Produkte, Kultur), wird normalerweise Mitte bis Ende des 19. Jahrhunderts angesetzt. Imperialismus, industrielle Massenproduktion, Freihandel, Einführung des Goldstandards sowie Kommunikationstechniken (Telegraph und Atlantikkabel) sorgten für eine immer engere Vernetzung und Angleichung der Standards. Doch die Experten sind sich einig, dass man auch von einer **Phase der „Proto-Globalisierung"** sprechen kann. Als Ausgangspunkt gelten die europäischen Entdeckungsfahrten und in der Folge die Etablierung der europäischen Dominanz auf dem Weltmarkt. Bis um 1500 gab es verschiedene wichtige Wirtschaftsräume, die zwar miteinander vernetzt waren, jedoch im Prinzip gleichberechtigt nebeneinanderstanden. Außerdem umfasste die „Weltwirtschaft" nur die Kontinente Afrika, Asien und Europa. Die Entdeckung Amerikas und der Beginn eines intensiven Atlantikhandels, der ausschließlich von europäischen Mächten dominiert wurde, bildeten dann den ersten Schritt zur immer weiter anwachsenden globalen Verflechtung. Allerdings kam es noch nicht zu einer weltweiten Anpassung der Märkte (Preise, Löhne etc.).

Webcode:
KH300943-082

1 Tragen Sie auf Basis der Darstellung die Neuerungen in der Wirtschaft des 15. und 16. Jahrhunderts zusammen und erläutern Sie Zusammenhänge zwischen den einzelnen Entwicklungen.
2 Analysieren Sie die Karte M 4 Fernhandelswege (siehe Methodenseiten S. 101 ff.).
3 **Schaubild:** Arbeiten Sie die wichtigsten Akteure im globalen Handel heraus und bestimmen Sie jeweils ihre Motive und Funktion. Erstellen Sie auf Basis Ihrer Ergebnisse ein Schaubild.

Hinweise zur Arbeit mit den Materialien

Das Kapitel 4 setzt sich mit den **Veränderungen der Wirtschaft im 15. und 16. Jahrhundert** auseinander, insbesondere mit der Rolle von Handelshäusern und Handelsmächten beim Aufstieg Europas zur zentralen Wirtschaftsmacht. Zunächst werden Neuerungen in der **Stadtwirtschaft** (M 5 bis M 9) sowie in der **europäischen Geldwirtschaft** (M 10 bis M 12) thematisiert. Anschließend können auf der Basis von Sekundärliteratur und Bildmaterialien die **Vorreiterrolle der italienischen Stadtstaaten** sowie der Familie **Medici** (M 13 bis M 17) erarbeitet werden. Es folgt ein Block zur Rolle der Handelshäuser am **Beispiel der Fugger** (M 18 bis M 23). Zum Einstieg in die Analyse von Veränderungen globaler Handelswege und in die Rolle von Handelsmächten dient ein Text zur Wirtschaftslage in **Asien vor Ankunft der Europäer** (M 24). Es folgen Texte und Bildmaterialien zur **niederländischen Vereinigten Ostindischen Companie (VOC)** sowie zur **englischen East India Company (EIC)**, die dank staatlicher Privilegien und Handelsmonopole zu wichtigen Handelsmächten in Asien und weltweit aufsteigen (M 25 bis M 29). Abschließend finden sich verschiedene Diskussionsbeiträge zur Frage, ob die Globalisierung um 1500 begonnen hat (M 30 bis M 33). Die Methodenseiten (S. 101 ff.) bieten Hilfen für die **Analyse von Geschichtskarten**.
Am Ende des Kapitels finden sich **weiterführende Arbeitsanregungen** und die Möglichkeit, die im Kapitel erworbenen **Kompetenzen zu überprüfen** (S. 104 f.).

Stadtwirtschaft und „Frühkapitalismus"

M 5 Aus der Verordnung über den Zutritt zur Ulmer Leineweberzunft und über das Baumwollweben (1403)

Zünfte waren Vereinigungen von Handwerkern und Handwerkerinnen in der Stadt. Entstanden im 12. Jahrhundert, regelten sie das Arbeitsleben, die Ausbildung und die Produktqualität, aber auch das Alltagsleben der Mitglieder und ihrer Familien. Gegen den Willen der Patrizier erkämpften sich die Zünfte und Zunftmeister im 14. Jahrhundert in zahlreichen Städten eine Beteiligung an der Stadtherrschaft. Erst im 19. Jahrhundert wurden sie – mit Beginn der Gewerbefreiheit – aufgelöst.

Wir Bürgermeister, großer und kleiner Rat der Stadt Ulm setzen fest:

1. Vom heutigen Tag an soll keiner unserer Bürger, der Handwerker ist und in der Stadt wohnt, ihrer Zunft beitreten, und sie [die Leinweber] sollen keinen in ihre Zunft aufnehmen.

2. Allen Bürgern und Bürgerinnen, die seit fünf Jahren bei uns wohnen, gestatten wir, dass ihre Kinder, die das Weberhandwerk lernen wollen, das tun dürfen. Wenn sie die Lehrzeit beendet haben, dürfen die Weber diesen Bürgerkindern ihr Zunftrecht verleihen [d. h. sie in die Zunft aufnehmen].

3. Weiter haben wir festgesetzt und befohlen: Wenn von heute an ein Fremder vom Land oder aus anderen Städten, der ihr Handwerk betreibt, zu uns zieht und Bürgerrecht haben will, soll er von dem Tag an, da er Bürger wird, fünf Jahre lang das Weberhandwerk nicht ausüben und sie [die Weber] sollen ihn auch nicht in die Zunft aufnehmen […].

4. […] Webergesellen, die in der Stadt wohnen und kein Bürgerrecht haben, hilft es nicht, wie lange sie auch hier ansässig sind oder im Handwerk tätig waren. Sie dürfen erst in die Zunft aufgenommen werden, wenn sie fünf Jahre lang das Bürgerrecht besitzen.

5. Kein Geselle darf selbstständig in Ulm arbeiten oder einen Webstuhl betreiben.

6. Wir haben ferner festgesetzt, dass fremde Weber und Weberinnen, die keine Bürger sind, außerhalb der Stadt und im Umkreis von einer halben Meile ihr Handwerk treiben und ihre Erzeugnisse zu unserer Leinwandschau bringen dürfen.

Friedrich Keutgen, Urkunden zur städtischen Verfassungsgeschichte, Nachdruck Aalen 1965, Nr. 287.

M 6 Wirtschaften in der Stadt, Miniaturmalereien aus dem „Hausbuch der Cerruti", um 1500

M 7 Aus der „Reformatio Sigismundi", einer anonymen Reformschrift, über die Zünfte (1439 als Handschrift, 1476 und 1522 als Druck)

Es ist auch zu wissen, dass in den guten Städten, nämlich Reichsstädten, Zünfte sind; die sind nun sehr gewaltig geworden und muss man sich in die Zünfte teuer einkaufen. Sie
5 machen Satzungen unter sich, wie etwa die Städte getan haben. Sie ordnen in vielen Städten den Rat, wie viel aus jeglicher Zunft in den Rat sollen gehen. […] Ist eine Zunft da, die man strafen sollte ihres Handwerks wegen,
10 das sie vollführt, dass es einer Gemeinde in einer Stadt nicht wohl kommt – Metzger, die das Fleisch zu teuer geben, oder Bäcker, die das Brot zu klein backen, oder Schneider, die zu großen Lohn nehmen und dergleichen: von
15 Zünften, die im Rat sitzen und der Stadt und der Gemeinde Treue und Wahrheit geschworen haben, hilft doch mächtig eine Zunft der anderen, als ob ich spräche: „Hilf mir, ich helfe dir desgleichen mit Übersehen." Damit ist
20 dann die Gemeinde betrogen. […] Will man aber wirklich Besserung herbeiführen und haben, dass jeder dem andern treu sei, so schaffe man die Zünfte ab und stelle eine wahre Gemeinschaft und eine unparteiische Gemein-
25 devertretung, einen lauteren Rat her. […] Es ist auch zu wissen ein Arges in Städten und auf dem Land an viel Enden, dass einer mehr Gewerbe treibt als ihm zugehört. Einer ist ein Weinmann und hat dabei Salz feil oder Tuch;
30 einer ist ein Schneider und treibt auch eine Kaufmannschaft. […] Es sind Handwerke darum erdacht, dass jedermann sein täglich Brot damit gewinne, und niemand soll dem andern in sein Handwerk greifen. Da soll man verhü-
35 ten bei kaiserlichem Gebot und vierzig Mark Geldes […].

Gottfried Guggenbühl/Otto Weiss (Hg.), Quellen zur allgemeinen Geschichte des Mittelalters, Zürich 1946, S. 282 f.

1 Erläutern Sie, welche Ziele die Zünfte verfolgten und welche Vorstellungen einer Wirtschaftsordnung sich darin zeigen (M 5 und M 7).
2 Beschreiben Sie die in den Miniaturen dargestellten Wirtschaftsformen (M 6).
3 Diskutieren Sie über Leistungen und Grenzen der „zünftigen" Wirtschaftsordnung und vergleichen Sie mit der heutigen Zeit.

M 8 Eine neue Wirtschaftsmentalität? – Korrespondenz einer Ravensburger Handelsgesellschaft (um 1450)

Die Ravensburger Handelsgesellschaft war ein Zusammenschluss von Kaufleuten aus den Reichsstädten in Oberschwaben und am Bodensee. Sie umfasste um 1450 etwa 70 bis 80 Gesellschafter. Mit ihrem breiten Warensortiment beherrschte sie den Handel mit Südwesteuropa;

Bank- und Geldgeschäfte betrieb sie nicht. Hier Auszüge aus den Schreiben der Geschäftsleitung an die Vertreter in Spanien, Frankreich und den Niederlanden.

[Über den Verkauf von Safran:]
- Da seid nun daran, dass er flugs hinauskomme. Fändet ihr einen, der sogleich damit bis Nürnberg (von Lyon) durchfahren würde, das wäre die Kunst. Denn, wer als Erster wird vor Ort sein, der wird das Seine schaffen.
- Kehret allen Fleiß vor, damit ihr das Geld nicht schlafen lasst; denn wie wenig man gewinnt, es ist besser, als es schlafen zu lassen.
- Alte Ware schiebt von der Hand, sei es mit Gewinn, sei es um Hauptgut, denn je länger alte Ware liegt, je böser es wird.
- Verhaltet euch zuvorkommend zu unseren Kunden und seid nicht zu hart im Verkaufen, besonders wenn man Gewinn macht.
- Uns dünkt, dass ihr etliche neue Kunden sehr beladen habt. [...] Und das Größte, das uns wunder nimmt, dass ihr das Gut zu gleichem Preis denen gegeben habt, die nie von uns gekauft haben. [...] Ist früher nie gewesen, denn damit macht Ihr [...] die besten [Kunden] unlustig. [...] Und, liebe Freunde, seht darein; seid nicht so gierig, viel zu verkaufen und dass es richtig sei.
- Doch sei nicht zu hitzig beim Verkaufen, dass du uns keine bösen Schulden machst, denn die Gewinne sind sonst schmal, und mit einer bösen Schuld wäre der Gewinn eines halben Jahres weg.
- Borget niemanden etwas, Ihr habt denn Sicherheit.

[Über die Behandlung von Lehrlingen und jungen Kaufleuten:]
- Darum, so tue jedermann sein Bestes, und Ihr jungen Leute seit Euren Obern gehorsam und willig in allen redlichen Sachen. So sollt Ihr Alten ihnen auch ein rechtes Vorbild tragen in allen Dingen, es sei mit Frauen, Kleidung, Zehrung. Dann seid Ihr schuldig, die Jungen zu unterweisen mit Rechnungen, Briefe abschreiben lassen. Heißt sie an Feiertagen in das *Scriptori* sitzen und rechnen, Briefe lesen, nicht dass sie spazieren gehen. Ist unsere ernstliche Meinung. Wer aber nicht gehorsam sein wollte, den sendet heraus; denn wir wollen es nicht leiden. Wer sich wohl anlässt, den braucht zu Großem; wer aber nicht will, den lässt man einen Esel sein. Du, Jung Hillesun, uns dünkt, Du seiest gar lass [= faul]. Hans Hinderofen, blase ihm den Staub von den Ohren. Wo denkst Du hin, was meinst Du, dass aus Dir werde, willst Du nicht emsig sein? Sei es bei Tag und Nacht, so wird ein rechter Mann aus Dir. Ihr habt viele junge Leute drinnen, die unterweisen mit Treue, so kann man Euch desto besser schonen und dann eine Weile herauslassen.

Aloys Schulte, Geschichte der Großen Ravensburger Handelsgesellschaft 1380–1530, Bd.1, Franz Steiner, Wiesbaden 1964, S. 125–128 und 141f.

M 9 Eine Stellungnahme des Reichstags zu Trier und Köln zu Handelsgesellschaften (1512)

Zu Beginn des 16. Jahrhunderts beschäftigen sich die Reichstage, zu der Zeit eine Ständeversammlung der Fürsten, Grafen, freien Herren sowie der Reichs- und Bischofsstädte, regelmäßig mit Beschwerden über die Aktivitäten der Handelshäuser.

In den letzten Jahren sind im Reich viele Handelsgesellschaften entstanden. Auch etliche Einzelpersonen haben es darauf angelegt, allerlei Waren und Kaufmannsgüter wie Gewürze, Erze, Wolltuche und dergleichen mehr an sich zu bringen, um sie zu überhöhen, allein von ihnen festgelegten Preisen zu ihrem Vorteil zu verkaufen. Damit fügen sie dem Reich und all seinen Ständen erheblichen Schaden zu und verstoßen gegen geschriebenes kaiserliches Recht und die guten Sitten. Zur Förderung des gemeinen Nutzens haben wir deshalb angeordnet, [...] dass derartig schändliches Tun hinfür verboten ist und dass niemand solche Geschäfte betreiben soll. Wer es trotzdem tut, dessen Hab und Gut sollen konfisziert und der Obrigkeit übergeben werden. [...] Doch heißt das nicht, dass Kaufleute sich nicht zu Handelsgesellschaften zusammenschließen und Waren kaufen und verkaufen dürfen, wo es ihnen beliebt. Verboten ist nur, dass jemand eine Ware ausschließlich in seine Hand bringt und den Preis nach seinem Belieben festsetzt oder vom Verkäufer fordert, Waren nur ihm zu verkaufen oder andernfalls zu behalten. Sollten die Kaufleute ihre Waren aber unziemlich verteuern, so soll jegliche Obrigkeit dagegen vorgehen und für den Verkauf zu angemessenem Preis sorgen.

Adolf Wrede (Bearb.), Deutsche Reichstagsakten unter Kaiser Karl V., Bd. 2, Vandenhoeck & Ruprecht, 2. Aufl., Göttingen 1962, S. 351 f.

1 Beschreiben Sie auf der Basis von M 8 und M 9 die Form des Wirtschaftens der Handelsgesellschaften.
2 Vergleichen Sie mit den Zielen und Regeln der Zünfte (M 5 und M 7).
3 Arbeiten Sie die Neuerungen heraus, die durch die Handelsgesellschaften entstehen.

Entwicklung der europäischen Geldwirtschaft

M 10 Der Historiker Hans-Georg Hofacker über Adam Ries (2001)

„2 mal 2 sind nach Adam Riese 4" – jeder kennt diese Redensart aus den Anfängen des Rechenunterrichts. Doch wer war Adam Ries? 1522 erschien eines der einflussreichsten Bücher der Neuzeit: das Rechenbuch von Adam Ries (1492–1559). Der Autor betrieb in Erfurt eine Rechenschule und wollte mit seinem Werk sowohl seine Schüler als auch alle, die mit Zahlen zu tun hatten, in das „moderne" Rechnen einführen. Modern, das war das Rechnen mit Ziffern. Nur kurz behandelte er deshalb das „Linienrechnen", d. h. die mittelalterliche Version des Rechenbretts (= Abakus). Dazu dienten Rechentische und -tücher mit einem Linienschema, das mit dem römischen Zahlensystem kompatibel war. Selbst Analphabeten konnten damit einfache Aufgaben lösen, wenn sie nur das kleine Einmaleins beherrschten. Für kompliziertere Rechenoperationen genügte dieses System aber nicht mehr, wenngleich sich bis heute Redewendungen aus dieser Rechenmethode erhalten haben: Wir sprechen von „Rechnungslegung". Oder man spricht vom „grünen Tisch", an dem praxisferne Entscheidungen getroffen werden, denn das war der Tisch, über den das grüne Rechentuch mit den eingestickten Linien gebreitet wurde. [...]

Gelehrte und oberitalienische Kaufleute rechneten schon seit dem Hochmittelalter mit den aus dem indisch-islamischen Kulturkreis stammenden Ziffern und der Null im dezimalen Stellensystem. Doch es gab erheblichen kulturellen Widerstand gegen die Verwendung dieser „heidnischen" Ziffern. Und die Null war vielen einfach suspekt: Sie besaß keinen eigenen Wert, konnte aber, wenn sie einer Ziffer rechts zugesetzt wurde, deren Wert erhöhen; aus einer 2 wurde eine 20.

Riesens Rechenbuch markiert den Durchbruch der neuen Rechenmethode mit arabischen Ziffern. Es führt zunächst in die Grundrechenarten ein, dann folgen Bruchrechnungen und der Dreisatz. Wer in Handwerk und Handel komplizierte Berechnungen durchzuführen hatte, fand hier Musteraufgaben aus allen Bereichen des damaligen Wirtschaftslebens. Ries zeigte, wie man Währungen und Gewichte umrechnete, die ja von Region zu Region verschieden waren, und er führte vor, wie man Preise, Frachtkosten, Zinserträge, Gewinn und Verlust in der neuen Rechenmethode kalkulierte.

Das Lehrbuch war das Werk eines Praktikers für künftige Praktiker. Nach seinem Umzug in die sächsische Bergbaustadt Annaberg (1522/23) nahm Ries verantwortungsvolle Aufgaben in der Buchführung und der Rechnungslegung der Silbergruben wahr und betrieb weiterhin eine Rechenschule. Im deutschen Sprachraum wurde sein Rechenbuch neben der von Luther übersetzten Bibel zu einem der großen Bucherfolge der Frühen Neuzeit.

Hans-Georg Hofacker, Europa und die Welt um 1500, Cornelsen, Berlin 2001, S. 56.

1 Skizzieren Sie mit eigenen Worten, wie die Einführung der arabischen Zahlen die Buchführung revolutionierte.

M 11 Der Geldwechsler, Buchmalerei von Marco dell'Avogadro, 15. Jh. (Ausschnitt)

M 12 Der Historiker Erich Maschke schreibt über den Wandel am Ende des 15. Jahrhunderts in Europa (1974)

Eben im Geld- und Kreditwesen kam es zu der Neuerung, die das städtische Leben am Ausgang des Mittelalters am intensivsten veränderte. Die Geldwirtschaft hatte sich allgemein
5 durchgesetzt. Damit vollzog sich ein geistiger Wandel von solcher Wirksamkeit, dass er stärker als alle Widerstände war. Weithin verbreitete sich ein geldwirtschaftliches Denken, das auf Gewinne in Form von Geld zielte. Die Mög-
10 lichkeit, Geld gewinnbringend anzulegen, war im Immobilienbesitz, im Handel, dem Kreditwesen, der gewerblichen Produktion und dem Transportwesen gegeben. Die außerordentliche Verbreitung solcher Kapitalanlagen auch geringen Umfangs und die hohe Kapitalkon-
15 zentration waren dabei zwei neue Erscheinungen, die das Wirtschaftsleben gegen Ende des Mittelalters und darüber hinaus maßgeblich bestimmten. Sie waren mit einer Erhöhung der Risikobereitschaft in breiten Bevöl-
20 kerungsschichten verbunden. [...]
Die Form der Kapitalgesellschaft erlaubte die stille Teilhaberschaft von Nichtkaufleuten, nicht nur von Angehörigen des Adels oder des gehobenen Bürgertums, sondern auch von
25 kleinen Leuten. In Augsburg gab es gegen Ende des 15. Jahrhunderts Dienstmägde, die kleine Beträge von 10 Gulden in die Handelsgesellschaft der Höchstätter einlegten. [...]
In der geldwirtschaftlich orientierten Ge-
30 sellschaft der spätmittelalterlichen Stadt war die Vermögenshöhe das Kriterium der Geltung und des Ansehens. Doch gerade die Polarisierung der Gesellschaft, durch welche zunehmend Arme und Reiche ohne starke
35 vermittelnde Zwischenglieder einander gegenübergestellt wurden, löste Veränderungen im sozialen Bewusstsein aus, die ihrerseits nicht selten Aktivitäten zur Folge hatten. Weiterhin eingebettet in die christliche Glau-
40 bensordnung, brach angesichts der außerordentlichen Kapitalkonzentration eine neue Bewusstseinslage durch, in der die soziale Lage als solche wesentlich wurde und weithin kritisch diskutiert werden konnte. Ganz allge-
45 mein wird der Umfang dieser Veränderung unter anderem sichtbar in der veränderten Wertung von Armut und Arbeit. Hatte die christliche Caritas Jahrhunderte hindurch jedem Armen, der um ein Almosen bat, gehol-
50 fen, so wurde jetzt zwischen verschuldeter und unverschuldeter Armut unterschieden.

Erich Maschke, Deutsche Städte am Ausgang des Mittelalters, in: Die Stadt am Ausgang des Mittelalters, hg. von Wilhelm Rausch, Wimmer, Linz 1974, S. 6–17.

1 Erläutern Sie, inwieweit der Frühkapitalismus die Gesellschaft an der Schwelle zur Neuzeit nach Maschke (M 12) verändert hat.
2 **Mindmap:** Erstellen Sie ausgehend von M 7 bis M 12 und der Darstellung, S. 75 ff., eine Mindmap zum Thema „Frühkapitalismus".

Die italienischen Stadtstaaten und die Medici als Vorreiter

M 13 Der Historiker Giulianco Procacci schreibt über die oberitalienischen Seestädte (1983)

Doch Bedeutung und historische Wirkung der italienischen Seestädte erschöpften sich nicht in ihren militärischen Unternehmungen und dem Beitrag, den sie zur Durchsetzung der
5 abendländischen Hegemonie in Politik und Handel des Mittelmeerraumes leisteten. Amalfi, Pisa, Genua und Venedig haben auch und vor allem die Tore geöffnet (oder vielleicht besser: die Fühler ausgestreckt), durch
10 die die bis dahin isolierte und ganz auf sich selbst bezogene abendländische Welt in dauerhaften Kontakt mit dem Osten treten und sich allmählich dessen kulturelle Leistungen zu eigen machen konnte. Die Seestädte wur-
15 den sozusagen zum Vermittler zwischen den Kulturen. Die arabischen Ziffern, die die kaufmännische Rechnungsführung revolutionieren sollten, wurden im Abendland von dem Pisaner Leonardo Fibonacci, dem Autor des
20 „liber abbaci", um die Wende vom 12. zum 13. Jahrhundert eingeführt. Die Bewohner von Amalfi machten sich den Kompass, der bei den Arabern bereits bekannt war, zunutze, und das „lateinische" Segel der Kreuzfahrer-
25 schiffe kam in Wirklichkeit aus Byzanz oder Syrien. [...]
    Intellektuell und technisch allen anderen weit überlegen, waren die italienischen Seestädte auch die Ersten, in denen sich Form
30 und Ordnung der städtischen und bürgerlichen Selbstverwaltung sehr früh herausgebildet haben. Bereits im 8. Jahrhundert hatte sich in Venedig die Rolle des Dogen vom Würdenträger des oströmischen Reiches zum unab-
35 hängigen Stadtoberhaupt gewandelt. Im 12. Jahrhundert wurden die Wahlverfahren und die Machtbefugnisse seines Amtes genau festgelegt. Um diese Zeit bereits übte die kaufmännische Aristokratie, vertreten durch den
40 *Maggior Consiglio* (Großen Rat) die Entscheidungsgewalt in der Stadt unangefochten aus. In Pisa datiert die erste Erwähnung der Konsuln aus dem Jahre 1080; ihr Auftauchen bezeichnet zugleich den Niedergang der bischöflichen und feudalen Macht.
45

Zit. nach: Rainer Beck (Hg.), Streifzüge durch das Mittelalter. Ein historisches Lesebuch, C. H. Beck, 5. Aufl., München 2001, S. 189ff.

M 14 Hafen von Venedig, Ölgemälde von Vittore Carpaccio (1460–1526), o. J.

M 15 Der Historiker und Journalist Marcel Hänggi über den Finanzplatz Florenz im 14. Jahrhundert (2008)

Der Aufstieg von Florenz zum Bankenzentrum
Es war eine harte Zeit. Damals, in Florenz. Zwischen 1343 und 1346 machten dort die drei größten Finanzdienstleister der damaligen Welt Bankrott. Die Pleitiers waren im 14. Jahrhundert die mächtigsten Bürgertums-
5 familien in Florenz: die Bardi, die Peruzzi und die Acciaiuoli. Sie besaßen riesige multinationale Konzerne. Sie waren Teilhaber der Florentiner Textilmanufakturen und -handelshäuser, hatten Filialen an allen wichtigen
10 Handelsplätzen der christlichen Welt – und betrieben das Geldgeschäft fast nebenbei.
    Florenz war im 13. Jahrhundert zu Europas Finanzplatz Nummer eins aufgestiegen. Der seit 1252 geprägte Goldflorin, die örtliche
15 Währung, war die härteste jener Tage. Im Handel wie auch in der Finanzwirtschaft eroberten die Florentiner Spitzenpositionen: Um 1300 überholten sie die flämische Konkurrenz im Textilgeschäft, im Jahr 1307 dann lie-
20 ßen sie den bisherigen Marktführer im inter-

nationalen Zahlungsverkehr hinter sich: den Ritterorden der Templer. Diese Beschützer der Jerusalempilger [...] waren ebenfalls im Finanzgeschäft aktiv und hatten, wenn man so will, den Travellerscheck erfunden – einzahlen in Westeuropa, Bargeld beziehen in Jerusalem. [...]

In dieser Zeit gewann die Geldwirtschaft gegenüber der Naturalwirtschaft an Bedeutung. Im Hundertjährigen Krieg ab 1337 setzten Könige erstmals im großen Stil Söldner ein, die sie in bar (und mit dem Freibrief zum Plündern) entlohnten, während zuvor hauptsächlich Ritter aufgrund ihrer Feudalpflichten die Kriege ausgetragen hatten. Solche Kriege, aber auch eine immer aufwendigere Hofhaltung zwangen die Territorialherren, sich mit Finanzfachleuten zu umgeben. Adlige waren sich zu gut dafür, daher übernahmen Bürgerliche wie die Florentiner Kaufleute diese Aufgabe [...]. Der Frühkapitalismus des 14. Jahrhunderts war ein ebenso entfesselter wie der Kapitalismus heutiger Tage: mächtige Monopole und Oligopole[1], Spekulationsblasen, Streiks (unter anderem in der Florentiner Textilindustrie), die erste Arbeiterrevolution (der Ciompi-Aufstand von Florenz, 1378 bis 1382), spektakuläre Konkurse. [...]

Ursachen und Folgen der Finanzkrise
Ausschlaggebend für den Untergang der Banken dürfte das politische Engagement in ihrer Heimat gewesen sein. Die Finanzinstitute unterstützten Kriege ihrer Stadtrepublik in der Nordtoskana, was teuer war und nichts einbrachte.

Dazu kam das Wirtschaftsgebaren des politischen Verbündeten, aber wirtschaftlichen Rivalen Venedig – einer Wirtschaftsgroßmacht, die ihren Reichtum auch der Währungsspekulation verdankte. Währungsspekulation bedeutete damals: das Ausnutzen von Kursschwankungen zwischen Gold und Silber. So konnten die venezianischen Kaufleute Riesengewinne schreiben, selbst als die Realwirtschaft[2] stagnierte oder schrumpfte. Für die Florentiner mit ihrem schönen Goldflorin ging das so lange gut, wie der Goldpreis stieg, nämlich bis 1325. Danach sank der Kurs gegenüber dem Silber, binnen zweier Jahrzehnte von fünfzehn zu eins auf neun zu eins.

[...] Mit dem Fall der Häuser der Bardi, Peruzzi und Acciaiuoli verlor Florenz seine führende Stellung im Finanzgeschäft ans nahe Lucca. [...] Die Clans indessen konnten sich, manchen Managern heutiger Tage gleich, retten: Zwei der reichsten Familien im Florenz der 1350er-Jahre hießen Bardi und Peruzzi.

Marcel Hänggi, Parvenüs ihrer Zeit. Finanzplatz Florenz: Riskante Spekulationsgeschäfte brachten schon im 14. Jahrhundert die größten Banken zu Fall, in: Die Zeit, 25. Sept. 2008, S. 36.

1 Oligopol: Form des Monopols, bei der der Markt von wenigen Großunternehmen beherrscht wird
2 Realwirtschaft: der Teil der Wirtschaft, der nicht zum Finanzsektor zählt (der „reale" Produkte erstellt)

M 16 Der Historiker Volker Reinhardt über die Geschichte der Medici (2013)

In den ersten beiden Dritteln des 15. Jahrhunderts sind geschäftlicher und politischer Erfolg der Medici aufs engste verflochten. Die Umsetzung von Reichtum in Einfluss, später Macht, ist somit das erste große Transformationsunterfangen der Familiengeschichte.

In Angriff genommen wird es – in für Medici typischer Union der Generationen mit reibungsloser Rollenverteilung – von Giovanni und seinen Söhnen Cosimo und Lorenzo. Diese Ummünzung von Geld in Status war kein automatischer Vorgang, sondern ein vielschichtiger Prozess, in dem es letztlich darum ging, den stärkeren Teil der Ober- und einen gewichtigen Ausschnitt der Mittelschicht an die Interessen des Hauses zu binden. [...]

Schufen die römischen Geschäfte [mit dem Papst] mit ihren hohen Gewinnspannen die vorerst unerschütterliche wirtschaftliche Basis der Bank, so erfolgte die Ummünzung des Gewinns in sozialen und politischen Einfluss in Florenz, wo die Firma, wie schon ihre viel größeren Vorläufer als Depositenbank, im Wechsel von Valuta und im Kreditgewerbe tätig war. Prekäre wirtschaftliche Rahmenbedingungen und ein aufgrund kriegerischer Verwicklungen immer unersättlicher Fiskus mussten die Medici-Bank zu einer unverzichtbaren Anlaufstation werden lassen; ihre

30 Kredite hafteten nicht nur gegen den Verlust der Amtsfähigkeit als Folge von Steuerschulden, sondern, etwa durch Finanzierung von Mitgiften, auch bei der Behauptung von sozialem Status. Solche Darlehen aber brachten sowohl
35 Zinsen als auch gute Dienste ein.

Dieses Prinzip galt auch außerhalb von Florenz. Die durch geliehenes Geld angebahnten oder vertieften guten Beziehungen zu auswärtigen Mächten werden die Medici-Herrschaft
40 immer wieder stützen [...].

Volker Reinhardt, Die Medici, C. H. Beck, 5. überarbeit. Aufl., München 2013, S. 20 und 26 f.

M 17 Lorenzo de Medici, Herzog von Urbino, Ölgemälde von Raffael, 1518

1 Erläutern Sie die Gründe für die wirtschaftliche Vorreiterrolle der oberitalienischen Städte (M 13 und M 14).
2 Skizzieren Sie den wirtschaftlichen Aufstieg der Stadt Florenz (M 15).
3 **Referat:** Informieren Sie sich über den Lebenslauf von Giovanni, Cosimo oder Lorenzo Medici und präsentieren Sie die Ergebnisse in einem Referat (M 16).
4 Vergleichen Sie die Darstellung von Lorenzo de Medici (M 17) mit dem Porträt des Kaufmanns Georg Gisze (M 3), S. 79.

Macht und Einfluss von Handelshäusern am Beispiel der Fugger

M 18 Aus einer Chronik des Hauses über Jakob Fugger (1599)

1367 wanderte der Weber Hans Fugger mit seiner Familie nach Augsburg, die sich dort auf den Tuchhandel verlegte. Eine Generation später erhielten die Fugger bereits einen Sitz im Rat der Stadt. Durch Jakob Fugger (1459–1525) stieg die Fuggersche Handelsgesellschaft zu Weltgeltung auf; ihr Vermögen bezifferte sich inzwischen auf ca. 2 Millionen Gulden. 1511 wurden die Fugger als Grafen in den Reichsadel erhoben.

Herr Jakob Fugger ist geboren anno 1459 am 6. März und ist durch seinen Herrn Vater mit seinen Präzeptores erstlich zum Studium angehalten und letztlich geistlich und durch päpstliche Heiligkeit ein Domherr zu Herrieden in Franken, das zum Bistum Eichstätt gehört, geworden. Er hat aber diesen geistlichen Stand auf Betreiben seiner Brüder wiederum abgelegt, seine Pfründe aufgegeben und ist in
10 den Fuggerschen Kaufhandel eingetreten. Er wurde zuerst von seinen beiden Brüdern Ulrich und Georg in das Fuggersche Lager zu Venedig geschickt, woselbst er etliche Jahre geblieben und sich des Handels so wohl
15 angenommen, dass er wiederum durch seine Brüder ist nach Augsburg berufen worden und sich daselbst mit einer schönen Jungfrau, Sibilla Artztin, anno 1498 am 20. Januar ehelich vermählt, welche aus einem gar alten Ge-
20 schlecht in der Stadt Augsburg geboren war. Er hat aber in seinem ehelichen Stand, in welchem er 27 Jahre gelebt, keine Kinder erzeugen mögen. Er hat den Fuggerschen Namen an Ehren und Gut sehr hoch gebracht, denn er hat
25 sich vorgenommen, den vorigen Handel mit Spezerei, Seiden und Wolle nicht mehr zu führen, sondern begab sich auf Bergwerke und Wechsel, zu welchen die Herren Turzo, welche in dem Reich Ungarn und Polen bei den Köni-
30 gen in großem Ansehen und den Fuggern durch Schwagerschaft verwandt waren, ihm treffliche Förderung bewiesen. Den ganzen Kupferkauf in dem alten und neuen Soll samt der königlichen Handlung in der Grafschaft
35 Tirol hat er all angenommen und mit gutem

Glück viele Jahre gar stattlich verrichtet. In Kärnten hat er ein Bleibergwerk gebaut und daselbst ein Kastell und Schloss errichtet, die Fuggerei genannt. Bei dem römischen Kaiser Maximilian, auch König zu Ungarn und Polen, wie auch bei allen Kur- und Fürsten in den deutschen Landen ist er seiner höfischen Art wegen sehr geliebt worden und zu großem Ansehen gekommen. Viele Graf- und Herrschaften, Schlösser, Dörfer und Flecken hat er an sich und an den Fuggerischen Namen gebracht und auch von neuem auferbauen lassen und erweitert.

Christian Meyer (Hg.), Chronik der Familie Fugger vom Jahr 1599, Selbstverlag, München 1902, S. 26 f.

M 19 Jakob Fugger mit seinem Buchhalter Matthäus Schwarz, Miniatur, nachträglich koloriert, 1519

1 Erarbeiten Sie anhand der Person Jakob Fuggers (M 18 und M 19) ein Persönlichkeitsprofil von Fernhandelskaufleuten (siehe auch Darstellung S. 79 f.).

M 20 Aus einem Vertrag der Fugger und anderer Handelshäuser über gemeinsamen Kupferhandel (Anfang 16. Jh.)

Sigmund Gossembrot, Ulrich Fugger, Horg Herwart, jeder für sich, seine Gesellschaft und Brüder, die ausstehende Summe Schwazer[1] Kupfer, die ihnen die Gesellschaft Baumgartners noch überantworten soll, herrührend von wegen der K.M.[2], welche Summe bringt etwa 960 Meiler[3] Kupfer, sollen die oben genannten zusammenlegen. Weiter sollen Hans Baumgartner und Hans Knoll und ihre Gesellschaft oder Partner 800 Meiler Schwazer Kupfer hinzulegen. Auch sollen Ulrich Fugger und Gebrüder 800 Meiler [...] Kupfer aus Ungarn hinzulegen [...] und man ist einhellig einig geworden, dass solche drei Summen Kupfer, das zusammen in einer Summe 2 560 Meiler bringt, allein durch eine Hand in Venedig verkauft werden sollen, nämlich durch Ulrich Fugger und Gebrüder. [...] Es sollen auch die genannten Gossembrot, Baumgartner und Knoll, Herwart und Fugger, jeder zusammen mit seiner Gesellschaft sowie Brüdern und Partnern kein Kupfer außerhalb dieses Vertrages in Venedig verkaufen.

Nach: Gisela Möncke (Hg.), Quellen zur Wirtschafts- und Sozialgeschichte mittel- und oberdeutscher Städte, Wiss. Buchgesellschaft, Darmstadt 1982, S. 389–391.

1 Schwaz in Tirol war der Hauptort des Kupferabbaus.
2 K.M. = Königliche Majestät, hier Maximilian I. Über Maximilian hatte Jakob Fugger 1496 zusammen mit Herwart und Gossembrot einen großen Schwazer Kupferkauf getätigt.
3 960 Meiler = 9600 Zentner

M 21 Der Historiker Michael North über die Rolle der Fugger beim europäischen Edelmetallimport aus Amerika (1994)

Wie verbreitete sich das amerikanische Silber in Europa? Das wichtigste Medium [...] war natürlich der Handel. Die allseits negative Bilanz Kastiliens im Handel mit Italien, Frankreich, den Niederlanden und England bewirkte die Edelmetallausfuhr in diese Länder. [...]

Ein weiterer wichtiger Faktor für die Verteilung des amerikanischen Silbers in Europa waren der aus Krieg und Politik entstehende Finanzbedarf des Kaisers oder der spanischen Krone.[1] Diese verfügten zwar über die Edelmetallvorräte der Neuen Welt, waren aber nicht in der Lage, das Silber dann zu mobilisieren, wenn es irgendwo in Europa benötigt wurde. Die spanische Silberflotte verkehrte nämlich nur einmal im Jahr [...]. Die Mobilisierung der spanischen Edelmetalle übernahmen daher oberdeutsche Handelshäuser wie die Fugger und Antwerpener Firmen wie die Schetz sowie vor allem die Genueser Bankiers. Sie schlossen mit der spanischen Finanzverwaltung einen Vertrag (den sog. *asiento*) und verpflichteten sich beispielsweise, der spanischen Krone in Antwerpen während des niederländischen Aufstands eine bestimmte Summe Bargeld vorzuschießen [...]. Der Bankier oder *asientista* transportierte nun aber nicht etwa Münzgeld nach Antwerpen, sondern versuchte möglichst viele Wechsel zu kaufen, die in Antwerpen fällig wurden [...].

Wie die Edelmetalltransfers von Spanien nach West- und Mitteleuropa im Einzelnen vor sich gingen, zeigt ein Beispiel aus den 1550er-Jahren. 1552 gab die Krone die Erlaubnis, im Rahmen des Asiento 200 000 Ducados auszuführen. Der Faktor des Handelshauses der Fugger in Sevilla, Christoph Raiser, war beauftragt, die Ausfuhr zu organisieren. Er trug die Hälfte dieser Summe in Gold- und Silberbarren zusammen und schickte diese in 56 Kisten mit Maultieren nach Cádiz, wo die spanische Flandernflotte vor Anker lag. Per Schiff wurde das Edelmetall dann nach Seeland befördert und dort dem Antwerpener Fugger-Faktor Matthäus Örtel übergeben. Über die niederländischen Münzstätten wird das Metall schließlich in den europäischen Geldumlauf gelangt sein. Gewöhnlich berechnete der Augsburger Fugger-Buchhalter Matthäus Schwarz anhand der Prägekosten und des lokalen Silberpreises genau, auf welchem Edelmetallmarkt (Genua, Florenz, Mailand, Venedig, Rom, Antwerpen und Nürnberg) das Silber mit dem größten Gewinn in Verkehr gebracht werden konnte.

Michael North, Das Geld und seine Geschichte, C. H. Beck, München 1994, S. 79 f.

---

[1] Der Habsburger Kaiser Karl V. (Reg. 1519–1556), der über weite Teile Mitteleuropas regierte, war auch König von Spanien.

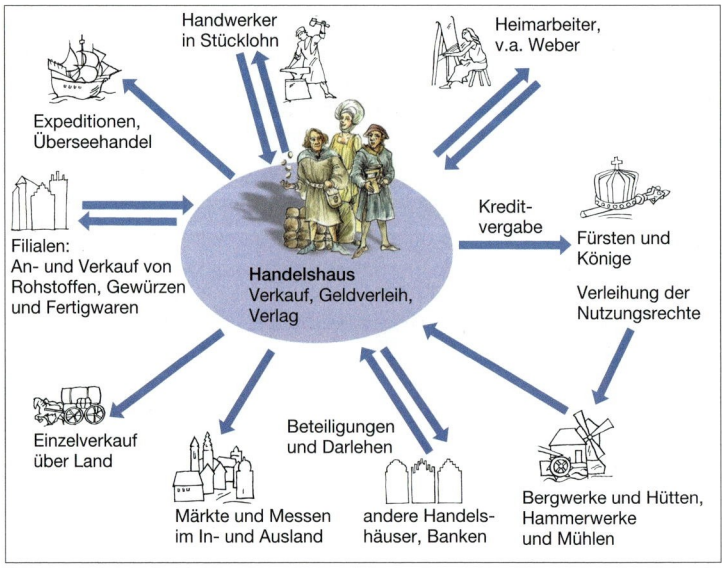

M 22 Die wirtschaftlichen Verflechtungen einer frühkapitalistischen Handelsgesellschaft

M 23 Niederlassungen und Fernverbindungen des Bank- und Handelshauses der Fugger zu Beginn des 16. Jahrhunderts

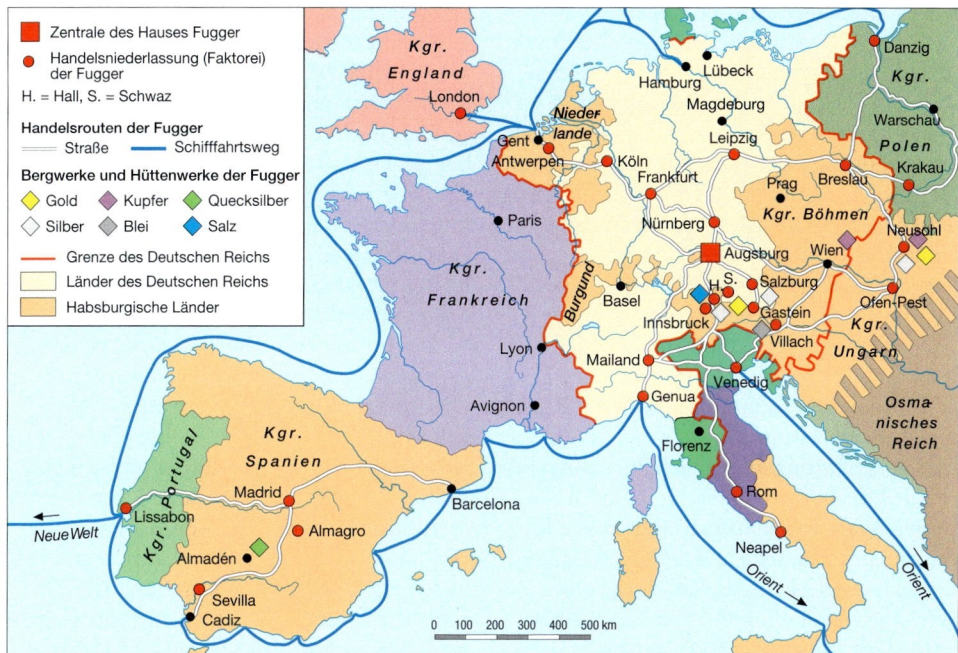

1. Skizzieren Sie mithilfe von M 18 bis M 23 Art und räumliche Ausdehnung der Tätigkeiten der Fugger.
2. Erläutern Sie mithilfe von M 23 die Grundzüge der Wirtschaftsweise eines Handelsunternehmens um 1500 und arbeiten Sie die wirtschaftlichen Abhängigkeiten heraus.
3. Diskutieren Sie, inwieweit das Fernhandelshaus der Fugger „modern" war. Vergleichen Sie mit einem heutigen Unternehmen.

Handelsnetze in Asien vor Ankunft der Europäer

M 24 Ein Historikerteam schreibt über den ostasiatischen Handelsraum im 15. Jahrhundert (2008)

Politische Strukturen
Diese Welt zwischen dem Kap der Guten Hoffnung und Japan, auf die seit 1498 die Portugiesen und später Spanier, Niederländer und Briten trafen, war vielfältig und keinesfalls statisch. […]

Sowohl den hinduistischen Fürsten und Aristokraten des [indischen] Südens als auch den islamischen Herrschern im Norden [Indiens], deren Kriegstüchtigkeit außer Frage steht, ging es infolge des Binnenlandcharakters ihrer Reiche zumeist etwas mehr um Macht über Land und Leute als um die Kontrolle des Meeres- und Fernhandels; ein Umstand, der später Portugals friedliche Koexistenz mit Vijayanagar und dem Mogul-Reich [im Norden Indiens] ebenso zu erklären hilft wie die portugiesischen Expansionserfolge an der Küste von Gujarat. Selbst die Machthaber der Hafenstädte haben kaum einmal versucht, den Handel mit Waffengewalt zu beeinflussen, da die Kaufleute im Rahmen des gut funktionierenden „Freihandelssystems" des Indischen Ozeans einfach ausgewichen wären. […] Zum zentralen Stapelplatz des Indonesischen Archipels [wurde …] Malakka. Malakka wurde das typische Beispiel eines nach außen orientierten Stapelhafens [Emporion], der keine nennenswerte eigene Produktion aufwies, mehr oder minder von indischem, chinesischem und javanischem Kaufmannskapital beherrscht wurde und in der Nahrungsmittelversorgung auf Java, Siam und andere Exportgebiete angewiesen war. [...] Malakka war um 1500 zum reichsten und mächtigsten Sultanat der malaiischen Halbinsel, zum wichtigsten Markt für die Gewürze der Molukken und zur Drehscheibe des Handels zwischen Indischem Ozean und Ostasien geworden. Am Vorabend der portugiesischen Eroberung soll die Stadt zwischen 50 000 und 100 000 Einwohner gezählt haben. [...]

Die riesige Region [um den Indischen Ozean] wurde weder von einer politischen Vormacht beherrscht noch von einer verbindenden Kultur bestimmt. Vielmehr handelte es sich um ein vielgesichtiges Handelssystem in der Überschneidungszone von vier bis fünf großen Zivilisationen, wo ein halbes Dutzend großer Stapelhäfen einerseits die Geschäftsbeziehungen zwischen etwa 50 kleineren Küstenstädten vermittelte und andererseits die Kontakte zu den landeinwärts gelegenen Drehscheiben des Binnen- und Karawanenhandels herstellte. In allen Häfen gab es [...] gegen relativ geringe Schutzgebühren sichere Lagerplätze für die Waren, Finanzinstitutionen und Marktinformationen. [...]

Innerhalb dieses von China bis zum Roten Meer reichenden Emporionhandels sank die Bedeutung der einstmals mächtigen arabischen und persischen Händlergruppen seit dem 11. und verstärkt seit dem 14. Jahrhundert gegenüber ihren indischen Konkurrenten: vielfach ebenfalls Muslime, aber auch Hindus, Juden und sogar Christen. [...]

Warenströme und Handelsrouten
Manche Vorstellungen über Warenströme und Warenstruktur des asiatischen Fernhandels [bedürfen] der Revision. Zu stark ist in älteren Standardwerken der Luxusfernhandel gegenüber den Massentransporten betont worden – wenngleich auch die neuere Forschung die Bedeutung des Pfeffer- und Gewürzhandels durchaus anerkennt. Gerade die zentralen Handelsrouten zeichneten sich durch die Tätigkeit von Händlern verschiedener Herkunft, durch differenzierte Geschäftspraktiken und eine vielfältige Warenpalette aus, die viele Massen- und Alltagsgüter umfasste.

Die meistfrequentierten innerasiatischen Handelsverbindungen um 1500 führten östlich von Malakka nach China, zu den indonesischen Exporthäfen auch nach Japan; westlich von Malakka nach Bengalen, an die Koromandel- und Malabarküste und insbesondere nach Gujarat. Von Gujarat mit Cambay als wichtigstem Hafen, und ebenso von der Malabarküste aus herrschte reger Verkehr mit Aden (Rotes Meer) und Ormuz (Persischer Golf), aber auch mit Ostafrika. Einige Schiffe hielten direkten Kontakt zwischen dem Roten Meer und Malakka. [...]

Der Transport von hochwertigen Gütern geringen Volumens spielte auf den meisten dieser Handelswege eine bedeutende, aber keineswegs die wichtigste Rolle. Spätestens seit dem 13. Jahrhundert traten Massengüter, insbesondere Gewerbeprodukte – etwa Textilien und Eisenwaren –, Pferde, Rohstoffe wie Holz und große Mengen von Nahrungsmitteln in den Vordergrund. [...] Im Rahmen des Geschäfts mit [Luxusprodukten wie] Gewürzen war Pfeffer schon im 15. Jahrhundert sowohl für die asiatischen Märkte – insbesondere Ostasien und arabisch-persischer Raum – als auch für den Export nach Europa über die Levanterouten[1] am wichtigsten. [...]

Obwohl Gewürze im Mittelpunkt des Levantehandels standen, gelangte nur ein Bruchteil der asiatischen Produktion nach Europa – vermutlich nicht einmal ein Viertel und im Fall von Pfeffer noch erheblich weniger. Allein Indien dürfte wesentlich mehr konsumiert haben als Europa, und sowohl der islamische Orient als auch China fragten – insbesondere im Fall von Pfeffer – große Quantitäten nach. [...]

Abgerundet wurde das Angebot kostspieliger Güter im Asienhandel durch arabische bzw. indonesische Duftstoffe, Diamanten und Edelsteine aus Indien sowie Perlen aus Ceylon und vom Persischen Golf. Gold kam aus Sumatra oder Ostafrika, das auch Elfenbein und Sklaven lieferte. [...] Für die Verschiffung von Pferden aus Arabien, Persien und Somalia [liegen ...] brauchbare Zahlen vor: Allein über Ormuz sollen jährlich etwa 3 000 bis 4 000 Pferde an die Küstenstädte Gujarats und Kanaras und weiter zu den islamischen Sultanaten des

Dekkan bzw. ins südindische Hindureich Vijayanagar geliefert worden sein. [...]
Organisation des Handels

135 Der Luxus- und Massengüterhandel wies aber nicht bloß ein breites Spektrum an Waren und an Handelsrouten auf, sondern auch eine große Vielfalt und Komplexität der Organisationsformen und kommerziellen Praktiken.
140 Neben dem individuell kalkulierenden Kaufmann, der Einzelverträge mit Schiffskapitänen – aber auch Karawanenführern und Kameltreibern – abschloss, um die mit eigenem Kapital erworbenen Waren auf ferne Märkte
145 zu bringen und an Ort und Stelle über ihren Verkauf und den Ankauf neuer Waren zu entscheiden, gab es verschiedenste Kontrakt- und Beteiligungssysteme, die das Risiko verteilten, dem ansässigen Großhändler den
150 Einsatz von Waren und Kapital in Übersee ermöglichten sowie seinem reisenden Partner trotz geringer Finanzkraft beträchtliche Gewinne erlaubten. Des Öfteren formierten sich weit verzweigte Händlerassoziationen, die
155 [...] bisweilen erheblichen politischen Einfluss erlangten. Sie machten über ethnische und Religionsgrenzen hinweg gemeinsame Geschäfte für günstige Finanzierungs- und Absatzmöglichkeiten, trafen Preisabsprachen
160 und hatten in allen wichtigen Häfen ihre Agenten. [...]

Abgesehen von der auf vielen asiatischen Märkten wahrscheinlich wirklich etwas geringeren Markttransparenz und den daraus re-
165 sultierenden Einschränkungen von kommerzieller Kalkulation und langfristiger Planung – man sollte allerdings auch große Teile des spätmittelalterlichen Europa in dieser Hinsicht nicht überschätzen – wich die Situation
170 im Fernhandel Asiens nicht allzu sehr von mediterranen und westeuropäischen Verhältnissen des 15. und 16. Jahrhunderts ab.

Bernhard Dahm u. a., Agrarzivilisationen, Hafenfürstentümer, Kolonialsiedlungen. Indischer Ozean, Süd- und Südostasien, in: Peter Feldbauer/Jean-Paul Lehners (Hg.), Die Welt im 16. Jahrhundert. Globalgeschichte. Die Welt 1000–2000, Mandelbaum, Wien 2008, S. 211–230.

---

1 Levante: Bezeichnung für den Raum des östlichen Mittelmeeres

1 Arbeiten Sie zentrale Befunde zum ostasiatischen Handelsraum heraus.
2 Beurteilen Sie die erste Landung der Europäer aus globalgeschichtlicher Perspektive.

Die niederländische Vereinigte Ostindische Companie (VOC) und die englische East India Company (EIC)

M 25 Bombardierung von Bantam, Indonesien, durch die niederländische Flotte 1596, von Levinus Hulsius, 1598

M 26 Der Historiker Wolfgang Reinhard über die niederländische Vereinigte Ostindische Companie/VOC (2016)

Die 1594 von neun Kaufleuten in Amsterdam gegründete *Gesellschaft für Fernhandel* [...] hatte für 290 000 Gulden vier Schiffe ausgerüstet, die 1595 bis 1597 unterwegs waren. Sie
5 sollten Gewürze einkaufen, aber die Portugiesen meiden und die Eingeborenen freundlich behandeln. Nicht zuletzt durch eigenes Ungeschick kam ihr Führer Cornelis de Houtman nur mit drei Schiffen [...] und einer unzurei-
10 chenden Ladung zurück, aber der Weg zu dem Gewürzmarkt Bantam in Westjava war eröffnet.

Konkurrenzunternehmen schossen aus dem Boden. Bis 1601 hatten acht verschiedene
15 Gesellschaften 14 Flotten mit insgesamt 65 Schiffen nach Bantam und Malaya geschickt.

[...] Statt eine Gesellschaft zu privilegieren, schlossen sich nicht zuletzt mithilfe des führenden Staatsmannes Johan van Oldenbarnevelt, die Konkurrenten als *Vereenigde Oost-Indisch Compagnie* (V.O.C.) zusammen. Für Van Oldenbarnevelt hatte diese wirtschaftspolitische Maßnahme vor allem außenpolitische Bedeutung: „*Es ist wohl bekannt, dass der König von Spanien sich über die Zwietracht freut, weil es sehr schwierig für ihn wäre, eine starke EinheitsCompanie zu bekämpfen. Es ist daher im Interesse der Republik, dass alle Parteien sich zusammenfinden und einer einzigen Organisation einfügen [...]*."

Gerade noch rechtzeitig vor dem Ausreisetermin im Frühjahr 1602 kam der Zusammenschluss unter Dach; am 20. März stellten die Generalstaaten[1] ihr Patent (*octrooi*) aus, das der V.O.C. für 21 Jahre das Monopol des niederländischen Handels zwischen dem Kap der Guten Hoffnung und der Magellanstraße verlieh, mit dem Recht, Krieg zu führen, Verträge zu schließen, Land in Besitz zu nehmen und Festungen zu bauen. [...]

Die Vorcompanien hatten Faktoreien hinterlassen; der 1600 geschaffene Stützpunkt auf Amboina war aber zunächst verloren gegangen. Doch 1605 konnte als erste Territorialerwerbung der V.O.C. das Fort Victoria auf Amboina für Dauer in Besitz genommen werden; die Einwohner verstanden sich zu einem Gewürzmonopolvertrag. Im selben Jahr wurden die Portugiesen aus Tidore vertrieben, aber die Spanier von den Philippinen eroberten es 1606 für ein halbes Jahrhundert zurück. Ternate begab sich 1607 unter niederländischen Schutz und schloss einen Monopolvertrag für Nelken. Die Banda-Insulaner fanden sich unter dem Druck niederländischer Präsenz 1605 ebenfalls zu Monopolverträgen bereit, die sie aber unter dem Einfluss javanischer und englischer Konkurrenten der Niederländer nicht lange einhielten.

Wolfgang Reinhard, Die Unterwerfung der Welt. Globalgeschichte der europäischen Expansion 1415–2015, C. H. Beck, München 2016, S. 184–189.

1 Generalstaaten: seit 1588 Bezeichnung für den Zusammenschluss der von Spanien abgefallenen niederländischen Provinzen

1 Skizzieren Sie die Entstehungsgeschichte der VOC und analysieren Sie die wichtigsten Motive.
2 Erläutern Sie die Aktivitäten der VOC in ihren überseeischen Stützpunkten.

M 27 Die britische Faktorei in Surat, Stich aus einer Beschreibung der Reisen des Johann Albrecht de Mandelslo, 1727 (Erstveröffentlichung um 1650).

De Mandelslo war 1638 in Surat.

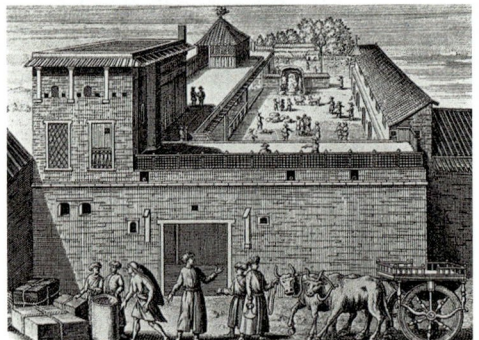

M 28 Der Ökonom und Journalist Thomas Fischermann über die Geschichte der englischen East India Company/EIC (2003)

Als der ehrenwerte Londoner Kaufmann Thomas Smythe am 24. September 1599 die Founder's Hall betrat, um mit 30 Kaufleuten ein Unternehmen zu gründen, konnte er nicht ahnen, dass seine „Kompanie der Kaufleute von London, die mit Ostindien Handel treiben", den Grundstein für ein britisches Imperium legen sollte. [...]

Thomas Smythe ging es nicht um politische Macht, nicht um Kolonialherrschaft, sondern bloß um Geld. Seinen Landsleuten drohte gerade das Geschäft des Jahrhunderts zu entgehen: Gewürzhändler aus Amsterdam segelten seit einigen Jahren erfolgreich nach Ostindien. Sie hatten eine Handelsstation auf Java eröffnet und kürzlich sogar frech in London angefragt, ob sie ungenutzte Schiffe kaufen könnten. „Wir brauchen alle unsere Schiffe", schrieben Londons Kaufleute verärgert zurück, „wir wollen künftig selbst Handel mit Indien treiben."

Die englische Herrscherin Elisabeth I. wollte Ärger mit anderen Königshäusern vermeiden. Erst nach einem Jahr gewährte sie den Kaufleuten die Handelslizenz. Doch Probleme blieben: Die Fahrt in den Indischen Ozean war teurer und riskanter als Handelsexkursionen in andere Teile der Welt. Englands Kaufleute waren zu jener Zeit in *companies* organisiert, Kaufmannsgilden, die Monopole für bestimmte Teile der Welt genossen und sich den Handel aufteilten. Doch ihre Schiffe schickten die Kaufleute auf eigenes Risiko los, jeder für sich.

In der Ostindischen Kompanie wollten sie gemeinsam aufbrechen, und neben den Kaufleuten konnten auch andere Bürger Anteilsscheine an der ersten Expedition erwerben. 100 bis 300 Pfund betrug die übliche Investitionssumme pro Kopf, insgesamt kamen stolze 60 000 Pfund zusammen. Im Februar 1601 verließen vier Schiffe den Londoner Hafen. Zweieinhalb Jahre später kehrten sie zurück, hatten zwei Fünftel der Besatzung verloren, aber 500 Tonnen Pfeffer mitgebracht. Reiche Ausbeute eigentlich. Aber durch einen Zufall quollen die Londoner Märkte im Herbst 1603 von Pfeffer nur so über: Das Königshaus hatte selbst große Mengen zu verkaufen, vermutlich stammten sie von einem gekaperten Handelsschiff, und gegen die Konkurrenz verhängte es erst einmal ein Verkaufsverbot. Verärgert ließ Smythe seinen Pfeffer schließlich als eine Art Dividende an die Anteilseigner auszahlen und brachte 219 zornigen Aktionären noch zusätzlich schlechte Nachrichten: Sie würden nur ein Fünftel ihres Aktienkapitals wieder zurückbekommen. Der Rest müsse eine neue Reise nach Ostindien finanzieren.

Auf einige Neuaktionäre wirkte das wie Enteignung. Sie hatte die Aussicht auf schnelle Renditen gelockt, nun sahen sie sich betrogen. Im *General Court*, einer Art Hauptversammlung der East India Company, hatten diese Finanzinvestoren die Mehrheit. Andere Anteilseigner waren durchaus zu neuen Abenteuern aufgelegt. Als Kaufleute verdienten sie an den Expeditionen. Viele von ihnen waren an der Bereitstellung von Schiffen, Proviant oder Devisen für Fahrten in die weite Welt beteiligt, oder sie erledigten den ebenfalls profitablen Wiederexport angelandeter Güter. Diese Kaufleute dominierten den *Court of Committees*, also den Vorstand der East India Company. Zwischen den beiden Gremien entbrannte ein Dauerkonflikt.

Notgedrungen spielte Thomas Smythe die Rolle eines Mittlers zwischen den Welten. Im Kerngeschäft seiner jungen Firma galten raue Sitten. Ein hartes Völkchen fuhr zur See auf Segelschiffen, die vollgepackt waren mit spanischem Silber, getrocknetem Fleisch und Gin. In fernöstlichen Handelsstädten prügelten sie sich mit den Holländern, holten sich Durchfall oder die Syphilis, am Ende einer Reise war so manches Logbuch mit Totenköpfen vollgekritzelt. Doch daheim in London, in der Zentrale der Ehrenwerten Kompanie, waren eher die Qualitäten eines smarten Politikers gefragt.

Smythe war der Sprössling einer reichen Familie mit guten politischen Verbindungen, ein Mann, der als „karg und aufrecht und immense Energie" beschrieben wurde. [...] Als er zur Jahrhundertwende 1600 die Führung der East India Company übernahm, hatte er seine Hände bereits überall im Spiel: in der Politik, in der Verwaltung und in zahllosen Handelsgeschäften in aller Welt. [...]

Schon bald war die East India Company keine klassische Handelsfirma mehr, die für den englischen Bedarf einführte und englische Produkte ausführte. [...] Investoren aus Holland und Frankreich stiegen bei der East India ein. [...] Im Jahr 1620 war die East India Company zum Konzern gewachsen. Die Chefs der Handelsstützpunkte von Bantam (Java) und Surat (Indien) hießen jetzt Präsidenten, sie kontrollierten 200 Abgesandte in regionalen Handelszentren. Die Kompanie schickte 30 bis 40 „große Schiffe" um die Welt, besaß zwei eigene Werften und war ein Devisengigant geworden. In Asien bevorzugten die Händler nach wie vor spanisches Silbergeld, und so war ein Direktorat der Firma hauptsächlich mit der Beschaffung von Devisen beschäftigt.

Doch der Konzern war noch klein im Vergleich zu dem Koloss, der entstehen sollte: ein Handelsimperium, das sich in immer neue

Teile Südafrikas, Chinas, Indiens, Japans und Südostasiens ausstreckte, das sich seine eigene Armee hielt und Kriege führte, ganze Länder unter seine Verwaltung stellte und die Grundlage für das britische Empire bildete. Erst 1873 wurde die East India Company aufgelöst – Großbritannien brauchte sie nicht mehr.

Thomas Fischermann, Konzern mit eigener Armee. Wie die East India Company ein globales Handelsreich aufbaute, in: Die Zeit vom 26. Juni 2003, S. 24.

M 29 Bericht über einen Vertrag zwischen der englischen East India Company (EIC) und einem einheimischen Herrscher (1639)

1639 bekam Francis Day, der EIC-Faktoreivorsteher von Armagon, von dem einheimischen Herrscher die Erlaubnis, eine Niederlassung in Madras zu gründen. In einem Bericht schrieb die EIC-Handelsvertretung in Masulipatnam an die Londoner EIC-Zentrale:

Im letzten August kam der genannte Francis Day nach Erledigung der Dinge, die ihm aufgetragen waren, hierher zurück und berichtete uns von seiner Tätigkeit. Zunächst machte er uns deutlich, dass an einem Ort namens Madraspatam, der bei St. Thomas gelegen ist, die besten Farbstoffe hergestellt werden oder zumindest so gute wie nur irgendwo an dieser Küste, desgleichen feiner Kattun von ausgezeichneter Qualität, auch Morees und Percalla[1], von denen wir Muster gesehen haben, und dies um 20 Prozent billiger als anderswo. Der Naik[2] dieses Landes wünscht sehr, dass wir uns dort niederlassen, denn er hat uns sehr günstige Angebote gemacht.

Als Erstes bietet er uns an, dass wir dort ein Fort errichten können, in einer von uns festzulegenden Anlage, und zwar auf einem hochgelegenen Stück Land, das an das Meer grenzt, dort, wo ein Schiff beliebiger Tragfähigkeit innerhalb der Reichweite einer Muskete vor Anker liegen kann und das nah an einem Fluss gelegen ist, der für Boote von fünfzig Tonnen Tragfähigkeit schiffbar ist. Und erst nachdem er uns die Besitzrechte übertragen hat, [...] sollen wir die Unkosten erstatten, die ihm dabei entstanden sind.

Zweitens überträgt er uns für die Dauer von zwei Jahren alle Nutzungsrechte einer nahe gelegenen Stadt, die augenblicklich etwa 2000 Pagodas[3] pro Jahr ausmachen mögen. Nach Ablauf dieser Zweijahresfrist sollen die Einnahmen aus dieser Stadt zu gleichen Teilen an ihn und an uns gehen.

Drittens sind wir im Hafen von Madraspatam auf Dauer von Zollabgaben befreit, und falls wir irgendwelche unserer Waren durch sein Land befördern, zahlen wir nur den halben Betrag des Zollsatzes, der gewöhnlich von anderen Kaufleuten erhoben wird.

Viertens werden wir das Münzprivileg besitzen, ohne dafür Gebühren entrichten zu müssen.

[...] Dies sind ansehnliche Vorrechte, und man mag die Frage stellen, warum er uns diese günstigen Angebote unterbreitet. Er beantwortet diese Frage selbst: Erstens hegt er den Wunsch, dass sein Land reich werden und gedeihen möge, was seiner Ansicht nach dadurch geschehen kann, dass er Kaufleute in sein Herrschaftsgebiet zieht. Zweitens will er für sein Geld gute Pferde aus Persien einhandeln. Drittens möchte er jedes Jahr einen Bediensteten auf unseren Schiffen nach dem Golf von Bengalen schicken, der für ihn Falken, Affen, Papageien und dergleichen kauft; und falls er Veranlassung hat, eines seiner eigenen Schiffe dorthin oder nach Persien zu schicken, dann kann einer unserer Männer mitfahren. Und schließlich ermöglicht es ihm das Fort, wenn es stabil gebaut ist, sich nötigenfalls gegen seine Nachbarn zu verteidigen.

Zit. nach: Eberhard Schmitt (Hg.), Aufbau der Kolonialreiche. Dokumente zur Geschichte der europäischen Expansion, Bd. 4: Wirtschaft und Handel der Kolonialreiche, C. H. Beck, München 1988, S. 253 f.

---

1 Baumwollstoffsorten
2 der einheimische Militärführer von Madras
3 Goldmünze aus Südindien

---

1 Erarbeiten Sie Funktionsweisen und Motive der englischen East India Company (M 27 bis M 29). Gehen Sie auf die Interessen der Beteiligten ein (Kaufleute, Staat und Herrscher vor Ort).

2 Erläutern Sie das Funktionieren der englischen East India Company und erklären Sie die Dynamik, mit der sie sich entwickelte.
3 Zeigen Sie am Beispiel der Materialien M 25 bis M 29, wie es den europäischen Handelsorganisationen gelang, in Asien Fuß zu fassen.

Geschichte kontrovers:
Beginn der Globalisierung um 1500?

M 30 Der Wirtschaftshistoriker Christian Kleinschmidt über „Proto-Globalisierung" (2017)

Drittens schließlich soll der hier aufgezeigte Prozess des Aufstiegs der Weltwirtschaft als Phase der „Proto-Globalisierung", vergleichbar dem Begriff der „Proto-Industrialisierung",
5 verstanden werden. Ähnlich wie die „Industrialisierung vor der Industrialisierung" [...] und in etwa zeitgleich verlaufend, vollzog sich ein Prozess der „Globalisierung vor der Globalisierung", gekennzeichnet durch eine zuneh-
10 mende weltwirtschaftliche Verflechtung, die als langfristige, jedoch nicht linear und zielgerichtete, sondern durch Brüche und Rückschläge gekennzeichnete Entwicklung zu verstehen ist. Die Phase der „Proto-Globalisie-
15 rung", die im Unterschied zu den nachfolgenden Globalisierungsphasen nur ansatzweise Konvergenzentwicklungen[1] (z. B. Preiskonvergenzen, Löhne) erkennen ließ, endete Anfang/Mitte des 19. Jahrhunderts. [...]
20 Im 15. und frühen 16. Jahrhundert war Asien das Zentrum der Weltwirtschaft. China war die größte Wirtschaftsmacht und der muslimische Handel dominierte die interregionalen Wirtschaftsbeziehungen. [...] Danach
25 hatte Asien um 1500 einen Anteil am weltweiten BIP[2] von etwa 65 Prozent, Europa von knapp 24 Prozent, Nord- und Südamerika von 3,5 Prozent und Afrika von 7,4 Prozent. [...] Dies änderte sich seit dem 16. Jahrhundert
30 grundlegend. [...] Die europäischen Volkswirtschaften stiegen seit dem 16. Jahrhundert deutlich stärker an als in allen anderen Regionen der Welt (ausgenommen Nordamerika). [...]

Dieser tief greifende Wandel hatte etwas
35 mit den Verschiebungen der weltwirtschaftlichen Zusammenhänge seit dem 16. Jahrhundert zu tun, in deren Folge Europa [...] zum neuen Gravitationszentrum globaler weltwirtschaftlicher Verflechtungen aufstieg.
40

Christian Kleinschmidt, Wirtschaftsgeschichte der Neuzeit, C. H. Beck, München 2017, S. 11–14.

1 Konvergenz: Übereinstimmung
2 BIP: Abkürzung für Bruttoinlandsprodukt, das den Wert aller Produkte und Dienstleistungen umfasst, die in einem Jahr in einer Volkswirtschaft erwirtschaftet werden

M 31 Die Historiker Jürgen Osterhammel und Niels P. Petersson über „Globalisierung" bis Mitte des 18. Jahrhunderts (2003)

Es ist eine Frage [...], ob für die Zeit bis etwa zur Mitte des 18. Jahrhunderts die vorausweisenden Momente wachsender Vernetzung oder eher die Löcher im Netz, gleichsam die Globalisierungsdefizite betont werden sollen.
5 Wir weisen hier auf die Widersprüchlichkeiten der Zeittendenzen hin.
Zum einen verstärkte sich die großräumige, dabei aber subglobale Integration in den herkömmlichen Formen von Großreichen, re-
10 ligiösen Ökumenen und lockeren Fernhandelsnetzen [...] eher, als dass sie sich abschwächte. Die Welt wuchs allmählich zusammen. Obwohl in mehreren Zivilisationen Städte aufblühten und sich auch kulturell
15 zunehmend selbstbewusste und kreative Milieus von Großkaufleuten herausbildeten, [...] blieb das Gewicht des grenzüberschreitenden Fernhandels gegenüber der lokal und regional erzeugten Produktion gering. Nur wenige Fle-
20 cken auf der Welt – die Niederlande an erster Stelle – verdankten ihren Reichtum solchem Fernhandel, und außerhalb der Sklavengesellschaften Amerikas waren Ökonomien sehr selten, die überwiegend für den Export produ-
25 zierten. Wirtschaftskrisen pflanzten sich noch nicht von Land zu Land und von Kontinent zu Kontinent fort. Wirtschaftlich nicht vernetzt zu sein, war noch kein gravierendes Problem, Autarkie für einigermaßen entwi-
30

M 32
Ankunft eines portugiesischen Transportschiffes in Japan, japanischer Wandschirm, um 1600

ckelte Großräume, allen voran Japan und China, ein geradezu natürlicher Zustand. [...]

Die Welt war nach wie vor polyzentrisch. Westeuropa war zum Ausgangspunkt einer fundamentalen Umgestaltung der atlantischen Welt geworden. Doch es bleibt fraglich, ob die neu erschlossenen und ausgebeuteten kolonialen Peripherien am Westatlantik maßgeblich zur wachsenden Prosperität Europas beitrugen. Plakativ gesagt: Großbritannien wurde nicht deshalb zum Land der Industriellen Revolution, weil es Zuckerinseln in der Karibik besaß und Steuern in Bengalen kassierte. Ökonomisch war Europa noch nicht der unbestrittene Gestalter des Planeten.

Jürgen Osterhammel, Niels P. Petersson, Geschichte der Globalisierung. Dimensionen, Prozesse, Epochen, C. H. Beck, 5. überarb. Auflage, München 2012, S. 41 f.

radikaler Wechsel der Trägergruppen. Statt der Familiengesellschaften wurden staatlich lizenzierte Handelskompanien tätig, in den Niederlanden etwa die „Vereinigte Ostindische" und die „Vereinigte Westindische Kompanie" oder in England die „Joint Stock Companies", die mit staatlichen Privilegien ausgestattet wurden und den kolonialen Erweiterungsprozess organisierten. [...]

[...] Der wirtschaftliche Austausch nahm zu, mit wechselseitigem Ertrag. Die Bodenschätze, die die Europäer mitnahmen, wurden für die europäische Wirtschaft sehr schnell unverzichtbar (Gold, Silber). Allmählich entwickelte sich ein eng verflochtener Weltmarkt, der die Globalisierung vorwegnahm.

Luise Schorn-Schütte, Geschichte Europas in der Frühen Neuzeit. Studienhandbuch 1500–1789, Schöningh UTB, 2. aktualisierte Auflage, Paderborn 2013, S. 56 f.

M 33 Die Historikerin Luise Schorn-Schütte (2009)

Vom Atlantikhandel gingen seit dem 16. Jahrhundert jene weltweit reichenden Impulse aus, die nicht nur wirtschaftsgeschichtlich von Bedeutung waren, sondern Europa aus seinen Grenzen führten und die Europäisierung der Welt eröffneten, deren Folgen für die europäische und die Weltgeschichte höchst bedeutsam wurden. [...]

Die Niederlande, England und Frankreich wurden seit dem frühen 17. Jahrhundert zu den für die Entwicklung der Weltwirtschaft tonangebenden europäischen Regionen. Mit der geografischen Öffnung verbunden war ein

1 Beschreiben Sie mit eigenen Worten, was man unter „Proto-Globalisierung" versteht (M 31).

2 Arbeitsteilige Gruppenarbeit: Fassen Sie in der Gruppe thesenartig jeweils die Argumentation eines Autors zusammen. Beurteilen Sie die Stichhaltigkeit der Argumente. Stellen Sie anschließend die Position Ihres Autors im Kurs vor (M 30 bis M 31, M 33).

3 Setzen Sie sich mit den Unterschieden und Gemeinsamkeiten von „Fernhandel" (M 32) und „Globalisierung" auseinander.

4 Diskutieren Sie auf der Basis der Materialien des Kapitels Tendenzen der Globalisierung im 15. und 16. Jahrhundert.

Geschichtskarten analysieren

In unserer Lebenswelt sind Karten ein alltägliches Medium für eine bessere räumliche Orientierung. Die Vorzüge kartografischer Darstellungen liegen auf der Hand: Karten sind anschaulich, übersichtlich und reduzieren Tatsachen und Erscheinungen auf das Wesentliche.

Die Geschichtswissenschaft unterscheidet zwischen historischen Karten und Geschichtskarten. **Historische Karten** wie antike, mittelalterliche und frühneuzeitliche, aber auch Postrouten- und Reisekarten, alte Stadtpläne und Propagandakarten sind Quellen der Vergangenheit und entsprechen im Gegensatz zu den Geschichtskarten nicht dem heutigen Anspruch an Wissenschaftlichkeit und Gestaltung. Unter **Geschichtskarten** versteht man maßstäblich verkleinerte, vereinfachte und verebnete sowie durch verschiedene Zeichen kodierte Raummodelle. Sie stellen aus heutiger Sicht historische Sachverhalte aus Politik, Wirtschaft, Kultur und Gesellschaft in einem häufig begrenzten geografischen Raum und zu einer bestimmten Zeit dar. Die verwendeten Zeichen sind äußerst vielfältig und werden in der Legende erklärt: Farbgebung, Symbole, Schrifttypen und Signaturen wie Punkte, Linien oder Pfeile.

Für die Analyse unterscheidet man hinsichtlich der dargestellten Zeit zwischen **statischen** (Zustand) und **dynamischen** (Entwicklung), hinsichtlich des Kartentyps zwischen **topografischen** und **thematischen Geschichtskarten**. Bei der Analyse muss berücksichtigt werden, dass es sich bei Geschichtskarten um eine stark abstrahierende Darstellung handelt. Sie deutet die zugrunde liegende historische Wirklichkeit durch die Wahl des Kartenausschnittes und der Zeichen.

Tipp: sprachliche Formulierungshilfen S. 142 f.

Webcode: KH300943-101

Mögliche Arbeitsschritte für die Analyse

1. Leitfrage	– Welche Fragestellung bestimmt die Untersuchung der Geschichtskarte?
2. Analyse	*Formale Aspekte* – Welchen Titel trägt die Karte? – Welche Zeichen werden in der Legende verwendet und was bedeuten sie? *Inhaltliche Aspekte* – Welcher Gegenstand wird thematisiert? – Welche Zeit stellt die Karte dar? – Handelt es sich um eine statische oder dynamische Karte? – Handelt es sich um eine topografische oder thematische Karte? – Welche Einzelinformationen lassen sich der Karte mithilfe der Legende entnehmen? – Welche Beziehungen bestehen zwischen den Einzelinformationen? – Welche weitergehenden Schlüsse lassen sich ziehen?
3. Historischer Kontext	– Auf welchen historischen Sachverhalt (Epoche, Ereignis, Prozess bzw. Konflikt) bezieht sich die Geschichtskarte?
4. Beurteilung	– Welche kartografischen Informationen fehlen? – Welche thematischen, zeitlichen und räumlichen Aspekte werden unter- bzw. übergewichtet, welche fehlen? – Welche Gesamtaussage lässt sich hinsichtlich der Leitfrage formulieren?

Übungsbeispiel

M 1 Das Heilige Römische Reich um 1550 (Ausschnitt)

1 Interpretieren Sie M 1 mithilfe der Arbeitsschritte von S. 101.

Lösungshinweise

1. Leitfrage
Mögliche Untersuchungsfrage: Wie gestaltete sich die politische Struktur des Heiligen Römischen Reiches zu Beginn der Frühen Neuzeit?

2. Analyse
Formale Aspekte
Kartentitel: Das Heilige Römische Reich um 1550 (Ausschnitt)
Farbgebung: Darstellung des Reichsgebietes in Flächenfarben (abgestufte Farbintensitäten); fünf Fürstengeschlechter und ihre jeweiligen Linien (z. B. innerhalb der Hohenzollernschen Lande: hellblau → Brandenburgische Linie; dunkelblau → fränkische und schwäbische Linie); lila → geistliche Gebiete; rot → Reichsstädte
Signatur: rote Linie → Grenze des Heiligen Römischen Reiches
Inhaltliche Aspekte
Gegenstand: politische Strukturen des Deutschen Reiches
Zeit: 1550 → Epoche: Frühe Neuzeit
Zeitebene: statische Karte, mit Ausnahme der Darstellung der Wettinischen Lande (vor und nach 1547)
Raum: Mitteleuropa
Kartentyp: thematische Karte → Politikgeschichte (Verzicht auf topografische Angaben, bis auf Gewässer wie Nord- und Ostsee)
Geografische Ausdehnung des Deutschen Reiches: deckte den größten Teil Mitteleuropas ab; umfasste neben den Kernbereichen (z. B. Sachsen, Brandenburg, Bayern) auch die Niederlande, Herzogtum Lothringen, Freigrafschaft Burgund, die Schweiz, Savoyen sowie Teile Norditaliens
Struktur des Reiches: politisches Gebilde mit zahlreichen regionalen – weltlichen wie geistlichen – Kleinstaaten → Fehlen eines „Kernraumes" königlicher Herrschaft; Herrschaft von fünf mächtigen Fürstengeschlechtern im Reich → Konkurrenz um politischen Vorrang und die Königsherrschaft
Struktur der einzelnen Territorialherrschaften: z. T. auch keine geschlossenen Gebiete (z. B. fränkische und schwäbische Linie der Hohenzollern)
Verteilung der einzelnen Herrschaftszentren: im Innern des Reiches → Konzentration der geistlichen Gebiete, der Reichsstädte sowie der territorialen Zerstückelung (v. a. im Nordwesten); an den Rändern des Reiches → große Flächenstaaten (z. B. Königreich Böhmen)
Fürstengeschlecht mit dem größten Machtbereich: Habsburger

3. Historischer Kontext
Epoche: Frühe Neuzeit
Prozess: Entstehung moderner Staaten in Europa: vom Personenverbandsstaat zum Territorialstaat
Konflikt: Auseinandersetzung zwischen Zentral- (König bzw. Kaiser) und Regionalgewalt (Fürsten) im Heiligen Römischen Reich Deutscher Nation

4. Beurteilung
Kartenkritik/fehlende kartografische Aspekte:
- Unübersichtlichkeit: Auflösung der Karte in kaum erkennbare Gebiete mit zahlreichen selbstständigen Kleinstaaten ohne Bezeichnung
- Ausschnitt: einzelne Reichsgebiete im Nordwesten und Süden fehlen

Gesamtaussage im Hinblick auf die Leitfrage:
Die thematische Karte mit dem Titel „Das Heilige Römische Reich um 1550" zeigt einen Ausschnitt der politischen Struktur des Deutschen Reiches zu Beginn der Frühen Neuzeit. Das Reich war ein politisches Gebilde mit zahlreichen regionalen – weltlichen und geistlichen – Machtzentren, in dem mächtige Fürstengeschlechter ihre Herrschaft ausübten und in dem ein Kernraum königlicher Herrschaft fehlte. Die Habsburger waren das Fürstenhaus mit dem größten Machtbereich. Im Innern des Reiches, v. a. im Nordwesten, konzentrierten sich die geistlichen Gebiete, die Reichsstädte sowie die territoriale Zerstückelung des Reiches.

Möglicher weiterer Untersuchungsaspekt:
Überlegen Sie, welche Vor- und Nachteile eine solche Herrschaftsstruktur im Zusammenhang mit Handel und Fernhandel bietet. Beziehen Sie M 9, S. 85 f., mit ein.

Erarbeiten Sie Präsentationen

Thema 1
Die Fugger – eine erfolgreiche frühkapitalistische Familiengeschichte
Die Fugger waren eine der erfolgreichsten Familien des süddeutschen Bürgertums in der Fruhen Neuzeit. Innerhalb kurzer Zeit bauten sie eines der größten europäischen Handels- und Bergbauunternehmen auf. Sie entwickelten sich aber auch zu wichtigen Finanziers der europäischen Politik und prägten die Kultur der europäischen Renaissance als Stifter und Mäzene. Dokumentieren Sie in Worten und Bildern den wirtschaftlichen Erfolg und sozialen Aufstieg dieser frühkapitalistischen Familie.

Literaturtipps
Bayerische Staatsbibliothek, Die Fugger im Bild. Selbstdarstellung einer Dynastie der Renaissance, Wissenschaftliche Buchgesellschaft, Darmstadt 2010.

Mark Häberlein, Die Fugger. Geschichte einer Augsburger Familie (1367–1650), Kohlhammer, Stuttgart 2006.

Thema 2
Globalisierung als Thema in den Medien
„Globalisierung" ist ein häufig gebrauchter Begriff, um die heutige Zeit zu charakterisieren. Er spielt eine wichtige Rolle in unserer Alltagssprache, in der Wissenschaft und in den Medien. Dabei stehen ganz verschiedene Bereiche im Fokus: Weltwirtschaft, Klima, Migration, Massenmedien und Kultur.

Untersuchen Sie über einen bestimmten Zeitraum eine Tageszeitung, ein Online-Magazin oder eine Nachrichtensendung und sammeln Sie Berichte, die sich mit Aspekten der Globalisierung beschäftigen. Stellen Sie Ihre Ergebnisse mithilfe eines Plakates vor.

Literaturtipps
Jürgen Osterhammel und Niels P. Petersson, Geschichte der Globalisierung, C. H. Beck, 5. durchges. Auflage, München 2012.

Globalisierung. Unterrichtsmagazine Spiegel@Klett, Stuttgart 2003.

M 1 Tor der Fürst Fugger Privatbank in Augsburg, Fotografie, 2007

Webcode:
KH300943-104

M 2 Arbeiter hängen Werbeschilder in Peking auf, Fotografie, 1999

Überprüfen Sie Ihre Kompetenzen

M 3 Be- und Entladen von Handelsschiffen im Hafen einer Hansestadt um 1500, Zeichnung, aquarelliert, 19. Jahrhundert

Sachkompetenz
1 Erläutern Sie die Veränderungen in der europäischen Wirtschaft im 16. Jahrhundert.
2 Skizzieren Sie die Vorreiterrolle der italienischen Stadtstaaten im Geld- und Finanzwesen sowie im Fernhandel.
3 Analysieren Sie den Aufstieg Portugals, Spaniens, der Niederlande und Englands zu weltweit agierenden Handelsmächten.

Methodenkompetenz
4 Informieren Sie sich über die Geschichte der Hanse (M 3) und der britischen *East India Company*. Vergleichen Sie Organisation und Aktivitäten miteinander.

Urteilskompetenz
5 Das Heilige Römische Reich Deutscher Nation gehörte nicht zu den führenden See- und Handelsmächten im 16. Jahrhundert. Nur einzelne Handelshäuser wie die Fugger waren Teil des globalen Handelsnetzwerkes. Überlegen Sie, welche Gründe eine Rolle gespielt haben könnten.

Zentrale Begriffe
Banken
Fernhandel
Frühkapitalismus
Globalisierung
Handelshäuser
Handelskompanien
Handelsmächte
Kaufleute
Protoindustrialisierung
Zünfte

5 Das 15. und 16. Jahrhundert – eine Zeit des geistigen Umbruchs? (Wahlmodul 3)

Kompetenzen erwerben

Sachkompetenz:
- Neuerungen im Denken durch die Wiederentdeckung der Antike und den Humanismus erläutern
- den Wissenstransfer aus der arabisch-muslimischen Welt bestimmen
- Veränderungen des Menschenbildes (*uomo universale*) beschreiben
- den Perspektivwechsel in der Kunst charakterisieren
- Neuerungen in den Naturwissenschaften und ihre Folgen erläutern
- die Rolle von Buchdruck, Flugschriften etc. als Teil einer „Medienrevolution" beschreiben
- Kräfte der Beharrung und der Reform bestimmen
- den Mythos Renaissance diskutieren

Methodenkompetenz:
- Gemälde interpretieren

Urteilskompetenz:
- die Auswirkungen des neuen Denkens auf die Welt im 15. und 16. Jahrhundert analysieren und bewerten
- die Frage nach einem geistigen Umbruch diskutieren und beurteilen
- den Einfluss von Reform- und Beharrungskräften gegeneinander abwägen
- den Mythos Renaissance bewerten

Neues Denken und Wiederentdeckung der Antike

M 1 Francesco Petrarca (1304–1374), italienischer Dichter und Humanist, Zeichnung, 15. Jh.

Mit dem Lorbeerkranz wurden nach einem wiederaufgenommenen antiken Brauch hervorragende Dichter geehrt.

Im Jahr 1492 schrieb der Florentiner Philosoph Marsilio Ficino (1433–1499) einem deutschen Gelehrten, dass ein neues, „goldenes" Zeitalter angebrochen sei: Das vergessene Wissen der griechischen und römischen Antike, Redekunst, Philosophie, Dichtung und alle Zweige der bildenden Kunst seien aus langem Schlaf zu neuem Leben erweckt worden. Ficino war nicht der Erste, der von der Antike schwärmte, schon seit dem Florentiner Dichter **Francesco Petrarca (1304–1374)** wurde die Antike als das geistig produktivste Zeitalter der Menschheitsgeschichte gelobt. Aus diesen Vorstellungen von der „Wiedergeburt" der Antike ging schließlich der Begriff der **Renaissance** hervor. Allerdings prägten nicht Zeitgenossen den Begriff, sondern Historiker des 19. Jahrhunderts. Für sie war die Renaissance eine Epoche, in der ausgehend von Oberitalien Künstler und Gelehrte den Menschen als ein eigenverantwortliches, schöpferisches Individuum entdeckten, das nicht mehr nur für Gott da war und das die engen geistigen Grenzen der Jahrhunderte seit Ende der Antike – eben das „Mittelalter" – überwunden hat. Coluccio Salutati (1331–1406), ein Schüler Petrarcas, der als Kanzler die Stadtverwaltung von Florenz leitete, bezeichnete die neue Gelehrsamkeit als „humanitas": als Wissen von der wahren und guten Natur des Menschen. Die **Humanisten** – auch dieser Begriff wurde erst im 19. Jahrhundert geprägt –

konzentrierten ihre Studien auf Geschichte, Rhetorik, Philologie und Philosophie. Im traditionellen Universitätsbetrieb gehörten diese Fächer zu den untergeordneten „Sieben Freien Künsten". Jetzt betrachtete man sie als Grundlage aller wissenschaftlichen Bildung und stellte sie den bisher höher geachteten Fakultäten der Theologie, Jurisprudenz und Medizin gleich. Später wurden sie in der „philosophischen" Fakultät zusammengefasst. Ziel war es, die **Bildung von der kirchlichen Theologie zu trennen** und den Menschen als das vollkommenste Geschöpf Gottes mit seinen Erfahrungen und eigenen Beobachtungen in den Mittelpunkt zu rücken. Es wäre allerdings ein Missverständnis, würde man die Forderung nach „Trennung" als eine „Abkehr" auffassen. Die Humanisten wollten Christentum und Kirche lediglich von den „Verirrungen" des Mittelalters befreien und mit der Antike verbinden.

Wissenstransfer aus der arabisch-muslimischen Welt

Dass die Europäer die Kultur der Antike wiederentdecken konnten, verdanken sie auch den Arabern, die das Wissen der Antike besser bewahrt hatten. Bei der Eroberung neuer Gebiete im Mittelmeerraum nahmen sie wissenschaftliche, künstlerische und architektonische Errungenschaften auf und ließen antike Schriften ins Arabische übersetzen. So auch im muslimischen Spanien. Hier führten die Kalifen antike und arabische Schriften in Bibliotheken zusammen, versammelten viele Gelehrte an ihren Höfen und unterstützten ihre Forschungen in Medizin, Astronomie, Mathematik und Recht. Über wandernde Studenten und Gelehrte sowie den Austausch von Schriften erfolgte ein Transfer des Wissens an andere europäische Universitäten. Die Schriften des Philosophen **Ibn Rushd (christl. Name Averroës, 1126–1198)** über Aristoteles wurden beispielsweise zur Grundlage der christlichen Scholastik im Mittelalter und der Renaissance. Nach der christlichen Rückeroberung wurden in Übersetzerschulen die Texte griechischer Philosophen von arabischen, jüdischen und christlichen Gelehrten aus dem Arabischen ins Lateinische übertragen. Erst durch ihre Arbeit lernte das christliche Europa Platon und Aristoteles wieder richtig kennen.

Neues Denken in der Politik

Die Beschäftigung mit der Geschichte der griechischen Stadtstaaten, vor allem aber mit der Geschichte der Römischen Republik hatte auch Auswirkungen auf politische Ideen der Zeit. Die oberitalienischen Humanisten erarbeiteten auf Grundlage des antiken Wis-

M 2 Der Astronom Takiuddin in seinem Observatorium in Galata, Türkei, Buchmalerei, 16. Jahrhundert.

Auf der Abbildung führen die Gelehrten verschiedene zu der Zeit in Gebrauch befindliche astronomische Instrumente vor. Rechts oben ist beispielsweise ein Astrolabium zu sehen, ein scheibenförmiges Messgerät, das den Himmel abbildet und so Entfernungsmessungen ermöglicht.

Staatsräson
Der Begriff bezeichnet nach Machiavelli ein Prinzip, nach dem das Staatswohl Maßstab und Ziel staatlichen Handelns ist und Vorrang vor allem anderen hat, selbst wenn es gegen Recht und Moral verstößt.

sens Modelle und Kriterien für die Gestaltung ihres eigenen Staates. Entscheidend für die Entwicklung des europäischen Staatsdenkens war, dass Politik jetzt als eine rational zu betreibende Kunst verstanden wurde, die nüchtern die eigenen Interessen verfolgte. Der Florentiner Francesco Guicciardini (1483–1540) prägte den Begriff der Staatsräson*. Aus der Analyse der Konflikte in Florenz, der Spannungen zwischen den italienischen Staaten und der Kämpfe zwischen Habsburg und Frankreich um die Vorherrschaft in Italien entwickelte Niccolò Machiavelli (1469–1527) seine Lehre von den Grundlagen der Politik: Ziel aller Politik müsse es sein, formulierte er 1514 in „Der Fürst", das Staatswesen zu erhalten und die Macht des Fürsten auszuweiten.

Künstler und Kunstwerke

Die Veränderung des Denkens zeigte sich auch in der Kunst. Der Künstler trat aus dem Status des Zunfthandwerkers heraus und verstand sich jetzt als „uomo universale": als ein umfassend gebildeter Mensch, dem Spezialistentum fremd war und der seine Werke als individuelle Schöpfungen verstand. Die Maler stellten nicht mehr stilisierte Heilige auf Goldgrund dar, sondern Menschen mit ihren individuellen Charakterzügen. Das Gleiche galt für die Bildhauer. Ein Höhepunkt war um 1500 mit dem Florentiner Universalgelehrten Leonardo da Vinci (1452–1519) erreicht, der feinste Details, flüchtige Stimmungen, Licht und Schatten und genaue Proportionen darstellte. Als neue Gattungen entstanden die Porträt-, die Landschafts- und die Historienmalerei. Die radikalste Veränderung im Bereich des künstlerischen Ausdrucks war der Übergang zur Zentralperspektive: Die Bilder zeigten jetzt eine Wirklichkeit, die vom Maler geplant und nach einem System mathematisch festgelegter Bezugspunkte konstruiert und gestaltet ist. Der Architekt Filippo Brunelleschi (1377–1446) verhalf der neuen Architektur durch die Übernahme antiker Formen und des Zentralbaus zum Durchbruch.

M 3 Die Verkündigung, Ölgemälde von Leonardo da Vinci, 1472–1475

Neue Wege in Technik und Naturwissenschaften

Im europäischen Mittelalter waren praktische Tätigkeit, das heißt Technik, und theoretische Naturwissenschaft streng geschiedene Bereiche. Die mittelalterliche Physik beschrieb Naturvorgänge beobachtend und analysierend in ihrem ungestörten Ablauf. Experimente, die Anwendung technischer Hilfsmittel zur Erforschung der Natur waren undenkbar; denn Technik wurde als „*machinatio*" betrachtet, das heißt als „listiges Mittel", was sich von „*mechanomai*" (griech. = ich ersinne eine List) ableitet. Im ausgehenden Mittelalter wurden die „mechanischen Künste" zwar hoch geschätzt, aber sie wurden ebenso wenig wie die sich ausformenden modernen Naturwissenschaften in das von der Theologie und den Autoritäten der Antike bestimmte offizielle Bildungssystem integriert. Das änderte sich erst im 14. und 15. Jahrhundert. Humanismus und Renaissance bildeten eine der zentralen Grundlagen der „neuen Wissenschaft" – ein Begriff, der in der Mitte des 16. Jahrhunderts in Italien entstand. Erst das humanistische Ideal der moralisch-geistigen Autonomie des Menschen, der Glaube an die Möglichkeit vernunftbestimmter Erkenntnis und nicht zuletzt die Wiederentdeckung der antiken Naturwissenschaft bildeten die Basis des wissenschaftlich-technischen Aufbruchs. Technische Erfindungen wurden jetzt als individuelle geistige Leistungen betrachtet, die schützenswert waren. 1474 führte Venedig als erster Staat ein Patentrecht zum Schutze des Erfinders vor Nachahmungen ein. Die Künstleringenieure des ausgehenden 15. und des 16. Jahrhunderts, wie z. B. Leonardo da Vinci, verbanden künstlerische mit technisch-mathematischer Kompetenz. Sie waren die ersten „Techniker" in modernem Sinn, weil sie über die Praxis hinaus auch die „wissenschaftlichen" Grundlagen ihrer Tätigkeit reflektierten.

Ein neues Weltbild

Die wissenschaftliche Revolution wird vor allem mit dem Namen des Frauenburger Domherrn Nikolaus Kopernikus (1473–1543) verbunden. In seinem letzten Lebensjahr veröffentlichte er sein berühmtes Werk „*De revolutionibus orbium coelestium*" („Über die Kreisbewegung der Himmelskörper") und stellte darin die Gültigkeit des alten, mittelalterlichen Weltbildes mit der Vorstellung von der Erde als Mittelpunkt der Welt infrage: Nicht die Erde sei das Zentrum, sondern die Sonne, um die die Erde und die anderen Planeten kreisen. Die „kopernikanische Wende" – so der Titel eines Buches des amerikanischen Wissenschaftshistorikers Thomas S. Kuhn – war allerdings viel eher die wissenschaftliche Leistung des in Weil der Stadt geborenen und in Tübingen ausgebildeten Johannes Kepler (1571–1630). Während Kopernikus seine Auffassung des heliozentrischen Weltbildes mit den traditionellen Methoden der Astronomie erklärt hatte, wies Kepler nach, dass sich die Planeten in elliptischen Bahnen um die Erde bewegten. Das war der eigentliche Durchbruch in der Astrophysik. Galileo Galilei (1564–1642), der als erster bedeutender Naturwissenschaftler in seiner Muttersprache schrieb, führte mit einem neu konstruierten Fernrohr erstmals genaue astronomische

M 4 Johannes Kepler, Stich, 19. Jahrhundert

Beobachtungen durch. Er entdeckte die Mondkrater, die Ringe des Saturn und die Monde des Jupiter. Außerdem stellte er fest, dass die Venus wie der Mond verschiedene Phasen aufwies, sich also drehte und von der Sonne beschienen wurde. Aus der Durchmusterung der Milchstraße schloss er, dass die Zahl der Sterne unendlich groß und das Weltall grenzenlos sein müsse. Seine Zeichnungen von der Oberfläche des Mondes waren eine wissenschaftliche Sensation. Seine Forschungen zeigten den Menschen, wie unermesslich groß der Weltraum und wie klein ihre Erde war.

Naturwissenschaft als exakte Wissenschaft

Vor allem im 17. Jahrhundert stärkte eine Fülle neuer Entdeckungen das Bewusstsein, dass das bislang so bewunderte Wissen der Antike übertroffen worden und eine neue Epoche angebrochen sei. Der Mensch und seine Stellung im Kosmos veränderten sich: Der Mensch entdeckte sich jetzt als Herrscher über die Natur. In dieser Welt brauchte er neue Orientierungspunkte. Als Berechnender und Messender konnte sich der Mensch selbst zum Bezugspunkt machen, indem er die Gesetze der Natur erforschte. Galilei, Kepler und der französische Mathematiker und Philosoph **René Descartes (1596–1650)** erhoben daher die Mathematik zur neuen Leitwissenschaft. Descartes war überzeugt, dass sich der über sein Tun reflektierende und rational handelnde Mensch von vorgegebenen Wissens- und Lehrautoritäten lösen müsse. Alle Erscheinungen der Natur, so Descartes, seien sowohl rational erfassbar als auch mathematisch erklärbar. Lebendige Organismen könnten komplizierten Maschinen gleichgesetzt werden. Seit Descartes die analytische Geometrie, **Isaak Newton (1643–1727)** und **Gottfried W. Leibniz (1646–1716)** unabhängig voneinander die Infinitesimalrechnung entwickelt hatten, hieß Naturwissenschaft: exakte mathematische Berechnung. Neben der Mathematisierung der Naturerforschung propagierte **Francis Bacon (1560–1626)**, von ihm stammt der Ausspruch „Wissen ist Macht", das systematische Experiment, um Einsichten in die Natur und ihre Gesetzlichkeit zu gewinnen.

Zwischen Umbruch und Beharrung: Die Kirche, der Glauben und das Wissen

Den Neuerungen im Denken und in den Wissenschaften standen jedoch auch verschiedene Kräfte der Beharrung gegenüber. Eine zentrale Institution der Beharrung war die **Kirche**. Zu welch radikalen Maßnahmen sie griff, um ihre Deutungshoheit und das traditionelle Weltbild zu erhalten, zeigt das Beispiel von **Galileo Galilei**. Die astronomischen Beobachtungen von Galilei standen im Gegensatz zu

M 5 Forschungsinstrumente des Galileo Galilei, 1. Hälfte 17. Jahrhundert, Fotografie, 1998

dem von der katholischen Kirche akzeptierten ptolemäischen Weltbild. Aus den Schriften Galileis schlossen die Kirchenvertreter, dass er ein Anhänger des kopernikanischen heliozentrischen Weltbilds war, und zogen ihn vor das Inquisitionsgericht. 1633 zwangen sie ihn unter Androhung der Folter zum Widerruf. Der Fall Galilei zeigt auch, wie sehr die Epoche der wissenschaftlichen Revolution eine Zeit extremer Widersprüche zwischen Glauben und Wissen war. Auch der Aberglaube blühte weiter, wie die paradoxe Situation zeigt, in der sich Johannes Kepler befand. In den Jahren 1616 bis 1621 stand die Mutter Keplers unter dem Verdacht der Hexerei. Anschuldigungen von Nachbarn führten zu einem langwierigen Gerichtsverfahren, in dessen Verlauf die Mutter des bereits weltberühmten Wissenschaftlers inhaftiert und mit der Folter bedroht wurde. Kepler nahm seine Mutter in Schutz, bat die württembergischen Behörden um bessere Haftbedingungen und ein schnelles Verfahren – an der Existenz von Hexen zweifelte er aber ebenso wenig wie an der „Wissenschaftlichkeit" der Astrologie. Nur weil seine Mutter standhaft blieb und kein Geständnis ablegte, kam sie wieder frei. Wissenschaftliches Denken, kirchliche Autorität und Volksglauben befanden sich an der Wende zum 17. Jahrhundert in einem schwierigen Spannungsverhältnis.

Zwischen Umbruch und Beharrung: Reformation und Staatsreform

Schon zu Beginn des 16. Jahrhunderts hatte sich die Kirche mit verschiedenen Reformbestrebungen konfrontiert gesehen, die in den 95 Thesen von Martin Luther 1517 gipfelten. Im Jahr 1520 legte er seine Theologie in drei großen Reformschriften dar: „An den christlichen Adel deutscher Nation", „Von der Freiheit eines Christenmenschen" und „Von der babylonischen Gefangenschaft der Kirche". Darin verurteilte er den Ablasshandel zur Erlassung der Sündenstrafen und setzte Gottes Erbarmen und den Glauben, allein basierend auf der Bibel, dagegen. Er stellte also die Autorität des Papstes und der Kirche infrage, was letztlich zur Spaltung der Kirche und der Begründung des Protestantismus führte. In der protestantischen Kirche galt das „Priestertum aller Gläubigen", d. h., die Gemeinde und ihre individuellen Gläubigen bekamen eine neue Bedeutung. Sie sollten das Recht erhalten, Prediger selbst zu wählen, wobei diese nach Luther keine besondere Macht der Heilsvermittlung besaßen, sondern letztlich nur ein Teil der Gemeinde waren. Die Gottesdienste wurden nun statt in Latein in Deutsch gehalten. Vor allem in den Städten fanden die Lehren Luthers schnell Anhänger. Außerdem stellten sich einige Landesherren auf Luthers Seite. Alle Versuche von Karl V., die Reformation zu stoppen, scheiterten, erst der Augsburger Religionsfrieden von 1555 brachte den Ausgleich und die Anerkennung der Existenz zweier unterschiedlicher Konfessionen.

Doch auch der Staat erlebte sowohl Reformen als auch die Sicherung von traditionellen Vorrechten. Im Kern ging es um die Zentralisierung staatlicher Macht bzw. um die Machtverteilung zwischen den Landesfürsten, die in einem Parallelprozess ihre Territorien staatlich zu organisieren begannen, und dem Heiligen Römischen Reich, repräsentiert durch den Kaiser. Die Reichsreform, die 1495 mit dem „Ewigen Landfrie den" begann, schuf zentrale Einrichtungen des Reiches, wie das Reichskammergericht, eine Reichssteuer und das Reichsregiment, ein Gremium von zwanzig Personen, ohne die der Kaiser keine Entscheidung durchsetzen konnte. Die Umsetzung scheiterte jedoch am Unwillen der Stände (das sind die Kurfürsten, die anderen geistlichen und weltlichen Fürsten und Grafen mit ihren Landesherrschaften sowie die Reichsstädte), diese zu finanzieren. Erhalten blieb nur der Reichstag, der sich Ende des 15. Jahrhunderts zu einem Verfassungsorgan entwickelt hatte, das für alle verbindliche Entscheidungen traf und ohne das der Kaiser nicht regieren konnte. Auch die Einteilung des Reiches in sechs Kreise als Basis für die organisatorische Umsetzung von rechtlichen, finanziellen und militärischen Maßnahmen blieb erhalten und modernisierte den Föderalismus.

„Medienrevolution"

Humanisten und Wissenschaftler sorgten für neues Wissen, Theologen und Juristen für Reformideen bezüglich Kirche und Staat. Einen wichtigen, wenn nicht entscheidenden Faktor bei der Verbreitung der neuen Ideen stellte die Erfindung des Buchdrucks dar. Mitte des 15. Jahrhunderts konstruierte Johannes Gutenberg (1397–1468) in Mainz bewegliche Metalllettern, die er mithilfe verschiedener spezieller Werkzeuge beliebig in eine bis zu 42-zeilige Druckplatte einsetzen konnte und dank einer Presse immer wieder auf Papier abbilden konnte. Auf diese Weise konnten Bücher und andere Schriften billiger und schneller hergestellt werden als mit den alten Druckplatten aus Holz bzw. durch das noch ältere Abschreiben von Manuskripten. Folge war die massenhafte und schnelle Verbreitung von Schriften und Erkenntnissen in Form von gedruckten Büchern, mehrseitigen Artikeln und Flugblättern. Die Zahl der Veröffentlichung von Druckschriften wuchs zwischen 1450 und 1600 von 30 000 auf um die 200 000 an, die Anzahl der gedruckten Exemplare insgesamt stieg um das Zehnfache auf 15 bis 20 Millionen.

M 6 Gutenberg-Bibel, Druckseite mit Malerei, 1455/56

Das neue Medium Druck erzeugte auch völlig neue Formen der Kommunikation. Zunächst ist die Verbreitung der Lesefähigkeit zu nennen. Immer mehr Menschen hatten Zugang zu Texten und lernten das Lesen. Durch die wiederholte Lektüre eines Textes konnte zudem das Wissen tiefer verankert und durch den Abgleich mit weiteren Büchern eingeordnet werden. Das Wissen wurde so nicht abschließend gesetzt, sondern immer wieder neu infrage gestellt. Forschung wurde angeregt und Meinungsvielfalt erzeugt. Das galt auch für die Politik. Die Obrigkeiten versuchten zwar mithilfe von Zensur auf politische Inhalte Einfluss zu nehmen bzw. Schriften ganz zu verbieten, doch die Ausweichmöglichkeiten auf Druckereien in Nachbarstaaten waren so zahlreich, dass eine Kontrolle kaum mehr möglich war. Staatliche Institutionen nutzten den Druck aber auch für sich, um Anordnungen und Gesetzestexte allen Untertanen zugänglich zu machen und so ihre Allgemeingültigkeit durchzusetzen. Die entstehenden staatlichen Verwaltungen konnten Verfahren und Entscheidungen schrittweise dokumentieren und archivieren.

Mythos Renaissance

Die Verklärung der Renaissance als „Goldenes Zeitalter" des Individualismus und als der Beginn der Moderne wurde vor allem von dem Schweizer Kulturhistoriker Jacob Burckhardt (1818–1897) und seinen Schriften im 19. Jahrhundert geprägt. In Abgrenzung zum „finsteren" Mittelalter sah er in der Epoche der Renaissance eine Zeit des Lichts: Der Mensch erwacht aus seiner Erstarrung, erkennt sich selbst und seine Welt, er bildet sich, forscht, bricht auf zu neuen Ufern und schafft neue Kunst, neues Wissen und neue Bauwerke. Damit seien die Grundlagen für den modernen Menschen gelegt worden. Diese Form der Mythisierung der Renaissance als quasi revolutionärer Umbruch zur Moderne war in der Geschichtswissenschaft lange sehr verbreitet, wenn auch in abgeschwächter Form. Inzwischen überwiegt jedoch die kritische Auseinandersetzung. Dabei steht die Frage nach der Renaissance als eigenständiger Epoche, als „Zeitenwende" oder Umbruch sowie als Ursprung der Moderne im Vordergrund. Wissenschaftler wie der britische Historiker Peter Burke (*1937) argumentieren gegen den Epochencharakter der Renaissance, indem sie eine lange Phase der kulturellen Veränderungen zwischen den Jahren 1000 und 1800 verorten. Ein weiteres Argument gegen die Renaissance als „kulturelle Revolution" ist ihr Wirkungsgrad. Letztlich waren nur die Gebildeten Teil dieser Bewegung. Die große Masse der europäischen Bevölkerung blieb davon weitgehend unberührt. Befürworter des Epochencharakters wie der deutsche Historiker Volker Reinhardt (*1954) verweisen dagegen auf nachweisliche Neuerungen der Zeit, wie den Individualismus (im Denken der Humanisten, in der Kunst, in der Politik), neue Kommunikationsformen (Alphabetisierung, umfassendere Bildung sowie Erweiterung des geografischen und geistigen Horizonts) und neue Herrschaftsformen (Zivilisierung der Gesellschaft durch die allmähliche Etablierung einer Zentralgewalt sowie allgemeingültiger Gesetze). Sie relativieren zwar den Umbruchcharakter der Renaissance, sehen sie aber als eine Phase der „mittleren Dauer", in der sich die „Konturen eines Zeitraums beschleunigten Wandels" (Reinhardt) zeigen.

Webcode:
KH300943-113

1 Beschreiben Sie mit eigenen Worten das neue Menschenbild (*uomo universale*) um 1500 und seine Auswirkungen auf Wissenschaft, Kunst und Politik.
2 Tabelle: Erstellen Sie auf der Basis der Darstellung eine Tabelle mit den naturwissenschaftlich-technischen Erfindungen und Ansichten des 15. und 16. Jahrhunderts. Nennen Sie Jahr der Neuerung, Namen des Forschers, Art der Neuerung und Auswirkungen.
3 Vergleichen Sie die „Medienrevolution" des 15. Jahrhunderts mit der „digitalen Revolution" des 20./21. Jahrhunderts.

Hinweise zur Arbeit mit den Materialien

Das Kapitel nähert sich der in der Überschrift gestellten Frage nach einem „geistigen Umbruch" im 15. und 16. Jahrhundert zunächst mit drei Materialien zur **Wiederentdeckung der Antike** (M 7 bis M 9). Darauf aufbauend finden sich Text- und Bildmaterialen zum **neuen Menschenbild** (M 10 kirchliche Sicht des 13. Jh.; M 11 humanistische Sicht des 15. Jh., M 12 Selbstporträt von Albrecht Dürer). Ergänzt werden diese Materialien durch die Gedanken Machiavellis und Erasmus' von Rotterdam zur Rolle des Fürsten (M 13 bis M 15). Es folgt ein Materialblock zu den **neuen Regeln der Kunst** (M 16 bis M 19). Anschließend kann der „geistige Umbruch" anhand von **neuen Wegen und Denkweisen in den Naturwissenschaften** untersucht werden. Nach einem einführenden Text zum aristotelischen Weltbild und der Wissenschaft im 16./17. Jh. (M 20) können das alte aristotelisch-mittelalterliche Weltbild und das neue kopernikanische Weltbild (M 21 und M 22) verglichen werden. Die folgenden Texte sind dem Wissenschaftler **Galileo Galilei** gewidmet (M 23 bis M 26) und ermöglichen die exemplarische Herausarbeitung des Neuen. Anschließend werden „Wissenschaftsrevolution" und **„Medienrevolution"** zueinander in Beziehung gesetzt (M 27 bis M 29). Die das ganze Rahmenthema durchziehende Fragestellung nach **Reformbewegungen und Beharrungskräften** kann am Beispiel von Reichsreform versus Territorialherrschaft bearbeitet werden (M 30 bis M 32). Abschließend wird dem kontrovers diskutierten **„Mythos Renaissance"** nachgegangen. Drei Sekundärtexte (M 33, M 35 und M 36) decken die wissenschaftliche Diskussion mit ihren verschiedenen Positionen ab, Botticellis „Drei Grazien" (M 34) beschwören dagegen bildlich-sinnlich den „Zauber der Renaissance".

Der **Methodenteil** bietet eine Einführung in die Analyse von Gemälden (S. 134 ff.).

Am Ende des Kapitels finden sich **weiterführende Arbeitsanregungen** und die Möglichkeit, die im Kapitel erworbenen **Kompetenzen zu überprüfen** (S. 138 f.).

Wiederentdeckung der Antike

M 7 Der Theologe Augustinus Valerius über das Studium (1563)

Augustinus Valerius (1531–1606) war Theologe und als Diplomat im Dienste Venedigs tätig. 1563 gab er dem venezianischen Adligen Aloisio Contarini Ratschläge zum Studium:

So groß waren bei Griechen wie Römern Begabung und Fleiß, so hervorragend war ihre Bildung auf allen Gebieten, dass sie selbst sämtliche eines freien und edlen Menschen
5 würdigen Künste und Wissenschaften erfunden und uns in formvollendeten literarischen Werken überliefert haben. Um von der Philosophie, als der vornehmsten Wissenschaft, die die Prinzipien und Ursachen der Natur unter-
10 sucht, zuerst zu sprechen: Welches naturphilosophische Problem ist so entlegen oder so schwierig, dass es nicht – wenn ich Pythagoras, Empedokles, Demokrit und die alten Philosophen hier einmal übergehe – zuerst Plato,
15 dann Aristoteles mit höchster Eleganz behandelt hätten? Jenes Gebiet der Philosophie vollends, das sich mit Ethik und der richtigen Lebensgestaltung und Staatsverwaltung beschäftigt, haben nicht nur die beiden eben
20 genannten größten Philosophen, Plato und Aristoteles, sondern auch Xenophon, dann – auf Lateinisch – unser Cicero, schließlich Seneca und Plutarch so erhellt und bereichert, dass uns nichts zu wünschen übrig bleibt. Was
25 ferner die Mathematik betrifft, wer kann hier ohne Euklid, Archimedes und Ptolemäus auch nur das Geringste zu lernen hoffen? Zur Dialektik, die gewissermaßen das Instrumentarium bereitstellt, dessen wir uns zur Erkenntnis
30 des Wahren und Guten bedienen, hat in manchem Plato in seinen Dialogen, haben in anderem die Stoiker den Grund gelegt; aber erst Aristoteles mit seinem göttlichen Verstand hat diese Disziplin vollkommen erhellt. […]

Wozu das alles, wirst Du sagen. Sollen wir Heutigen nur die Weisheit der Alten anstaunen [...] und überhaupt nichts Eigenes zu denken oder zu schreiben wagen, sondern unser ganzes Leben mit dem Begreifen der Schriften anderer zubringen? Nun, das ist keineswegs meine Meinung, vielmehr sollen wir mit Eifer und Sorgfalt die Autoren derjenigen Wissenschaften, denen wir uns von Kindheit an ergeben haben, lesen, und wenn wir ihre Ansichten kennen gelernt haben, werden wir sorgfältig mit uns zu Rate gehen müssen, ob wir uns entweder dadurch, dass wir sie an Fleiß übertreffen, oder aber dadurch, dass wir ihre Schriften kommentieren, um unsere Zeitgenossen verdient machen und der Nachwelt irgendein Werk hinterlassen können, woran sie zu erkennen vermag, dass wir wirklich gelebt und unseren Beitrag zum Gemeinwohl geleistet haben.

Nicolette Mout (Hg.), Die Kultur des Humanismus. Reden, Briefe, Traktate, Gespräche von Petrarca bis Kepler, C. H. Beck, München 1998, S. 70 f.

1. Arbeiten Sie aus M 7 die Bedeutung der Antike für die Renaissance heraus.
2. **Recherche:** Informieren Sie sich über die erwähnten Personen und ordnen Sie diese den verschiedenen Wissenschaften zu.

M 8 Der Wissenschaftshistoriker John Freely über den Wissenstransfer aus der arabisch-muslimischen Welt (2012)

Die islamische Wissenschaft in Al-Andalus stand in voller Blüte, als die ersten christlichen Gelehrten zum Studium auf die Halbinsel kamen. Dort studierten sie die Naturwissenschaften in arabischen Quellen und übersetzten diese ins Lateinische, häufig in Zusammenarbeit mit den vielsprachigen Schreibern vor Ort, meist Juden, von denen einige freiwillig zum Christentum konvertiert waren. Von Toledo bis Palermo fertigten Gelehrte Übersetzungen vom Arabischen ins Lateinische an und arbeiteten an eigenen wissenschaftlichen Werken.

Der erste Beleg für die europäische Aneignung der islamischen Wissenschaft ist eine lateinische Handschrift aus dem 10. Jahrhundert. Sie stammt aus der Bibliothek des Klosters Santa María de Ripoll in Katalonien [...]. Die Handschrift beginnt mit einem kurzen Aufsatz über das Astrolab und enthält eine Tafel der hellsten Sterne, die mit den arabischen Namen bezeichnet sind, unter denen wir sie noch heute kennen, zum Beispiel Altair, Vega, Rigel, Aldebaran und Algol. [...]

Die erste bedeutende Persönlichkeit in der europäischen Aneignung der griechisch-arabischen Wissenschaft war Gerbert d'Aurillac (um 945–1003), der spätere Papst Silvester II. (reg. 999–1003). Unter Gerberts schriftlichen Dokumenten findet sich ein Brief, mit dem er im Mai 984 an einen gewissen Lupitus von Barcelona die Bitte richtete, ihm eine Übersetzung, vermutlich eines arabischen Werks, zuzusenden, die dieser von einer Abhandlung zur Astrologie angefertigt hatte.

Gerbert selbst soll ein Traktat zum Astrolab mit dem Titel *De astrolabia* verfasst haben, sowie den ersten Teil des Werks *De utilitatibus astrolabii*, beide unter arabischem Einfluss. [...] Er konstruierte auch ein Gerät zur Darstellung der Himmelssphäre, das er in seinen Astronomiekursen an der Kathedralschule von Reims anwendete. Seine Schüler unterrichteten später an acht anderen Schulen in Nordwesteuropa, wo sie – ganz nach dem Vorbild des Lehrers – den Schwerpunkt auf die mathematischen Wissenschaften legten, die dieser aus islamischen Quellen in Spanien kennengelernt hatte.

John Freely, Platon in Bagdad. Wie das Wissen der Antike zurück nach Europa kam, Klett-Cotta, Stuttgart 2012, S. 161 f.

1. Klären Sie unbekannte Begriffe und Namen des Textes.
2. Skizzieren Sie auf der Basis von M 8 die verschiedenen Wege des Wissenstransfers aus der arabisch-muslimischen Welt nach Europa und ihre Verbreitung in Europa.

M 9 Bibliothek von San Marco, 1. Hälfte des 15. Jh., Florenz, Fotografie, 2011

1 **Recherche:** Tragen Sie Informationen zu Florenz im 15. Jahrhundert zusammen (siehe auch Kap. 4, S. 78 und S. 88 ff.). Begründen Sie, warum die Renaissance ihren Ausgang in Oberitalien nahm.

Neues Menschenbild

M 10 Papst Innozenz III. (1198–1216) über den Menschen

Wer gibt meinen Augen den Tränenquell, dass ich beweine den bejammernswerten Eintritt in das menschliche Dasein, beweine das schuldhafte Fortschreiten menschlichen Le-
5 bens, beweine das verdammenswerte Ende menschlicher Vernichtung? [...] Aus Erde geschaffen, in Schuld empfangen, zur Strafe geboren, tut der Mensch Böses, was er nicht soll, Verwerfliches, was sich nicht ziemt, Nutzlo-
10 ses, was sich nicht lohnt, wird er Nahrung für das Feuer, Köder für den Wurm, ein Haufen Dreck. [...] Geschaffen ist der Mensch aus Staub, aus Lehm, aus Asche. [...] Empfangen ist er [...] im Sumpf der Sünde. Geboren ist er
15 für die Qual, für die Furcht, für den Schmerz und was noch elender ist: für den Tod.

Zit. nach: Arnold Bühler, Imago Mundi, in: Geschichte in Wissenschaft und Unterricht 41, 1990, S. 485.

M 11 Giovanni Pico della Mirandola über die Würde des Menschen (1487)

Giovanni Pico della Mirandola (1463–1494) war ein Humanist und Philosoph. 1486 plante er einen Gelehrtenkongress in Rom, der jedoch am Einspruch des Papstes scheiterte. 1487 veröffentlichte er 900 Thesen über Philosophie, die in Rom hätten diskutiert werden sollen mit dem Ziel, die Richtungen der Philosophie zu harmonisieren. Eingeleitet wurden die Thesen mit einer Rede über die Würde des Menschen:

Ich habe mich denn schließlich um die Einsicht bemüht, warum das glücklichste und aller Bewunderung würdigste Lebewesen der Mensch sei und unter welchen Bedingungen es möglich sein konnte, dass er aus der Reihe
5 des Universums hervorschritt, beneidenswert nicht nur für die Tiere, sondern auch für die Sterne, ja sogar für die überweltlichen Intelligenzen. Geht das doch fast über den Glauben hinaus, so wunderbar ist es. [...]
10 Bereits hatte Gott-Vater, der höchste Baumeister, dieses irdische Haus der Gottheit, das wir jetzt sehen, diesen Tempel des Erhabensten, nach den Gesetzen einer verborgenen Weisheit errichtet. Das überirdische Gefilde
15 hatte er mit Geistern geschmückt, die ätherischen Sphären hatte er mit ewigen Seelen belebt, die materiellen und fruchtbaren Teile der unteren Welt hatte er mit einer bunten Schar von Tieren angefüllt. Aber als er dieses Werk
20 vollendet hatte, da wünschte der Baumeister, es möge jemand da sein, der die Vernunft eines so hohen Werkes nachdenklich erwäge, seine Schönheit liebe, seine Größe bewundere. Deswegen dachte er, nachdem bereits alle
25 Dinge fertig gestellt waren, wie es Moses und

Timaeus bezeugen, zuletzt an die Schöpfung des Menschen. Nun befand sich aber unter den Archetypen in Wahrheit kein Einziger, nach dem er einen neuen Sprössling hätte bilden sollen. [...]

Daher ließ sich Gott den Menschen gefallen als ein Geschöpf, das kein deutlich unterscheidbares Bild besitzt, stellte ihn in die Mitte der Welt und sprach zu ihm: „Wir haben dir keinen bestimmten Wohnsitz noch ein eigenes Gesicht, noch irgendeine besondere Gabe verliehen, o Adam, damit du jeden beliebigen Wohnsitz, jedes beliebige Gesicht und alle Gaben, die du dir sicher wünschst, auch nach deinem Willen und nach deiner eigenen Meinung haben und besitzen mögest. Den übrigen Wesen ist ihre Natur durch die von uns vorgeschriebenen Gesetze bestimmt und wird dadurch in Schranken gehalten. Du bist durch keinerlei unüberwindliche Schranken gehemmt, sondern du sollst nach deinem eigenen freien Willen, in dessen Hand ich dein Geschick gelegt habe, sogar jene Natur dir selbst vorherbestimmen. Ich habe dich in die Mitte der Welt gesetzt, damit du von dort bequem um dich schaust, was es alles in dieser Welt gibt. Wir haben dich weder als einen Himmlischen noch als einen Irdischen, weder als einen Sterblichen noch einen Unsterblichen geschaffen, damit du als dein eigener, vollkommen frei und ehrenhalber schaltender Bildhauer und Dichter dir selbst die Form bestimmst, in der du zu leben wünschst. Es steht dir frei, in die Unterwelt des Viehes zu entarten. Es steht dir ebenso frei, in die höhere Welt des Göttlichen dich durch den Entschluss deines eigenen Geistes zu erheben.

Zit. nach: Nicolette Mout, Die Kultur des Humanismus, C. H. Beck, München 1998, S. 308 f.

1 Beschreiben Sie das Menschenbild der Kirche im 13. Jahrhundert (M 10) und zeigen Sie, wie es abgeleitet wird.
2 Charakterisieren Sie das Menschenbild von Mirandola und seine Belege (M 11).
3 Zeigen Sie auf, welche unterschiedlichen Folgen sich daraus für das Leben des einzelnen Menschen ergeben.

M 12 Selbstporträt mit Distel, Ölgemälde von Albrecht Dürer, 1493

1 Beschreiben Sie das Porträt Dürers (M 12).
2 Erläutern Sie, inwiefern sich in dem Bild das neue Menschenbild der Renaissance widerspiegelt.

M 13 Niccolò Machiavelli in seiner Schrift „Der Fürst" (1514)

Ich möchte den vorgenannten Eigenschaften eines Herrschers [d. h. Freigebigkeit und Sparsamkeit] noch andere hinzufügen, indem ich bemerke, dass jeder Herrscher danach trachten sollte, im Ruf der Milde und nicht in dem der Grausamkeit zu stehen. Doch muss er darauf achten, dass er von der Milde keinen schlechten Gebrauch macht.

Cesare Borgia galt als grausam. Trotzdem hat diese Grausamkeit die Romagna geordnet und geeinigt und ihr wieder Frieden und Ergebenheit (gegenüber dem Herrscher) gebracht. [...]

Ein Herrscher darf sich also um den Vorwurf der Grausamkeit nicht kümmern, wenn er dadurch seine Untertanen in Einigkeit und Ergebenheit halten kann. Statuiert er nämlich einige wenige abschreckende Beispiele, so ist er barmherziger als diejenigen, die infolge allzu großer Milde Unordnung einreißen lassen, aus der Mord und Plünderung entstehen. Diese treffen gewöhnlich die Allgemeinheit; Exekutionen, die vom Herrscher ausgehen, treffen nur Einzelne. Unter allen Herrschern ist es einem neu zur Macht gekommenen unmöglich, den Ruf der Grausamkeit zu vermeiden, da eine neu gegründete Herrschaft voller Gefahren ist. [...]

Daran schließt sich eine Streitfrage: Ist es besser, geliebt als gefürchtet zu werden, oder umgekehrt? Die Antwort lautet, dass man wohl das eine als das andere sein sollte. Da es aber schwer ist, beides zu vereinigen, ist es viel sicherer, gefürchtet als geliebt zu sein, wenn man schon auf eines von beiden verzichten muss. Denn von den Menschen kann man im Allgemeinen sagen, dass sie undankbar, wankelmütig, verlogen, heuchlerisch, ängstlich und raffgierig sind. Solange du ihnen Vorteile verschaffst, sind sie dir ergeben und bieten dir Blut, Habe, Leben und Söhne an, aber nur, wie ich oben schon sagte, wenn die Not ferne ist. Rückt sie aber näher, so empören sie sich. [...]

Trotzdem soll ein Herrscher nur insoweit gefürchtet sein, dass er, falls er schon keine Liebe erwirbt, doch nicht verhasst ist; denn es kann sehr wohl vorkommen, dass man gefürchtet und doch nicht verhasst ist. Einem Herrscher wird dies stets gelingen, wenn er sich nicht an der Habe und den Frauen seiner Mitbürger und Untertanen vergreift. Und wird er auch in die Notwendigkeit versetzt, jemandem das Leben zu nehmen, so mag er es tun, wenn er eine hinreichende Rechtfertigung und einen ersichtlichen Grund hierfür hat. Doch keinesfalls darf er das Eigentum anderer antasten; denn die Menschen vergessen rascher den Tod ihres Vaters als den Verlust ihres väterlichen Erbes. [...]

Sollten Fürsten ihr Wort halten?
Ihr müsst euch nämlich darüber im Klaren sein, dass es zweierlei Arten der Auseinandersetzung gibt: die mit Hilfe des Rechts und die mit Gewalt. Die erstere entspricht dem Menschen, die letztere den Tieren. Da die erstere oft nicht zum Ziele führt, ist es nötig, zur zweiten zu greifen. Deshalb muss ein Herrscher gut verstehen, die Natur des Tieres und des Menschen anzunehmen [...]

Wenn sich also ein Herrscher gut darauf verstehen muss, die Natur des Tieres anzunehmen, soll er sich den Fuchs und den Löwen wählen; denn der Löwe ist wehrlos gegen Schlingen, der Fuchs ist wehrlos gegen Wölfe. Man muss also Fuchs sein, um die Schlingen zu wittern, und Löwe, um die Wölfe zu schrecken. Wer nur Löwe sein will, versteht seine Sache schlecht. Ein kluger Machthaber kann und darf daher sein Wort nicht halten, wenn ihm dies zum Schaden gereichen würde und wenn die Gründe weggefallen sind, die ihn zu seinem Versprechen veranlasst haben. Wären die Menschen alle gut, so wäre dieser Vorschlag nicht gut; da sie aber schlecht sind und das gegebene Wort auch nicht halten würden, hast auch du keinen Anlass, es ihnen gegenüber zu halten. Auch hat es einem Herrscher noch nie an rechtmäßigen Gründen gefehlt, seinen Wortbruch zu bemänteln. [...]

Ein Herrscher braucht also alle die vorgenannten guten Eigenschaften nicht in Wirklichkeit zu besitzen; doch muss er sich den Anschein geben, als ob er sie besäße. [...] Man muss Verständnis dafür haben, dass ein Herrscher [...] nicht alles beachten kann, wodurch die Menschen in einen guten Ruf kommen, sondern oft gezwungen ist, gegen Treue, Barmherzigkeit, Menschlichkeit und Religion zu verstoßen, eben um die Herrschaft zu behaupten. Darum muss er die Seelenstärke haben, sich nach den Winden des Glücks und dem Wechsel der Verhältnisse zu richten und, wie ich oben sagte, vom Guten so lange nicht abzugehen, als es möglich ist, aber im Notfall auch verstehen, Böses zu tun. [...] Die Handlungen aller Menschen und besonders die eines Herrschers, der keinen Richter über sich hat, beurteilt man nach dem Enderfolg. Ein Herrscher braucht also nur zu siegen [...], so werden die Mittel dazu stets für ehrenvoll angesehen und von jedem gelobt. Denn der Pöbel hält sich immer an den Schein und den Erfolg; und in der Welt gibt es nur Pöbel. Die wenigen zählen nicht gegen die Masse, wenn dieser am Staat einen Rückhalt hat.

Arnold Bergsträsser u. a. (Hg.), Klassiker der Staatsphilosophie, Bd. 1, Köhler, Stuttgart 1962, S. 109 ff.

M 14 Statue von Niccolò Machiavelli an den Uffizien in Florenz, Fotografie, 2014

1. Erarbeiten Sie, welches nach Machiavelli die Kriterien erfolgreicher Politik sind.
2. Erläutern Sie, wie Machiavelli das Verhältnis von Herrscher und Volk sieht.
3. Charakterisieren Sie die Darstellung Machiavellis in M 14.
4. Heute bezeichnet „Machiavellismus" eine Machtpolitik, die keine Bedenken gegen die Wahl ihrer Mittel kennt. Beurteilen Sie, ob dieser Begriff zu Recht verwendet wird.

M 15 Erasmus von Rotterdam über die „Erziehung des christlichen Fürsten" (1515)

Die Schrift „Erziehung des christlichen Fürsten" widmete Erasmus dem gerade volljährig gewordenen künftigen Kaiser Karl V. Obwohl nicht anzunehmen ist, dass Erasmus den 1514 entstandenen „Principe" Machiavellis kannte, erscheint seine Erziehungsschrift in vielen Aspekten wie ein Gegenentwurf:

Eines nur muss der Fürst beim Regieren bedenken, eines das Volk bei der Wahl des Herrschers, nämlich das Wohl der Allgemeinheit, nachdem alle persönlichen Gefühle ausgeschaltet wurden. Und je weniger es rechtlich möglich ist, den Gewählten auszutauschen, umso sorgfältiger ist die Wahl zu treffen, damit uns nicht die Unbesonnenheit einer einzigen Stunde lange anhaltende Qualen bereite.

Wo das Fürstentum erblich ist, wird der Herrscher nicht gewählt. Aristoteles bezeugt, dass das einst Sitte bei einigen Barbarenstämmen war, es wurde in unserer Zeit beinahe überall übernommen. Da hängt die Hoffnung auf einen guten Herrscher vor allem von der richtigen Erziehung ab, die umso sorgfältiger durchgeführt werden muss, damit das, was durch das Fehlen des Wahlrechtes eingebüßt wurde, durch umsichtige Erziehung ausgeglichen wird. [...]

Was ist törichter, als einen Fürsten danach zu beurteilen, ob er gut tanze, geschickt im Würfelspiel, trinkfest und von Hochmut erfüllt sei, ob er es verstehe, das Volk auf königliche Weise auszuplündern, ob er noch anderes tue, was ich mich schäme anzuführen, obwohl sich einige nicht schämen, es zu tun? Je mehr die Masse der Herrscher danach strebt, sich von der Lebensweise und dem Verhalten des Volkes zu unterscheiden, umso mehr muss der wahre Fürst sich fernhalten von den hässlichen Auffassungen des Volkes und von seinen Interessen. Er halte es vielmehr für gemein, verächtlich und seiner unwürdig, wie der Pöbel gesinnt zu sein, dem noch nie die höchsten Werte gefallen haben.[...]

Wenn du dich als hervorragender Herrscher erweisen willst, sorge, dass dich keiner an eigenen guten Taten, an Klugheit, Seelengröße, Maßhalten und Anständigkeit über

treffe. Wenn du es für gut hältst, dich mit anderen Herrschern zu messen, glaube nicht, dass du dann überlegen bist, wenn du ihnen einen Teil ihres Machtgebietes entreißt oder
45 ihre Truppen in die Flucht schlägst, sondern dann, wenn du unbestechlicher, weniger geldgieriger, weniger anmaßend, weniger jähzornig und wenn du besonnener bist als sie. […] Viel eher sollst du durch dein sittliches Verhalten
50 Denkmäler der Tugend errichten. […]

Sooft es dir in den Sinn kommt, dass du Herrscher bist, soll dir auch einfallen, dass du ein christlicher Herrscher bist, und du sollst erfassen, dass du dich auch von den edlen
55 Fürsten der Heiden so viel unterscheiden musst, wie sich der Christ vom Heiden unterscheidet. […]

Auch du musst dein Kreuz tragen oder Christus wird dich nicht kennen. Du wirst fra-
60 gen, welches ist aber nun mein Kreuz? Ich möchte sagen, wenn du dem Rechten folgst, wenn du niemanden gewalttätig behandelst, niemanden ausplünderst, kein Amt verkaufst, durch kein Geschenk bestochen wirst; aller-
65 dings wird dann deine Kasse weniger enthalten. Setze dich über den Verlust deines Vermögens hinweg, wenn du nur einen Gewinn an Gerechtigkeit hast. Solange du außerdem mit allen Mitteln für den Staat sorgst, wirst du ein
70 Leben voll Sorge führen, wirst du deiner Jugend, deiner Natur und den Unterhaltungen Abbruch tun, wirst du dich in Nachtwachen und anstrengenden Beschäftigungen abhärmen. Mache dir nichts daraus, sondern suche
75 Vergnügen im Bewusstsein des Rechten. Ebenso wirst du vielleicht, wenn du lieber Unrecht ertragen statt zum großen Schaden des Staates Rache nehmen willst, etwas von deinem Herrschaftsgebiet einbüßen. Mögest du
80 es ertragen, indem du es für einen unermesslichen Gewinn ansiehst, dass du einer geringeren Anzahl von Menschen Schaden zugefügt hast. […] Kannst du endlich die Herrschaft nur durch Verletzung der Gerechtigkeit, durch
85 Blutvergießen und durch unermesslichen Schaden für die Religion schützen, dann lege sie eher nieder und weiche den Zeitumständen. Kannst du aber das Hab und Gut deiner Untertanen nur unter Gefahr deines Lebens
90 schützen, dann ziehe den Schutz der Allge-

meinheit deinem Leben vor. Aber solange du so handelst, wie es die Pflicht des echten christlichen Herrschers ist, werden vielleicht einige dich dumm nennen und sagen, du seiest zu wenig Herrscher. Stärke dein Herz, dass 95 du lieber ein gerechter Mann als ein ungerechter Fürst sein willst. […]

[…] Wenn du die unermessliche Zahl deiner Untertanen erblickst, hüte dich zu denken: So viele Sklaven habe ich, sondern: So viele 100 Tausende von Menschen hängen von meiner Sorge ab, mir allein haben sie sich und ihre Habe zum Schutze anvertraut, auf mich blicken sie wie auf einen Vater […]. Zwischen Herrscher und Volk besteht das Verhältnis ge- 105 genseitigen Austausches. Dir schuldet das Volk Steuer, Gehorsam und Achtung. Du deinerseits aber schuldest dem Volk einen guten und wachsamen Herrscher.

Zit. nach: Werner Weizig (Hg.), Ausgewählte Schriften, Bd. 5, Wiss. Buchgesellschaft, Darmstadt 1968, S. 113–203.

1 Erstellen Sie eine Liste mit Grundsätzen und Verhaltensregeln, die ein Fürst nach Erasmus von Rotterdam befolgen sollte (M 15).
2 Vergleichen Sie die Auffassungen Machiavellis (M 13) mit dem Menschenbild und Politikverständnis von Erasmus (M 15).

Neue Regeln der Kunst

M 16 Lorenzo Ghiberti (1378–1455) über das Können eines Malers

Lorenzo Ghiberti stammte aus Florenz und war gelernter Goldschmied, Maler und Bildhauer. Seine „Commentarii" sind eine wichtige Quelle zur Kunst der Renaissance:
In allem, was ich über die Kunst zu reden habe, will ich kurz und klar sein, als bildender Künstler, nicht als einer, der den Vorschriften der Redekunst zu folgen hat. Der Bildner wie der Maler muss also in allen freien Künsten 5 wohl erfahren sein, als da sind Grammatik, Geometrie, Philosophie, Medizin, Astrologie, Perspektive, Geschichte, Anatomie, Theorie der Zeichnung, Arithmetik […]. Insbesondere sei er in der Perspektivlehre wohl beschlagen, 10

und vor allem ein guter Zeichner, denn die Zeichnung ist die Grundlage sowohl für die Kunst des Bildhauers als des Malers. Auch muss er in der Theorie wohl bewandert sein, denn sonst vermag er kein vollendeter Meister in diesen Künsten zu sein; ein vollkommener Bildner oder Maler wird er nur, wenn er ein vollkommener Zeichner ist. Und muss die Werke der fürtrefflichen alten Mathematici und Perspektivlehrer gründlich sich angeeignet haben […]. Und gleichermaßen die Lehre von der Zergliederung [d. h. Anatomie], denn der Bildhauer muss wissen, wenn er das Standbild zu arbeiten hat, welche Knochen, Muskeln, Nerven und Bänder im menschlichen Körper sind […]. Er braucht nicht ein Arzt gleich Hippokrates, Avicenna und Galenus zu sein, aber er muss sich ihre Schriften wohl zu Gemüte geführt haben, vor allem die Anatomie. Anderes aus der Heilkunde ist ihm eben nicht so nötig.

Denkwürdigkeiten des florentinischen Bildhauers Lorenzo Ghiberti, übers. von J. Schlosser, Brand, Berlin 1920, S. 47 f.

1 Erarbeiten Sie auf der Basis von M 16 einen Kriterienkatalog, nach dem Zeitgenossen der Renaissance Kunstwerke beurteilten.
2 **Partnerarbeit:** Entwickeln Sie in Partnerarbeit Kriterien, nach denen Sie Kunstwerke beurteilen würden.

M 17 Leonardo da Vinci (1452–1519) über die Gewinnung neuer Erkenntnisse (1508)

Man sagt, dass die Erkenntnis, die von der Erfahrung erzeugt wird, rein handwerksmäßig sei und nur diejenige wissenschaftlich, die im Geist entsteht und endet, und auf halbem Weg zwischen Wissenschaft und Handwerk diejenige, die aus der Wissenschaft entsteht und im Werk der Hände endet. Doch scheint mir, dass jene Wissenschaften eitel und voller Irrtümer sind, die nicht geboren wurden aus der Erfahrung, der Mutter jeder Gewissheit, oder nicht in einer bekannten Erfahrung enden, das heißt solche, bei denen weder Ursprung noch Mittelweg noch Ende durch irgendeinen der fünf Sinne hindurchgehen. Und wenn wir an der Gewissheit aller Dinge, die durch die Sinne gehen, zweifeln, um wie viel mehr müssen wir an den Dingen zweifeln, die diesen Sinnen aufsässig sind, wie etwa die Wesenheit Gottes und der Seele und Ähnliches, worüber man streitet und kämpft; denn wahrlich, es geschieht, dass immer, wo die Vernunft ausbleibt, das Gezänk einspringt, was bei den Dingen, die gewiss sind, nicht geschieht. […]

[A]lso, ihr Forscher, traut nicht den Autoren, die sich nur vermittels der Einbildungskraft zu Dolmetschern zwischen Natur und Mensch haben machen wollen, sondern einzig denen, die nicht aufgrund der Zeichen der Natur, vielmehr durch die Ergebnisse ihrer Versuche den Geist geübt haben.

Leonardo da Vinci, Philosophische Tagebücher, übersetzt v. Guiseppe Zamboni, Rowohlt, Reinbek 1958, S. 27 ff.

M 18 Studien zu Arm, Schultern und Nacken, Leonardo da Vinci, 1510

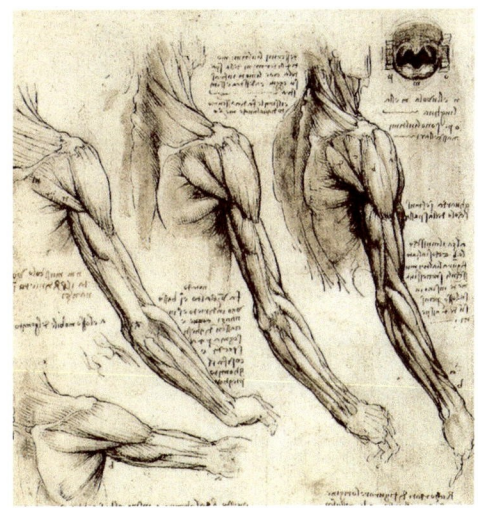

1 **Internetrecherche/Collage:** Tragen Sie verschiedene Werke von Leonardo da Vinci zusammen und ordnen Sie diese nach Themen und Entstehungszeit. Stellen Sie sie in thematischen Collagen zusammen.
2 Skizzieren Sie den Zusammenhang zwischen der „sinnlichen Erfahrung" (M 17) und den Zeichenstudien da Vincis (M 18).

Zeit geistigen Umbruchs?

M 19 „Die Schule von Athen", Wandfresko von Raffael, 1510/11.

In Auftrag gegeben hatte das Bild Papst Julius II. Dargestellt sind in der Mitte Platon und Aristoteles. An der linken Ecke der Säulenwand steht Sokrates mit seinen Schülern. Im Vordergrund links Pythagoras mit seiner Zahlenlehre, rechts daneben, an einen Block gelehnt, der Naturphilosoph Heraklit. Auf der rechte Seite der Treppe beugt sich Euklid mit Zirkel über eine Tafel, darüber sieht man Ptolemäus mit einem Globus.

1 Interpretieren Sie das Gemälde. Achten Sie insbesondere auf neue Stilelemente der Renaissance, die hier umgesetzt wurden.
2 Überlegen Sie, warum der Papst die „Schule von Athen" für den Vatikan in Auftrag gab.

Neue Wege in den Naturwissenschaften

M 20 Die Wissenschaftsjournalistin Monika Weiner über das aristotelische Weltbild und die Wissenschaft im 16./17. Jahrhundert (2000)

Die Wissenschaft des 17. Jahrhunderts stand noch unter dem Einfluss des mittelalterlichen Philosophen Thomas von Aquin. Dieser hatte vierhundert Jahre zuvor die Schriften des Aristoteles studiert und dessen Lehre in Einklang mit dem christlichen Glauben gebracht: Im Zentrum des Universums stand demnach die Erde, umgeben von kristallenen himmlischen Sphären, auf denen die Planeten kreisten. In der äußersten Sphäre befanden sich die Fixsterne. Nach Aristoteles wurde dieser Kosmos von der Sphäre des sogenannten ersten Bewegers umschlossen, der den himmlischen Reigen dirigierte und in Umlauf hielt. Diesen ersten Beweger ersetzte man im Mittelalter durch den christlichen Gott. Indem sich die Theologen auf Aristoteles beriefen, schufen sie eine Synthese von Glauben und Wissen, die bis in die Renaissance das abendländische Denken beherrschte. Und die Kirche, die an den Klosterschulen und Universitäten großen Einfluss hatte, achtete darauf, dass niemand die gottgegebene Ordnung infrage stellte.

Monika Weiner, Und er hat doch Recht! Galilei und der Konflikt zwischen Religion und Wissenschaft, in: PM History, Nr. 2, 2000, S. 52 f.

1 Skizzieren Sie das aristotelische Weltbild (M 20).

M 21 Das aristotelisch-mittelalterliche Weltbild, Buchmalerei aus der Weltchronik des Hartmann Schedel, 1493

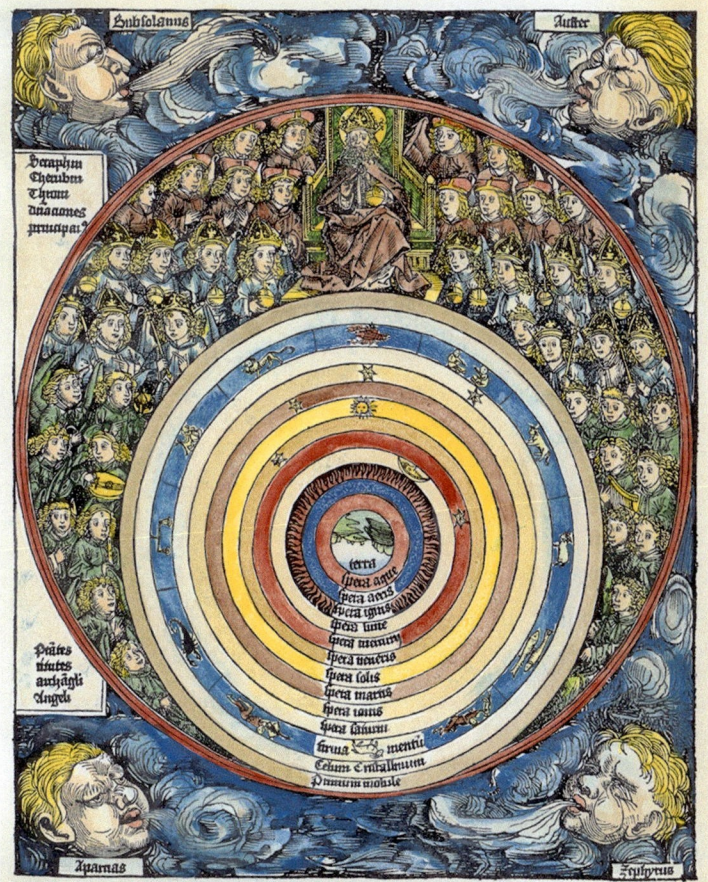

M 22 Weltgebäude nach der Vorstellung von Nikolaus Kopernikus, Buchmalerei aus der „*Harmonia Macrocosmica*" des Andreas Cellarius, 1660

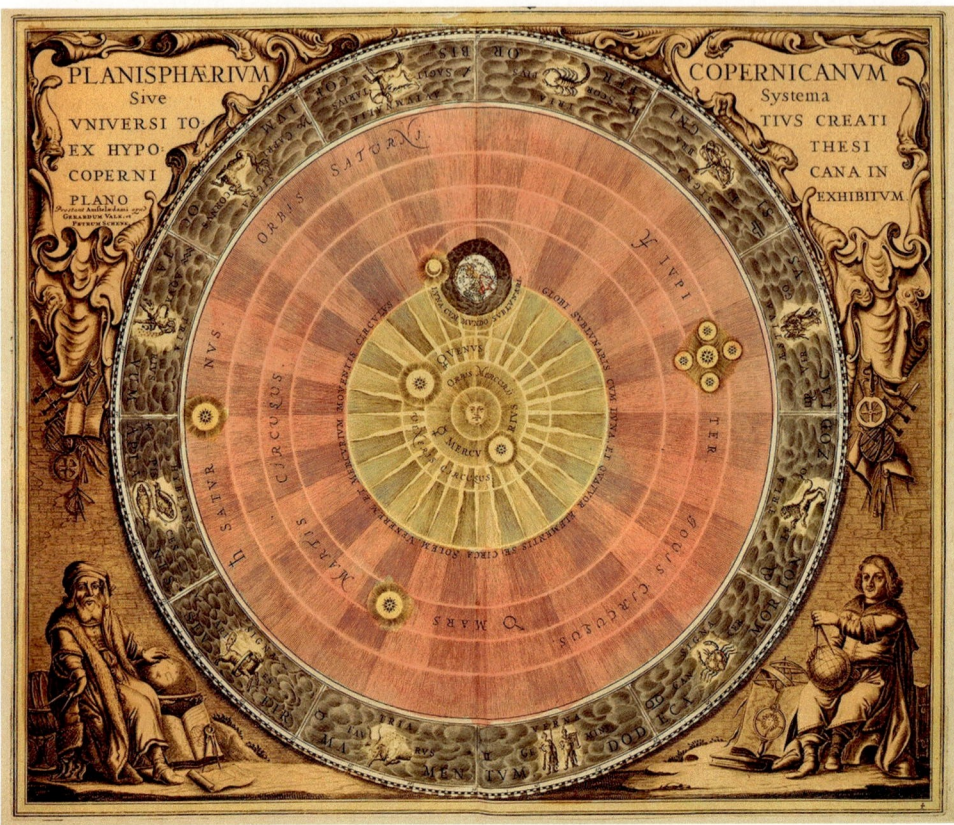

1 Vergleichen Sie die Weltbilder in M 21 und M 22. Achten Sie auch auf Auswahl, Anordnung und Darstellung der Figuren.
2 Beurteilen Sie, welche Bedeutung das neue Weltbild in M 22 für das Selbstverständnis der Menschen hatte.

M 23 Der Historiker Friedrich Klemm über die Forschungen Galileis (1982)

Mit 21 Jahren fasst Galilei [...] eine Abhandlung über den Schwerpunkt der Körper ab, die sich an Archimedes anschließt [...]. 1586 erfindet Galilei [...] eine hydrostatische Waage. Er
5 betont, dass er seine experimentellen Untersuchungen mit derselben Genauigkeit durchführen will, die man bei mathematischen Gegenständen fordert. Die Sätze des Archimedes werden von Galilei aus dem Bereich theoretischer Betrachtung ins Gebiet exakter experi-
10 menteller Untersuchung und nützlicher Anwendung übertragen. [...]

Kurz vor 1600 macht Galilei Versuche, die ihm demonstrieren, dass der Unterschied in der Fallgeschwindigkeit von gleich großen
15 Körpern verschiedenen spezifischen Gewichts umso kleiner wird, je dünner das Medium ist. Pendelversuche zeigen ihm, dass die Pendelfrequenz unabhängig ist vom Gewicht der Pendelkugeln. All das legt ihm nahe, anzu-
20 nehmen, dass die Fallgeschwindigkeit im Vakuum für alle Körper gleich groß wird. [...]

Endlich kommt er, es ist wohl im Jahre 1609, in demselben Jahr, in welchem er sein erstes Fernrohr baut, zur Einsicht, dass die
25 Fallgeschwindigkeit mit der Fallzeit wachse. Er gelangt also zur Erkenntnis des Fallvorgan-

ges, d. h. des idealen Fallvorganges im Vakuum, als einer gleichförmig beschleunigten Bewegung. [...]

Dass diese Relation richtig ist und damit auch der erste, doch rein deduktiv[1] gewonnene Ansatz (der Ansatz nämlich, dass die Fallgeschwindigkeit mit der Fallzeit wächst), das ließ sich jetzt durch einfache Fallversuche in einer Fallrinne nachprüfen, wobei nur Wege und Zeiten zu messen waren. Mangels exakter Uhren, die Pendeluhr war noch nicht erfunden, misst Galilei die Zeit durch in feinem Strahl aus einem Gefäß ausfließendes Wasser, das auf einer Waage gewogen wird.

Galilei erklärt das Wirkliche durch das nur in der Idee zu Setzende, durch das ideale mathematische Modell. Das komplexe Phänomen wird analysiert. Aristoteles hingegen ging vom Phänomen in seiner ganzen Fülle aus; er lehnte es ab, das Phänomen durch eine geometrische Abstraktion zu ersetzen. Hier liegt sein Empirizismus[2], der ihn daran hinderte, die Mathematik auf die Natur anzuwenden.

Bei Galilei wird von Nebenbedingungen abstrahiert. Und die Abstraktion geht so weit, dass das mathematische Begriffsschema in einfacher Form sich anwenden lässt. An Stelle der empirisch gegebenen Wirklichkeit tritt das mathematische Modell. Das bedeutet natürlich, dass zwischen Theorie und Phänomen eine Differenz besteht. Aber diese kann durch die fortschreitende Wissenschaft aufgehoben werden, indem die Nebenbedingungen nach und nach mathematisch betrachtet werden.

Galilei beginnt also mit dem hypothetisch-deduktiven Ansatz, dem mathematischen Ansatz, der am Ende durch das Experiment verifiziert (oder falsifiziert) wird. Das Experiment hat also hier, so etwa bei seinen Betrachtungen über den freien Fall, keinen heuristischen[3] Charakter. Allerdings geht er zuweilen bei physikalischen Untersuchungen auch rein induktiv[4] vor. Sehr viel bedient sich Galilei des Gedankenexperiments. Man darf die Bedeutung des Versuchs für die Methode Galileis nicht überschätzen. 1624 sagt er einmal: „Ich habe einen Versuch darüber angestellt, aber zuvor hatte die natürliche Vernunft, die natürliche vernünftige Erörterung („*il natural discorso*") mich ganz fest davon überzeugt, dass die Erscheinung so verlaufen musste, wie sie auch tatsächlich verlaufen ist."

Friedrich Klemm, Zur Kulturgeschichte der Technik, 2. Aufl., München (Dt. Museum) 1982, S. 171–177.

---

1 deduktiv: den Einzelfall aus dem Allgemeinen ableiten
2 Empirizismus: Nur das selbst Erfahrene wird als gültiges Wissen akzeptiert.
3 heuristisch: vorläufige Annahme zum besseren Verständnis eines Sachverhalts
4 induktiv: das Allgemeine vom Einzelfall ableiten

---

1 Beschreiben Sie Experimente und Forschungsweise des Galilei (M 23).
2 Erläutern Sie, worin der grundlegende Neuansatz im Vorgehen Galileis besteht.

M 24 Galilei in einem Brief an Johannes Kepler (1610)

Was ist jetzt zu tun? Sollen wir uns an Demokrit oder an Heraklit halten? Wir wollen über die ungewöhnliche Dummheit der Menge lachen, lieber Kepler. Was sagen Sie zu den führenden Philosophen unseres Gymnasiums, die – mit der Borniertheit einer Natter – niemals die Planeten, den Mond oder das Fernrohr zu sehen wünschten, obwohl ich es ihnen tausendmal angeboten habe, sie ihnen zu zeigen. Wahrhaftig, einige schließen vor dem Licht der Wahrheit die Augen, andere die Ohren. Das ist betrüblich, aber es wundert mich nicht. Diese Art von Zeitgenossen hält nämlich die Philosophie für ein Buch wie die Aeneis oder die Odyssee und glaubt, man müsse die Wahrheit [...] in der Natur nicht suchen, sondern es genüge [...] ein Vergleich der Texte.

Schade – ich möchte gerne mit Ihnen noch ein bisschen länger lachen! Sie würden sich überkugeln, mein lieber Kepler, wenn Sie hören würden, was der Hauptphilosoph des Gymnasiums in Pisa dem Großherzog über mich erzählte, als er mit logischen Gründen – wie wenn es Zauberformeln wären – die neuen Planeten vom Himmel herunterholen und wegdisputieren wollte!

Carola Baumgardt (Hg.), Kepler. Leben und Briefe, Limes Verlag, Wiesbaden 1953, S. 73.

M 25 Galilei vor dem Gericht des Heiligen Offiziums, Ölgemälde von Joseph Nicolas Robert-Fleury, 1847

M 26 Der Jesuit Kardinal Robert Bellarmin (1542–1621) in einem Brief an den „Kopernikaner" Paolo Antonio Foscarini (ca. 1615)

Bellarmin war Mitglied der obersten vatikanischen Glaubensbehörde, die 1616 die kopernikanische Lehre verworfen hatte:
Ich habe mit Vergnügen den italienischen Brief und die lateinische Schrift gelesen, die Sie mir geschickt haben. [...]
   Es scheint mir, dass Sie und Galilei klug täten, wenn Sie sich begnügten, nicht absolut, sondern „*ex suppositione*" zu sprechen, wie es, wie ich immer geglaubt habe, Kopernikus getan hat. Denn wenn man sagt, unter der Voraussetzung, dass die Erde sich bewege und die Sonne still stehe, lassen sich alle Erscheinungen besser erklären als durch die Annahme der exzentrischen Kreise und Epizyklen[1], so ist das sehr gut gesagt und hat keine Gefahr, und das genügt dem Mathematiker.
   Wenn man aber behaupten will, die Sonne stehe wirklich im Mittelpunkte der Welt und bewege sich nur um sich selbst, ohne von Osten nach Westen zu laufen, und die Erde stehe am dritten Himmel und bewege sich mit der größten Schnelligkeit um die Sonne, so läuft man damit große Gefahr, nicht nur alle Philosophen und scholastischen Theologen zu reizen, sondern auch dem heiligen Glauben zu schaden, indem man die Heilige Schrift Lügen straft. Denn Sie haben zwar viele Weisen, die Heilige Schrift auszulegen, aufgezeigt, aber dieselben nicht im Einzelnen angewendet; Sie würden ohne Zweifel auf sehr große Schwierigkeiten gestoßen sein, wenn Sie alle jene Stellen hätten auslegen wollen, die Sie selbst zitiert haben. [...]
   Wenn ein wirklicher Beweis dafür vorhanden wäre, dass die Sonne im Mittelpunkte der Welt stehe und die Erde am dritten Himmel und dass nicht die Sonne um die Erde, sondern die Erde um die Sonne gehe, dann müsste man bei der Erklärung der Bibelstellen, welche das Gegenteil zu sagen scheinen, mit großer Vorsicht vorgehen und eher sagen, wir verständen dieselben nicht, als, das sei falsch, was bewiesen wird. Aber ich werde nicht eher glauben, dass ein solcher Beweis geliefert sei, bis er mir gezeigt ist. Wenn bewiesen ist, dass

unter der Voraussetzung, dass die Sonne im Mittelpunkt und die Erde am Himmel stehe, sich die Erscheinungen erklären lassen, so ist damit nicht auch schon bewiesen, dass wirklich die Sonne im Mittelpunkt und die Erde am Himmel steht. Das Erstere lässt sich, glaube ich, beweisen; aber ob sich das Zweite beweisen lasse, ist mir sehr zweifelhaft.

Franz Heinrich Reusch, Der Prozess Galileis und die Jesuiten, Webers Verlag, Bonn 1879, S. 62 f.

---

1 Epizyklen: Kreise, deren Mittelpunkte sich auf anderen Kreisen bewegen

> 1 Erläutern Sie Galileis Argumente gegen die Auffassung der Kirche (M 24).
> 2 Analysieren Sie die Argumente der Kirche gegen Galilei (M 26).
> 3 Informieren Sie sich über das „Gericht des Heiligen Offiziums" und seine Funktion gegenüber der Bevölkerung (M 25).

„Wissenschaftsrevolution" und „Medienrevolution"

M 27 Der Historiker Roy Porter über Ursachen der wissenschaftlichen Revolution in der Frühen Neuzeit (1996)

Weithin glaubt man, dass die wissenschaftliche Revolution nur als Reaktion auf tiefer gehende Veränderungen Europas zu verstehen sei. Zum Beispiel haben Marxisten in der wissenschaftlichen Revolution ein wesentliches Element des Übergangs von der feudalen zur bürgerlichen Gesellschaftsordnung gesehen, indem die wissenschaftliche Revolution die technologischen Hindernisse wegräumte, die den Vormarsch des Kapitalismus […] aufgehalten hatten. Die astronomische Revolution war für sie die Antwort der Wissenschaft auf die Navigationsprobleme des kapitalistischen Überseehandels. Darüber hinaus konnte die Wissenschaft der bürgerlichen Gesellschaft als neue Religion dienen, die ihr im Naturrecht eine rationale Rechtfertigung lieferte.

Andere Historiker haben die wissenschaftliche Revolution auf die Reformation zurückgeführt. Danach habe der Protestantismus eine neue Einstellung gegenüber der Natur zur Folge gehabt, bei der jede Autorität abgelehnt, Erfahrung und Experiment höher gewertet, Magie und Okkultismus verworfen und die Natur als Werkzeug Gottes gesehen wurden. An der wissenschaftlichen Revolution sei eine unverhältnismäßig große Zahl protestantischer Wissenschaftler beteiligt gewesen.

In neuerer Zeit hat man dem Buchdruck eine maßgebliche Rolle bei der wissenschaftlichen Revolution beigemessen. Die massenhafte Verbreitung exakter, beliebig reproduzierbarer Informationen durch das Medium des gedruckten Buches habe der abergläubischen Verehrung für die alte Wissenschaft mit ihren endlosen Schönheitspflastern der Kommentarliteratur ein Ende bereitet und ein Klima wissenschaftlicher Diskussion, Kritik und Konkurrenz erzeugt. […]

[D]er Zweifel an der gesellschaftlichen Bedingtheit wissenschaftlicher Theorien [darf] nicht zum anderen Extrem verleiten, wonach die wissenschaftliche Revolution überhaupt keine gesellschaftliche Grundlage gehabt und nur das benötigt habe, was ihr zur Verfügung stand, nämlich eine geistige Heimstätte. Angeregt durch das Werk von Alexander Koyré, haben die einflussreichsten Historiker, die sich mit der wissenschaftlichen Revolution beschäftigt haben, eine idealistische Interpretation entwickelt, die darauf zielt, gesellschaftliche oder ideologische Einflüsse auf den kreativen Wissenschaftler zu verneinen und ihn stattdessen oft als einsames Genie vorzustellen, das die tief greifenden theoretischen Innovationen in seinem Kopf ausarbeitet. Dies kommt in einer Anekdote über Newton treffend zum Ausdruck: Gefragt von einem Bewunderer: „Wie machen Sie Ihre Entdeckungen?", antwortete Newton: „Indem ich ständig über sie nachdenke."

Roy Porter, Die wissenschaftliche Revolution und die Universitäten, in: Geschichte der Universität in Europa, hg. von Walter Rüegg, C. H. Beck, Bd. 2, München 1996, S. 431 f.

> 1 Skizzieren Sie die verschiedenen Erklärungsansätze für die wissenschaftliche Revolution.
> 2 Entwickeln Sie eine eigene Argumentation.

M 28 Der Historiker Thomas Maissen über die Folgen des Buchdrucks (2013)

Derartige Wissensumbrüche wären so schnell und so weitreichend nicht möglich gewesen ohne die Beschleunigung, Ausdehnung und Verdichtung der Kommunikation durch den Buchdruck. Um 1454 schuf Johannes Gutenberg neben kürzeren Texten auch seine 42-zeilige Bibel im Hochdruckverfahren mit beweglichen Metalllettern. Dazu erfand er in systematischer Tüftelei die notwendigen Voraussetzungen: das Handgießinstrument für die serielle Anfertigung von Drucktypen in hoher und identischer Qualität, die Legierung für diese Metalllettern, die geeignete Druckfarbe und den Druckballen, welcher die Farbe regelmäßig verteilte, den Winkelhaken für das Zusammenstellen der Lettern und das Setzschiff. [...]

Dank dem überschaubaren lateinischen Alphabet wurde der Buchdruck [...] in Europa ein privatwirtschaftliches Unterfangen, das sich schnell verbreitete, obwohl Gutenberg und Mainz ihr Monopol zu wahren suchten. Bis 1500 gab es 250 Druckorte in Europa. Es wurden 30 000 verschiedene Wiegendrucke (Inkunabeln) gedruckt, mit einer Gesamtauflage von etwa neun Millionen Exemplaren. Da die arbeitsteiligen Buchdruckereien hoher Investitionen bedurften, suchten die Drucker einerseits ihre Erzeugnisse durch obrigkeitliche Privilegien vor Raubkopien zu schützen [...]. Andererseits waren viele Drucker bereit, das zu drucken, was sich verkaufen ließ. Die Marktnachfrage prägte also die Publikationen, obwohl weltliche und geistliche Obrigkeit durch Zensur Inhalte zu kontrollieren trachteten. Aber die Vielzahl autonomer Herrscher und ihre Konkurrenz untereinander schufen anders als in Ostasien viele Druckorte. Diese ließen sich zudem vertuschen, ebenso der Verfassername, wenn es sich um brisante Texte handelte. Normalerweise informierten allerdings bibliographische Angaben auf dem Titelblatt über den Charakter der Publikation, die ihren Verfasser auch in seiner Individualität greifbar machten. Anonym war dagegen der Leserkreis. Ein Drucktext, der prinzipiell unbeschränkt vervielfältigt werden konnte, wandte sich an eine Öffentlichkeit von interessierten Lesefähigen [...]. Im Vergleich zum Luxusartikel Manuskript wurde das gedruckte Buch immer billiger, und erst recht galt das für Flugschriften und Flugblätter, die mit Bildern auch Analphabeten erreichten.

Mit dem Buchdruck breitete sich die Fähigkeit zu lesen nicht nur deutlich schneller aus als zuvor, sie veränderte sich auch. Die oft wiederholte Lektüre, die sich wenige wertvolle (religiöse) Texte aneignete, wurde durch ein sichtendes Lesen vieler unterschiedlicher ersetzt, um aus deren Vergleich Neues zu entwickeln. [...]

Thomas Maissen, Geschichte der Frühen Neuzeit, C. H. Beck, München 2013, S. 21–24.

M 29 Brustbilder der Gegner Luthers, Einblattdruck, Holzschnitt, 16. Jh.
Dargestellt sind von links:
Thomas Murner,
Hieronymus Emser,
Papst Leo X.,
Johann Eck,
Jakob Lemp.

1 Fassen Sie die Folgen des Buchdrucks zusammen (M 28).
2 **Diskussion:** Diskutieren Sie in Ihrem Kurs die politischen Folgen der „Medienrevolution". Wer profitiert am meisten? Reformer, Staaten, Wissenschaftler? Beziehen Sie M 29 in Ihre Argumentation mit ein.

Reformbewegungen und Beharrungskräfte

M 30 Anonymer Entwurf zur Reichsreform, vermutlich aus dem Umkreis des Kurfürsten und Erzbischofs von Trier (um 1452)

Der Weg wie man das Reich stärken könne.
Erstens, dass der Kaiser in eine reiche Stadt komme, die etwa in der Mitte liege, in der Absicht und mit dem Willen, längere Zeit persönlich zu bleiben. Ferner, dass ebenso wir Kurfürsten auch persönlich dorthin kommen und ebenso bleiben, wie die Kardinäle bei dem Papst [sind] und ihre geheimen Beratungen halten, um die meisten Dinge zu erledigen. Ferner, dass ein Gericht bestellt werde mit einer bestimmten Zahl von Personen aus dem Stand, die regelmäßig alle Rechtsangelegenheiten erledigen sollen [...]. Ferner zur Exekution des Rechts sollen drei weltliche Fürsten bestimmt werden, das seien die Hauptleute in drei Teilen des Reichs. Und das sollen die drei weltlichen Kurfürsten sein, von denen jeder der Hauptmann der Exekution in dem Teil Deutschlands sein soll, das ihm zugeordnet wird. Ferner sollen der Exekution alle Untertanen des Reichs unterworfen sein, wenn sie von dem Fürsten zitiert werden, der über den Teil des Reiches ein Hauptmann ist, in dem sie sitzen.
Ferner kann man auch annehmen, dass nach der Schaffung einer solchen guten Gerichtsordnung auch die kaiserliche Acht rechtmäßig und wirkungsvoll vor sich gehe. [...]
Ferner sollen die Kanzlei und die Kammer des Reichs errichtet werden und sie sollen ebenso wie am Hof von Rom eingerichtet sein. Ferner sollen alle Angelegenheiten, die zur Vollführung der Gerichtsbarkeit, auch zur Ordnung des kaiserlichen Hofs nötig sind, durch uns Kurfürsten und die Räte, die wir dazu beiziehen, auch in Anwesenheit des Kaisers, rechtmäßig eingerichtet werden. [...]
Zu allen diesen Dingen braucht man Geld. Das Reich hat so geringe Einkünfte, dass der Kaiser die Last dieser Ordnung nicht tragen könnte, es sei denn, dass man es anders einrichtet. Und es ist notwendig, dass man nach Wegen sucht, Geld zu haben, wie das mit der geringsten Belastung sein kann.
[...] Denn es besteht kein Zweifel, wenn die Untertanen des Reichs, geistliche und weltliche, im Reich gute Ordnung, Gericht, Frieden und einen Rückgang der mutwilligen Kriege sehen, wenn sie Fürstentümer Herrschaft und Straßen dadurch befriedet sehen und des Kaisers und unser, der Kurfürsten, ernste Absicht erkennen, so wird es ihnen nicht schwer fallen, dafür eine Last zu erleiden [...].

Sprachlich vereinfachte Fassung aus: Das Mittelalter. Ein Lesebuch aus Texten und Zeugnissen vom 6. bis 16. Jahrhundert, hg. von Hartmut Boockmann, C. H. Beck, München 1988, S. 195–197.

M 31 Der Historiker Hans-Georg Hofacker über die Landesherrschaften im Deutschen Reich (2001)

Stärker als dem Kaiser gelang es den Landesfürsten, ab dem 15. Jahrhundert Recht und Verwaltung in ihren Herrschaftsgebieten zu vereinheitlichen. Ihre Territorien teilten sie in Amtsbezirke ein, die von Amtmännern verwaltet wurden. Der landesfürstliche Rat entwickelte sich zur zentralen Regierungsbehörde mit universitär ausgebildeten Juristen aus dem Bürgerstand.
Die Vergrößerung des Besitzes, seine Verteidigung gegen andere Fürsten und der Ausbau verursachten – neben der Hofhaltung – hohe Kosten. Die Einnahmen aus dem fürstlichen Grundbesitz (Domäne) reichten dafür nicht mehr aus. [...]
Das Recht, Abgaben und Steuern zu bewilligen, besaßen die Landstände. Vertreter der Ritter, der Geistlichkeit und der Städte trafen sich auf Landtagen und verhandelten mit dem Landesfürsten. [...] Auf den Landtagen wurde auch über Gesetzgebung, Landesteilungen

und andere Fragen beraten. Nicht selten kam es zwischen Landständen und Fürsten zu Auseinandersetzungen. Doch die Fürsten brauchten ihre Stände, die eine Vorform der modernen Parlamente waren. Fürst und Landstände waren die Träger der Staatsmacht im Territorium jener Zeit.

Hans-Georg Hofacker, Europa und die Welt um 1500, Cornelsen, Berlin 2001, S. 75.

1 Erläutern Sie die Vorschläge zur Reform des Heiligen Römischen Reiches (M 30).

2 Überlegen Sie, welche Position die Landesfürsten gegenüber der Reform vertreten haben könnten (M 31). Beziehen Sie bei Ihrer Argumentation auch die Karte M 1, S. 102, mit ein.

3 Nehmen Sie Stellung: Was überwiegt, Beharrung oder Reform der staatlichen Strukturen im Heiligen Römischen Reich?

M 32 Schema zur Entwicklung der Territorialherrschaft in Europa

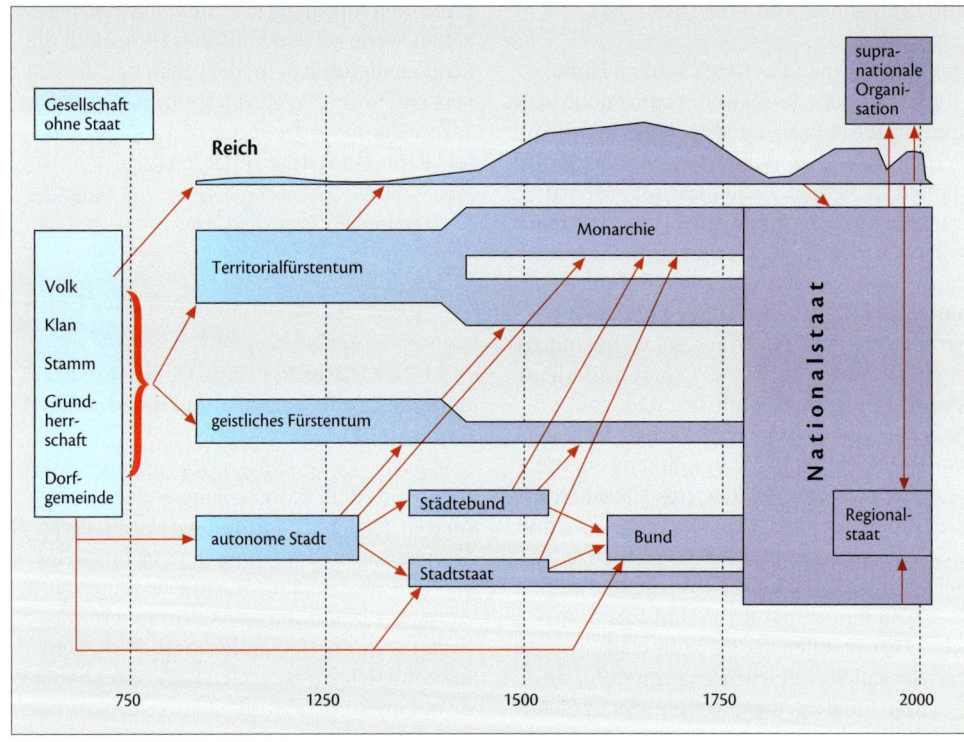

Nach: Wolfgang Reinhard, Geschichte der Staatsgewalt, C. H. Beck, München 1999, S. 241.

1 Analysieren Sie die Grafik M 32. Zeigen Sie auf, welche Entwicklungsschritte das Heilige Römische Reich durchläuft, und versuchen Sie diese zu datieren.

Geschichte und Theorie: Mythos Renaissance

M 33 Der Historiker Peter Burke (1990)

Beim Klang des Wortes „Renaissance", so bemerkte der holländische Historiker Johan Huizinga, „sieht der Träumer vergangener Schönheit Purpur und Gold". Vor seinem – oder
5 ihrem – geistigen Auge erscheinen Botticellis Geburt der Venus, Michelangelos David, Leonardos Mona Lisa, Erasmus, die Loireschlösser und Spensers Faerie Queene, verschmolzen zur Gesamtschau eines goldenen
10 Zeitalters der Kreativität und Kultur.
　Dieses Bild *der* Renaissance – mit bestimmtem Artikel – geht auf die Mitte des neunzehnten Jahrhunderts zurück, auf den französischen Historiker Jules Michelet (den
15 es begeisterte), auf den Kunsthistoriker John Ruskin (dem es missfiel), vor allem aber auf den Schweizer Kulturhistoriker Jacob Burckhardt, dessen berühmtes Werk *Die Kultur der Renaissance in Italien* von 1860 die Epoche
20 durch die beiden Begriffe „Individualismus" und „Moderne" definierte. „Im Mittelalter", meinte Burckhardt, „lagen die beiden Seiten des Bewusstseins … wie unter einem gemeinsamen Schleier träumend oder halbwach; …
25 der Mensch … erkannte sich nur als Rasse, Volk, Partei, Korporation, Familie oder sonst in irgendeiner Form des Allgemeinen." „Im Italien der Renaissance jedoch verweht dieser Schleier in die Lüfte; … der Mensch wird geis-
30 tiges *Individuum* und erkennt sich als solches." Die Renaissance bedeutete den Anbruch der Moderne. Die Italiener waren, so Burckhardt, „die Erstgeborenen unter Europas Söhnen". […]
35 　Dieses Bild der Renaissance ist ein Mythos. […]
　Erstens war die Renaissance von Burckhardt als der Anbruch der Moderne definiert worden, eine These, über die die Historiker im
40 Laufe der Zeit immer weniger glücklich sind. Dies liegt teils daran, dass Burckhardt von einem einfachen evolutionistischen Modell des kulturellen Wandels ausgeht, das in dieser Form heute fast niemanden mehr überzeugt,
45 teils an dem veränderten Selbstverständnis der westlichen Intellektuellen, die im Laufe der letzten Generation mehr oder weniger zähneknirschend zu der Überzeugung gelangt sind, dass sie in einer „postmodernen" Welt le-
50 ben. Jedem, der diese Überzeugung teilt, muss die Renaissance zwangsläufig ferner liegen denn je zuvor.
　Zweitens fällt es uns doch viel schwerer als noch zu Burckhardts Tagen, die Errungen-
55 schaften der Renaissance gegen die des Mittelalters auf der einen und des siebzehnten und achtzehnten Jahrhunderts auf der anderen Seite abzugrenzen, obwohl die Leistungen Petrarcas, Leonardos und der vielen anderen
60 Künstler, Schriftsteller und Gelehrten uns nach wie vor Bewunderung abverlangen. […]
　Was also bleibt uns? Es besteht in der Geschichtsforschung keine Einigkeit. Manche Historiker der immer noch „Renaissancefor-
65 schung" genannten Disziplin arbeiten weiter, als wäre nichts geschehen. Andere, auch der Autor dieses Essays, bemühen sich, die Ereignisse im Florenz des vierzehnten, im Italien des fünfzehnten und im Europa des sechzehn-
70 ten Jahrhunderts in eine Sequenz von miteinander verknüpften Veränderungen zu stellen, die etwa vom Jahr 1000 bis zum Jahr 1800 reicht. Diese langfristigen Entwicklungen könnte man als „Verwestlichung des Abend-
75 landes" bezeichnen. Gemeint ist, dass sich zumindest die oberen Klassen Europas im Laufe dieser Entwicklungen zunehmend von anderen Menschen zu unterscheiden begannen, wie an der Geschichte der sogenannten „Ent-
80 deckung" und Eroberung des restlichen Globus abzulesen ist. Manche dieser Entwicklungen waren technischer Natur: die Erfindung der Feuerwaffen, mechanischer Uhren, des Buchdrucks, neuer Typen von Segelschiffen
85 und von Maschinen, die das Spinnen und Weben beschleunigten.

Peter Burke, Die Renaissance, Wagenbach, Berlin 1990, S. 7 und 101 f.

1 Arbeiten Sie die Thesen Burkes zur Renaissance und zum Begriff „Moderne" heraus.

M 34 Die drei Grazien, Ausschnitt aus „Der Frühling" (ital. primavera), Ölgemälde von Sandro Botticelli, um 1478

1. Stephen Greenblatt (M 35) verweist auf „Primavera" (M 34), um den Umbruch der Renaissance zu „erspüren". Erläutern Sie seine Aussage.
2. **Tabelle:** Stellen Sie die Argumente der drei Wissenschaftler (M 33, M 35, M 36) in einer Tabelle zusammen (Spalten: Zeitrahmen, Veränderungen, Kontinuitäten, Mythos ja oder nein).

M 35 Der Literaturwissenschaftler Stephen Greenblatt (2012)

Es muss etwas geschehen sein in der Renaissance, etwas, das anbrandete gegen die Dämme und Grenzen, die Jahrhunderte gegen Neugier, Begehren, Individualität, gegen nachhaltige Aufmerksamkeit für die Welt [...] errichtet hatten. Dieser kulturelle Umbruch ist schwer zu fassen, und um seine Bedeutung wurde erbittert gestritten. Doch lässt sich, was damals geschehen sein muss, leicht erspüren, wenn man in Siena die Maestà, Duccio di Buoninsegnas Altar mit der thronenden Jungfrau betrachtet, dann in Florenz Botticellis *Primavera*, ein Gemälde, in dem nicht zufällig Einflüsse von Lukrez' *De rerum natura* zu erkennen sind. [...]

Auch wenn er sich in der Kunst am deutlichsten zeigt, so beschränkt sich der Übergang von einer Wahrnehmung des Lebens in der Welt zu einer anderen nicht auf Ästhetisches: Er hilft auch zu erklären, wie es zu den geistigen Wagnissen eines Kopernikus oder eines Versalius, eines Giordano Bruno oder William Harvey [...] kommen konnte. Der Wandel kam nicht plötzlich, geschah nicht ein für alle Mal, sondern schrittweise, zunehmend wurde es möglich, sich aus der Präokkupation mit Engeln und Dämonen und immateriellen Ursachen zu lösen, sich stattdessen Dingen in dieser Welt zuzuwenden; zu erkennen, dass die Menschen aus dem gleichen Stoff bestehen wie alles andere auch; dass sie Teil der natürlichen Ordnung sind; dass man, ohne fürchten zu müssen, Experimente durchführen, Autoritäten anzweifeln, überlieferte Lehren infrage stellen kann [...]; das man sich andere Welten vorstellen kann neben der einen, die wir bewohnen, den Gedanken fassen kann, dass unsere Sonne nur ein Stern ist unter vielen in einem unendlichen Weltraum; dass wir ein moralisches Leben führen können, ohne dass man uns mit Lohn locken, mit Strafe nach dem Tod schrecken müsste [...].

Stephen Greenblatt, *Die Wende. Wie die Renaissance begann*, Pantheon, 4. Aufl., München 2013, S. 17–19.

M 36 Der Historiker Volker Reinhardt in einem Interview (2013)

SPIEGEL: Manche Historiker definieren die Renaissance sehr weiträumig, etwa von 1300 bis 1650. Sie selbst datieren sie genau von 1430 bis 1560. Warum?
Reinhardt: Geschichtsepochen sind Konventionen, Pflöcke, die man einschlägt, um Geschichte überschaubar zu machen. Man braucht die Renaissance als Beginn der Moderne, um sich selbst auf dem Weg durch die Geschichte zu verorten. Jahreszahlen sind Eckpunkte, die etwas Fließendes markieren.
SPIEGEL: Aber was passiert 1430, wo Sie den Beginn ansetzen?
Reinhardt: Von diesem Zeitpunkt an gibt es neue Medienwelten: dreidimensional aufgebaute, monumental gestaltete Gemälde von Menschen mit individuellen Gesichtszügen. Die Selbstdarstellung und Imagepflege der Mächtigen vollzieht sich in neuer Weise. In Republiken wie in Fürstenstaaten verwandelt sich der Hof in eine Bühne für die Feier von Herrschaft und Exklusivität. Der Hof selber wird zum Medium, zu einer Art Gesamtkunstwerk aus Menschen, Musik, Architektur, Bildern, Schauspielern. Sein Personal ist nun 30-mal oder 40-mal so zahlreich wie noch im 14. Jahrhundert.
SPIEGEL: Was ist die Botschaft?
Reinhardt: Die gottgewollte Legitimierung des Herrschers und seiner Symbiose mit einer Oberschicht, die sich klar gegen die Mittelschicht abgrenzt.
SPIEGEL: Wie begründen Sie Ihren anderen Eckpunkt, 1560?
Reinhardt: Die immer strenger ausformulierte Rechtgläubigkeit – sei es die katholische, lutherische, calvinistische Form der Religion – gewinnt [...] an Bedeutung. Die politische und soziale Landschaft Italiens kommt unter spanischer Vorherrschaft zur Ruhe.

Die Renaissance. Aufbruch aus dem Mittelalter, SPIEGEL Geschichte 6, 2013, S. 25.

Gemälde analysieren

Tipp:
sprachliche Formulierungshilfen S. 142 f.

Neben schriftlichen Quellen gehören Malereien zu den wichtigsten Quellen, aus denen Historiker Erkenntnisse gewinnen. Sie ermöglichen vielfältige Einblicke in die Vergangenheit:
- Malereien dokumentieren historische Ereignisse,
- geben Auskunft über die Alltagskultur,
- über gesellschaftliche Wertvorstellungen oder
  über das Selbstverständnis eines Herrschers.

Malereien lassen sich anhand von Kriterien in verschiedene Arten einteilen. Hinsichtlich des Malgrundes und Farbstoffes unterscheidet man zwischen Höhlen-, Wand-, Vasen-, Buch-, Aquarell-, Glas- sowie Mosaikmalerei und hinsichtlich des Bildinhalts zwischen Historien-, Landschafts-, Porträt-, Herrscher-, Architektur-, Stillleben-, Tier- und Genremalerei.

Gemälde waren neben Zeichnungen und Kupferstichen bis zur Erfindung der Fotografie die einzige Möglichkeit, geschichtliche Ereignisse und Verhältnisse abzubilden. Historiker interessieren sich insbesondere für die Gattung **Historienmalerei**, die in der Regel in zwei Typen unterteilt wird:
- **Ereignisbilder** wurden zeitnah zum dargestellten Ereignis oder in der Epoche erstellt, die der Historiker gerade untersucht. Häufig handelt es sich auch um Begebenheiten, die zur Lebenszeit des Malers stattfanden oder an denen er selbst teilgenommen hat.
- **Historienbilder** sind dagegen Malereien, die rückblickend historische Ereignisse oder Personen darstellen, die nicht in die Lebenszeit des Malers fallen. Beispiele hierfür sind die Gemälde des 19. Jahrhunderts, die die Herrschaftszeit des preußischen Königs Friedrichs II. (Reg. 1740–86) thematisieren.

Ungeachtet aller Bemühungen um historische Genauigkeit muss jedoch berücksichtigt werden, dass Malereien nicht die historische Wirklichkeit widerspiegeln, sondern nur eine Sichtweise. Sie zeigen unabhängig von ihrer künstlerischen Qualität immer nur einen Ausschnitt aus einer bestimmten Perspektive und wurden stets mit einer speziellen Absicht gemalt. Es handelt sich also immer um eine Deutung eines historischen Ereignisses oder einer Person bzw. die Deutung von Vergangenheit durch den Künstler bzw. seine(n) Auftraggeber.

Eine weitere Ebene der Information bietet die kunsthistorische Analyse eines Werkes. Maltechniken, Motive, Perspektiven u. Ä. prägen den Kunststil einer bestimmen Zeit, spiegeln selbst aber auch oft allgemeine geistige und kulturelle Entwicklungen wider. Ihre Analyse trägt zum historischen Erkenntnisgewinn bei.

Webcode:
KH300943-134

M 1 Erzengel Michael, Ikone, 14. Jahrhundert

M 2 Engel, Ausschnitt aus „Das Jüngste Gericht" von Fra Angelico, Ölgemälde, um 1431

Mögliche Arbeitsschritte für die Analyse

1. Leitfrage	– Welche Fragestellung bestimmt die Untersuchung der Malerei?
2. Formale Aspekte	– Wer ist der Maler und/bzw. Auftraggeber (ggf. soziale Herkunft, gesellschaftliche Stellung, Wertmaßstäbe)? – Für welchen Zweck wurde das Bild gemalt? – Wann ist das Gemälde entstanden? – Um welche Art von Gemälde handelt es sich? – Gibt es einen Titel? – Wer ist der Adressat bzw. sind die Adressaten?
3. Inhaltliche Aspekte	*Beschreibung* – Welche Gestaltungsmittel (Figurendarstellung wie Mimik, Gestik, Kleidung, Gegenstände, Symbole, Farbgebung, Komposition, Perspektive, Proportionen, Schrift) sind verwendet worden? *Deutung* – Was bedeuten die einzelnen Gestaltungsmittel? – Welche Fragen bleiben bei der Deutung offen?
4. Historischer Kontext	– In welchen historischen Zusammenhang (Epoche, Ereignis, Prozess bzw. Konflikt) lässt sich die Malerei einordnen?
5. Urteilen	– Welche Intention verfolgte(n) Maler und/bzw. Auftraggeber? – Welche Wirkung soll beim zeitgenössischen Betrachter erzielt werden? – Mit welchen bildlichen und textlichen Quellen lässt sich das Bild ggf. vergleichen? – Inwieweit gibt die Malerei den historischen Gegenstand sachlich angemessen wieder? – Welche Schlussfolgerungen lassen sich im Hinblick auf die Leitfrage ziehen? – Wie lässt sich das Bild aus heutiger Sicht bewerten?

Übungsbeispiel

M 3 Penelope mit den Freiern, Fresko von Bernardino Pintoricchio, um 1509

1 Interpretieren Sie M 3 mithilfe der Arbeitsschritte von S. 135.

Lösungsansätze

1. Leitfrage
Mögliche Untersuchungsfrage: Wie werden auf dem Bild Mythologie und die Zeit um 1500 miteinander verknüpft?

2. Formale Aspekte
Maler: Bernardino Pintoricchio (um 1454–1513), spezialisiert auf Fresken (Wandmalereien), arbeitete u. a. an der Ausgestaltung der Sixtinischen Kapelle in Rom mit, schuf v. a. Bilder mit religiösen Motiven.
Auftraggeber: Pandolfo Petrucci, wohlhabender Adliger aus Siena, Bürgermeister der Stadtrepublik Siena

Zweck der Entstehung: Wandfresko zur Ausgestaltung eines Raumes im neu erbauten Palazzo Pandolfo Petrucci in Siena, einem der prachtvollsten Gebäude der Stadt um diese Zeit
Entstehungszeit: um 1509
Gemäldeart: Fresko (Wandmalerei)
Titel: Penelope mit den Freiern
Adressaten: Besucher des Palastes

3. Inhaltliche Aspekte
Thema: Szene aus der griechischen Mythologie, Penelope wartete zwanzig Jahre auf die Rückkehr ihres Mannes Odysseus, wurde von Freiern umworben, sagte aber, dass sie ihnen erst nachgeben würde, wenn sie einen Um-

hang für ihren Schwiegervater fertiggestellt habe. Sie webte tagsüber und löste es nachts wieder auf.

Personen/Gegenstände:
linke Bildhälfte: Penelope sitzt am Webrahmen, sie ist vornehm zurückhaltend gekleidet, senkt den Blick, ihr blaues Kleid korrespondiert mit den Strümpfen des Mannes im Vordergrund; ihr zu Füßen ein Mädchen/eine Magd, die das Garn hält; hinter ihr an der Wand: Bogen und ein Köcher mit Pfeilen, Symbole der Liebe (Gott Amor); die Katze am Boden steht für etwas Bedrohliches, für die Jagd, obwohl sie friedlich und verspielt aussieht.

rechte Bildhälfte: Fünf Männer kommen zu Besuch, stehen Penelope gegenüber und werben um sie, der Mann im Bildvordergrund ist vornehm angezogen, beugt die Knie vor ihr; ein ärmlich gekleideter Mann kommt gerade durch die Tür, es ist Odysseus als Bettler verkleidet, der zu seiner Frau zurückkehrt. Die fünf Männer drängen in die Bildmitte und dominieren die gegenüber sitzende Penelope. Gesichter und Kleidung aller Personen sind individuell, mit Mimik und Gestik gestaltet.

Komposition: Der Webrahmen trennt einerseits optisch die Frauen von den Männern, er lenkt andererseits zusammen mit den Fensterbalken den Blick auf die Szenen im Hintergrund, dort sieht man Szenen aus der Sage des Odysseus: Odysseus an den Mast gebunden, um nicht von dem Gesang der Sirenen angezogen zu werden; Seeleute springen ins Wasser, weil sie schon verrückt geworden sind, auf der Insel trifft Odysseus auf Circe, umgeben von Schweinen, bereits verwandelte, frühere Besucher.

Die Szenen im Hintergrund, die Balken sowie der Fußboden geben dem Bild eine zentrale Perspektive und eine räumliche Tiefe.

4. Historischer Kontext

Kunstepoche: Das Fresko entstand zur Zeit der Hochrenaissance der Malerei in Italien. Leonardo da Vinci, Raffael und Michelangelo prägten den Stil von klassischer Schönheit, Anmut und Harmonie. Die Verfeinerung der Maltechniken erreichte ihren Höhepunkt. Während im Mittelalter Bilder meist nur einen Goldhintergrund hatten, wird in der Renaissance der Hintergrund mit Landschaft und Natur genau gestaltet. Damit einher geht die Schaffung von Perspektiven (räumliche Tiefe, bewusst gesetzte Blickrichtungen). Siehe auch M 1 und M 2 im Vergleich.

Politik/Geschichte: Als Petrucci 1508 seinen Palast in Siena errichten und ausgestalten ließ, war er auf dem Gipfel seiner Macht in der Stadtrepublik Siena. Nach dem Tod seines Bruders 1497 übernahm er dessen öffentliche Ämter und durch die Heirat mit Aurelia Borghese, Tochter des mächtigen Niccolo Borghese, erhielt er politische Rückendeckung. Der neue Palast spiegelte seine persönliche Macht und war typisch für die führende Rolle und das Selbstverständnis der italienischen Stadtrepubliken der Zeit.

5. Urteilen

Intention: Maler und Auftraggeber stellten sich mit dem Fresko als Gebildete ihrer Zeit, als Kenner der griechischen Mythologie und damit der antiken Kultur dar. Petrucci untermauerte so seinen Führungsanspruch und sein Selbstverständnis als Stadtoberer.

Fazit hinsichtlich der Leitfrage: Das Bild hat zwar die Geschichte von Penelope und Odysseus als Thema, doch die Personen sind wie Zeitgenossen gekleidet. Auch die Ausgestaltung des Raumes und die Alltagsgegenstände wie der große Webrahmen verweisen auf die Zeit um 1500. Auf diese Weise illustriert das Fresko den Alltag und die moralischen Standards der Zeit. Die standhafte und tugendhafte Penelope verkörpert den idealen Frauentypus: schön, zurückhaltend, fleißig, rein und ihrem Mann treu in Liebe ergeben. Die Männer werben zwar mit Nachdruck um sie, aber sie bedrängen sie nicht, die Szene gleicht eher einem höfischen Zeremoniell, bei dem die Männer Penelope ihre Verehrung und Achtung kundtun.

Erarbeiten Sie Präsentationen

Thema 1
Der Kampf um das neue Weltbild
Die Auseinandersetzungen Keplers und Galileis mit der Kirche verdeutlichen auch den Konflikt zwischen Kräften der Beharrung und des Neuen. Informieren Sie sich über die Positionen in dem Kampf um das neue Weltbild. Organisieren Sie eine Podiumsdiskussion, bei der Kepler, Galilei und die Kirche ihre Positionen vertreten.

Literaturtipps
Bertolt Brecht, Leben des Galilei, Suhrkamp, Frankfurt am Main 1998.
Klaus Fischer, Galileo Galilei. Biographie seines Denkens, Kohlhammer, Stuttgart 2015.
Thomas de Padova, Das Weltgeheimnis. Kepler, Galilei und die Vermessung des Himmels, Piper, München 2010.

M 1 „Systema Cosmicum", Schrift von Galileo Galilei, Druck, 1635

Webcode:
KH300943-138

Thema 2
Mythos Renaissance
Nicht nur Fachhistoriker setzen den Begriff Renaissance gerne auf die Titelseiten ihrer Bücher, auch eine breitere Öffentlichkeit kann über TV-Serien und Geschichtsmagazine für die „Highlights" wie die Macht der Medici, die „Mona Lisa" oder den „bösen" Machiavelli interessiert werden. Untersuchen Sie mithilfe der genannten Geschichtsmagazine, wie die Renaissance für ein breites Publikum präsentiert wird. Fertigen Sie eine Collage aus Themen, Überschriften und Bildern an und zeigen Sie, ob hier auch der Mythos Renaissance beschworen wird.

Literaturtipps
DER SPIEGEL Geschichte, Die Renaissance. Aufbruch aus dem Mittelalter, Nr. 6, 2013
GEO Epoche, Das Florenz der Medici, Nr. 85, 2017.

M 2 Mona Lisa, Ölgemälde von Leonardo da Vinci, 1503–1506

Überprüfen Sie Ihre Kompetenzen

M 3 Madonna des Kanzlers Nicholas Rolin, Ölgemälde von Jan van Eyck, um 1434/36

Zentrale Begriffe

Antike
aristotelisches Weltbild
Beharrung
Humanismus
kopernikanisches Weltbild
Medienrevolution
Moderne
Mythos Renaissance
Reform
Reichsreform
Renaissance
Renaissancemalerei
Territorialisierung
uomo universale

Sachkompetenz

1 Erläutern Sie die Zusammenhänge zwischen Wiederentdeckung der Antike, neuem Denken und neuem Menschenbild.
2 Skizzieren Sie Wege des Wissenstransfers von der arabisch-muslimischen Welt nach Europa.
3 Stellen Sie alte und neue Denkweisen in den Naturwissenschaften einander gegenüber.

Methodenkompetenz

4 Interpretieren Sie das Bild M 3 mithilfe der Arbeitsschritte aus dem Methodenteil, S. 135, und zeigen Sie insbesondere die Folgen der Zentralperspektive auf.

Urteilskompetenz

5 Beurteilen Sie den geistigen Umbruchcharakter des 15. und 16. Jahrhunderts. Setzen Sie sich dabei mit dem Argument auseinander, dass sich die Veränderungen vor allem bei den Eliten vollzogen.

„Wiedergeben, einordnen, beurteilen" – Arbeitsaufträge in der Abiturklausur

Anforderungsbereich I – Wiedergeben von Sachverhalten aus einem abgegrenzten Gebiet und im gelernten Zusammenhang unter rein reproduktivem Benutzen geübter Arbeitstechniken, z. B.:

beschreiben:	strukturiert und fachsprachlich angemessen Materialien vorstellen und/oder Sachverhalte darlegen;
gliedern:	einen Raum, eine Zeit oder einen Sachverhalt nach selbst gewählten oder vorgegebenen Kriterien systematisierend ordnen;
wiedergeben:	Kenntnisse (Sachverhalte, Fachbegriffe, Daten, Fakten, Modelle) und/oder (Teil-)Aussagen mit eigenen Worten sprachlich distanziert, unkommentiert und strukturiert darstellen;
zusammenfassen:	Sachverhalte auf wesentliche Aspekte reduzieren und sprachlich distanziert, unkommentiert und strukturiert wiedergeben.

Anforderungsbereich II – selbstständiges Erklären, Bearbeiten, Ordnen bekannter Inhalte und das angemessene Anwenden gelernter Inhalte und Methoden auf andere Sachverhalte, z. B.:

analysieren:	Materialien, Sachverhalte oder Räume beschreiben, kriterienorientiert oder aspektgeleitet erschließen und strukturiert darstellen;
charakterisieren:	Sachverhalte in ihren Eigenarten beschreiben, typische Merkmale kennzeichnen und diese dann gegebenenfalls unter einem oder mehreren bestimmten Gesichtspunkten zusammenführen;
einordnen:	begründet eine Position/Material zuordnen oder einen Sachverhalt begründet in einen Zusammenhang stellen;
erklären:	Sachverhalte so darstellen – gegebenenfalls mit Theorien und Modellen –, dass Bedingungen, Ursachen, Gesetzmäßigkeiten und/oder Funktionszusammenhänge verständlich werden;
erläutern:	Sachverhalte erklären und in ihren komplexen Beziehungen an Beispielen und/oder Theorien verdeutlichen (auf Grundlage von Kenntnissen bzw. Materialanalyse);
gegenüberstellen:	Sachverhalte, Aussagen oder Materialien kontrastierend darstellen und gewichten;
herausarbeiten:	Materialien auf bestimmte, explizit nicht unbedingt genannte Sachverhalte hin untersuchen und Zusammenhänge zwischen Sachverhalten herstellen;
in Beziehung setzen:	Zusammenhänge zwischen Materialien, Sachverhalten aspektgeleitet und kriterienorientiert herstellen und erläutern;
nachweisen:	Materialien auf Bekanntes hin untersuchen und belegen;
vergleichen:	Gemeinsamkeiten, Ähnlichkeiten und Unterschiede von Sachverhalten kriterienorientiert darlegen.

Anforderungsbereich III –	reflexiver Umgang mit neuen Problemstellungen, den eingesetzten Methoden und gewonnenen Erkenntnissen, um zu eigenständigen Begründungen, Folgerungen, Deutungen und Wertungen zu gelangen, z. B.:
beurteilen:	den Stellenwert von Sachverhalten oder Prozessen in einem Zusammenhang bestimmen, um kriterienorientiert zu einem begründeten Sachurteil zu gelangen;
entwickeln:	zu einem Sachverhalt oder zu einer Problemstellung eine Einschätzung, ein Lösungsmodell, eine Gegenposition oder ein begründetes Lösungskonzept darlegen;
erörtern:	zu einer vorgegebenen Problemstellung eine reflektierte, abwägende Auseinandersetzung führen und zu einem begründeten Sach- und/oder Werturteil kommen;
sich auseinandersetzen:	zu einem Sachverhalt, einem Konzept, einer Problemstellung oder einer These usw. eine Argumentation entwickeln, die zu einem begründeten Sach- und/oder Werturteil führt;
Stellung nehmen:	Beurteilung mit zusätzlicher Reflexion individueller, sachbezogener und/oder politischer Wertmaßstäbe, die Pluralität gewährleisten und zu einem begründeten eigenen Werturteil führt;
überprüfen:	Inhalte, Sachverhalte, Vermutungen oder Hypothesen auf der Grundlage eigener Kenntnisse oder mithilfe zusätzlicher Materialien auf ihre sachliche Richtigkeit bzw. auf ihre innere Logik hin untersuchen.

Der folgende Arbeitsauftrag verlangt Leistungen aus den **Anforderungsbereichen I, II und III:**

interpretieren:	Sinnzusammenhänge aus Quellen erschließen und ein begründetes Sachurteil oder eine Stellungnahme abgeben, die auf einer Analyse beruhen.

Die Bundesländer arbeiten mit landesspezifischen Operatoren.
Sie finden diese Landesoperatoren im Internet:
Webcode: KH300943-141

Formulierungshilfen für die Bearbeitung von Textquellen und Sekundärtexten

Arbeitsschritte	Strukturierungsfunktion	Formulierungsmöglichkeiten	Beispiel
Analyse formale Aspekte	Einleitung	– Der Verfasser thematisiert/behandelt/greift (auf) … – Er beschäftigt sich/setzt sich auseinander mit der Frage/mit dem Thema … – Die Autorin legt dar/führt aus/äußert sich zu … – Das zentrale Problem/Die zentrale Frage des Textes/Briefes/der Rede ist …	Der SPD-Politiker Philipp Scheidemann thematisiert in seiner Rede vor der Weimarer Nationalversammlung am 12. Mai 1919 den Versailler Vertrag.
inhaltliche Aspekte	Wiedergabe der Position/Kernaussage	– Die Autorin vertritt die These/Position/Meinung/Auffassung … – Er behauptet …	Der Historiker Detlev Peukert vertritt die These, der Untergang der Weimarer Republik sei auf „vier zerstörerische Prozesse" zurückzuführen (Z. xx).
	Wiedergabe der Begründung/Argumentation/wesentlichen Aussagen	– Sie belegt ihre These … – Als Begründung/Beleg seiner These/Behauptung führt der Autor an … – Der Reichskanzler legt dar/führt aus … – Die Historikerin argumentiert/kritisiert/bemängelt … – Der Verfasser weist darauf hin/betont/unterstreicht/hebt hervor/berücksichtigt … – Weiterhin/Außerdem/Darüber hinaus/Zudem argumentiert er …	Kennan betont, dass die Amerikaner in Deutschland Konkurrenten der Russen seien und daher in „wirklich wichtigen Dingen" keine Zugeständnisse machen dürften (Z. xx).
	Abschließende Ausführungen	– Am Ende unterstreicht/betont der Autor noch einmal … – Der Autor schließt seine Ausführungen mit … – Sie kommt am Ende ihrer Argumentation zu dem Schluss, dass … – Zum Abschluss seiner Rede … – Abschließend/Zusammenfassend führt die Abgeordnete aus …	Am Ende seines Briefes betont Bismarck noch einmal die Notwendigkeit eines Bündnisses mit Österreich (Z. xx).
Vergleich von Texten	Übereinstimmung	– Der Historiker ist derselben Meinung/Auffassung/Position … – Sie teilt dieselbe Meinung/Auffassung/Position … – Die Autoren stimmen darin überein …	Brandt und Grass stimmen darin überein, dass die Bildung einer Großen Koalition mit Risiken verbunden sei (vgl. M 1, Z. xx; M 2, Z. xx).
	Gegensatz	– Im Gegensatz zu … – Die Positionen widersprechen sich/weichen voneinander ab/sind unvereinbar/konträr …	Die Positionen der beiden anonymen Verfasser sind hinsichtlich ihrer Haltung zum Terror der Jakobiner unvereinbar.

Arbeitsschritte	Strukturierungsfunktion	Formulierungsmöglichkeiten	Beispiel
Historischer Kontext		– Die Quelle(n) lassen sich/sind in … ein(zu)ordnen. – Die Texte sind im Zusammenhang mit … zu sehen. – Die Rede stammt aus der Zeit des/der …	Veröffentlicht wurden beide Zeitungsartikel in der Zeit der Jakobinerherrschaft, die von 1793 bis 1994 andauerte und auch als „Schreckens- und Gewaltherrschaft" bezeichnet wird.
Urteil Sachurteil	Intention des Autors	– Der Autor beabsichtigt/intendiert/will/strebt an/fordert/plädiert für … – Die Politikerin verfolgt die Absicht/das Ziel … – Der Außenminister appelliert/ruft auf …	Der Ministerpräsident will mit seiner Rede die Abgeordneten von der Notwendigkeit wirtschaftlicher Reformen überzeugen.
	Beurteilung des Textes	– Die Argumentation ist (nicht) nachvollziehbar/überzeugend/stichhaltig/schlüssig … – Der Verfasser argumentiert einseitig/widersprüchlich … – In seiner Darstellung beschränkt sich der Historiker nur auf …	Der britische Historiker Peter Heather begründet seine These in drei stichhaltigen Argumentationssträngen.
Werturteil	Bewertung des Textes	– Aus heutiger Sicht/Perspektive kann gesagt werden/lässt sich sagen … – Der Position/Meinung/Auffassung/Ansicht des Autors stimme ich (nicht) zu … – Ich stimme der Position/ … des Autors (nicht) zu … – Die Position/ … der Verfasserin teile ich (nicht) … – Ich teile die Position/ … des Historikers (nicht) … – Meiner Meinung/Auffassung/Ansicht zufolge/nach …	– Ich stimme der Kritik von Francisco de Vitoria am Vorgehen der Spanier in der Neuen Welt zu, weil … – Die Position des anonymen Verfassers des ersten Zeitungsartikels (M 1) teile ich nicht, da heute in unserer freiheitlichen Grundordnung Terror zur Durchsetzung politischer Ziele abgelehnt wird.

Tipps zur Vorbereitung auf die Abiturthemen

Übung 1: Inhalte der Lehrplanthemen wiederholen
Das Thema „Die Welt im 15. und 16. Jahrhundert" wird im vorliegenden Schulbuch in fünf Teilthemen gegliedert. Jedes Teilthema ist in Form eines Kapitels aufbereitet.
1. Ein kurzer Darstellungstext führt zu Beginn jedes Kapitels in das Teilthema ein. Daran schließt sich ein umfangreicher Materialienteil mit entsprechenden Aufgaben an. Lesen Sie die Darstellungstexte wiederholend und fertigen Sie eine Zusammenfassung an. Die Zwischenüberschriften und Fettdrucke können Ihnen hierbei Hilfestellung geben.
2. Suchen Sie sich aus jedem Kapitel drei bis vier Materialien aus und bearbeiten Sie die dazugehörigen Aufgaben.
3. Halten Sie Ihre Ergebnisse auf Karteikarten fest (s. unten).

Übung 2: Wichtige Daten merken und anwenden
Auf S. 150 f. finden Sie eine Zeittafel. Auf drei Arten können Sie damit für das Abitur üben:
1. Geben Sie jeden Eintrag der Zeittafel mit eigenen Worten wieder.
2. Schreiben Sie auf die Vorderseite einer Karteikarte ein Ereignis, auf die Rückseite das Datum (s. unten).
3. Vertiefen Sie Ihre Kenntnisse über zentrale Daten, indem Sie noch einmal die dazugehörigen Darstellungen und Materialien aus dem Kapitel durcharbeiten. Schreiben Sie auf Ihre Karteikarten,
   a) welche Ursachen zu einem Ereignis geführt haben,
   b) wie es abgelaufen ist,
   c) welche Folgen es gehabt hat.

Übung 3: Zentrale Begriffe verstehen und erklären
Zentrale Begriffe sind u. a. auf der Seite „Kompetenzen überprüfen" aufgeführt. Erläuterungen dazu finden Sie im entsprechenden Kapitel und im Begriffslexikon auf S. 152 f.
1. Lesen Sie zu jedem Begriff die Erläuterung.
2. Klären Sie Fremdwörter.
3. Erläutern Sie den Inhalt jedes Begriffs anhand von historischen Beispielen. Halten Sie Ihre Ergebnisse auf Karteikarten fest (s. unten).

Ergebnisse sichern – Arbeitskartei anlegen
1. Halten Sie die Ergebnisse der Übungen bis 3 auf Karteikarten fest:
   Notieren Sie auf der Vorderseite eine Frage, einen Begriff oder ein Datum, schreiben Sie auf die Rückseite Ihre Erläuterungen.
2. Wiederholen Sie mithilfe Ihrer Arbeitskartei die Inhalte, Daten und Begriffe der Schwerpunktthemen – alleine, in Partnerarbeit oder in Gruppen.

Übung 4: Methodentraining – Interpretation schriftlicher Quellen
Die Interpretation schriftlicher Quellen ist eine der zentralen Anforderungen im Abitur:
1. Prägen Sie sich die systematischen Arbeitsschritte zur Interpretation einer schriftlichen Quelle von S. 63 ein.
2. Merken Sie sich die „Faustregel" zur Analyse der formalen Merkmale schriftlicher Quellen und üben Sie die Beantwortung der „W-Fragen" anhand von fünf selbst ausgewählten schriftlichen Quellen des Schülerbuches.

„Faustregel" für die Analyse der formalen Merkmale schriftlicher Quellen:
WER sagt WO, WANN, WAS, WARUM, zu WEM und WIE?

Probeklausur mit Lösungshinweisen

1. Beschreiben Sie nach einer quellenkritischen Einleitung das Gemälde M 2.
2. Stellen Sie unter Berücksichtigung des historischen Kontexts M 1 und M 2 einander gegenüber.
3. Die Frage, ob es sich bei der Renaissance um eine eigenständige Epoche handelt, ist unter Historikern umstritten. Setzen Sie sich unter Bezugnahme auf M 1 und M 2 damit auseinander.

M 1 Madonna und Kind, Gemälde (Tempera und Blattgold) von Cimabue, um 1283.
Der Florentiner Maler und Mosaikkünstler Cimabue (ca. 1240–ca. 1302) schuf das Gemälde für das Kloster Santi Lorenzo e Leonardo in Castelfiorentino, Toskana.

M 2 Die Erschaffung des Adam, Deckenfresko von Michelangelo für die Sixtinische Kapelle im Vatikan, 1511–1512.
Michelangelo (1475–1564), geboren in der Nähe von Florenz und dort aufgewachsen, gestaltete im Auftrag des Papstes die gesamte Decke der Sixtinischen Kapelle und schuf dafür eine größere Zahl von Fresken, zu denen der hier gezeigte Ausschnitt gehört.

Lösungshinweise

Aufgabe 1
Vorbemerkung
Die Beschreibung eines Materials wie des vorliegenden Bildes erfordert insbesondere eine präzise und fachsprachlich angemessene Wortwahl. Außerdem hat sie strukturiert zu erfolgen, d. h., Sie sollten sich eine sinnvolle Reihenfolge für die Präsentation der einzelnen Bildelemente überlegen; im vorliegenden Fall bietet es sich z. B. an, von rechts nach links vorzugehen, also beim Schöpfergott auf der rechten Seite zu beginnen.

Quellenkritische Einleitung
Material: Gemälde, Deckenfresko in der Sixtinischen Kapelle in Rom (1511–1512), deutlich als Ausschnitt zu erkennen
Maler: Michelangelo (Buonarotti), in Florenz aufgewachsen, einer der bedeutendsten Künstler der Renaissance
Auftraggeber: der Papst, der eine der biblischen Überlieferung entsprechende Darstellung erwartete
Adressaten: der Papst und der vatikanische Klerus
Historischer Kontext: prachtvoller Neu- und Ausbau des Petersdomes und anderer vatikanischer Gebäude im Zusammenhang mit dem päpstlichen Selbstverständnis als Renaissancefürst am Beginn des 16. Jahrhunderts

Bildbeschreibung
Das Fresko zeigt die Erschaffung Adams und bezieht sich auf die biblische Schöpfungsgeschichte (Erschaffung des Menschen, wie sie im Alten Testament erzählt wird). In der rechten Bildhälfte ist, am Himmel frei schwebend und in einen großen roten Mantel eingehüllt, Gott Vater zu sehen, durch graues Haar und einen grauen Bart als alter Mann dargestellt und von nackten Engeln umgeben. Er streckt seinen rechten Arm aus und steht in dem im Bild festgehaltenen Augenblick kurz davor, mit seinem Zeigefinger die linke Hand Adams, der in der linken Bildhälfte dargestellt ist, zu berühren. Adam befindet sich anscheinend auf der Erde, die durch teils dunklen, teils grünen Untergrund und im Hintergrund angedeutete Berge charakterisiert wird. Während die Figur des Gott Vater in dynamischer Bewegung gezeigt wird, ist Adam eher lethargisch ruhend dargestellt: Er liegt halb auf dem Boden, hat den Oberkörper leicht angehoben, stützt sich mit dem rechten Arm ab und schaut Gott Vater anscheinend sehnsuchtsvoll entgegen, während er ihm den linken Arm entgegenstreckt. Seine linke Hand hängt schlaff herab, noch hat Gottes Finger ihn nicht berührt, der lebensspendende Funke ist noch nicht übergesprungen. Während Gott Vater in ein rosafarbenes Gewand gekleidet ist, ist Adam im Einklang mit der Schöpfungsgeschichte nackt.

Aufgabe 2
Vorbemerkung
Der Operator „gegenüberstellen" erfordert, dass Sie ähnlich wie bei einem Vergleich „Sachverhalte, Aussagen oder Materialien kontrastierend darstellen und gewichten". Im konkreten Fall handelt es sich um die beiden Gemälde von Cimabue bzw. Michelangelo. Da Sie in Aufgabe 1 das Fresko Michelangelos beschrieben haben, bietet es sich an, vor diesem Hintergrund Gemeinsamkeiten und Unterschiede zu dem Gemälde Cimabues herauszustellen. In Kapitel 5 Ihres Schülerbuchs erhalten Sie Hilfestellungen zur Analyse von Gemälden. Ein weiterer Aspekt der Aufgabenstellung ist die Berücksichtigung des Ihnen bekannten historischen Kontextes (vgl. die Tabelle „Mögliche Arbeitsschritte für die Analyse" auf S. 135). Am Ende Ihrer Bearbeitung wird von Ihnen eine Gewichtung der Gemeinsamkeiten und Unterschiede erwartet.

Gegenüberstellung
Gemeinsamkeiten: Sowohl Cimabue (dort geboren) als auch Michelangelo (dort aufgewachsen) kommen aus Florenz, das sich – wie Sie wissen – im 14. und 15. Jahrhundert zu einem bedeutenden Handels- und Finanzzentrum und gleichzeitig zur Keimzelle der Renaissance entwickelt hat. Bei beiden Gemälden handelt es sich um Auftragsgemälde der katholischen Kirche für den sakralen Raum. Beide verkünden christliche Botschaften des Alten bzw. Neuen Testaments, bei

Cimabue die Menschwerdung Gottes in Jesus, bei Michelangelo die Erschaffung des Menschen durch Gott „zu seinem Bilde". Auch bei Cimabue sind wie bei der Darstellung Gottes durch Michelangelo Ansätze der Dynamik, der Körperproportionen, der Mimik und Gestik zu erkennen. Maria hält das Jesuskind in ihren Armen, das seine Arme und Beine bewegt, mit einer Hand das Gesicht seiner Mutter streichelt und sie nahezu liebevoll ansieht. Die rosaviolette Farbe des detailgetreuen Umhangs des Kindes spiegelt sich in den Farben der Darstellung Gottes bei Michelangelo wider.

Unterschiede: Cimabue, der in der zweiten Hälfte des 13. Jahrhunderts gemalt hat, ist dem Mittelalter zuzuordnen, während Michelangelo (1475–1564) als bedeutendster Künstler der italienischen Hochrenaissance gilt. Die Erfindung des Buchdrucks, der Beginn der europäischen Expansion und die Rückbesinnung auf die kulturellen Leistungen der Antike veränderten das Menschen- und Weltbild zu der Zeit in entscheidender Weise. Der Künstler verstand sich jetzt als *„uomo universale"*, als ein umfassend gebildeter Mensch. Auf dem Fresko Michelangelos sind im Gegensatz zu Cimabue sowohl Gott als auch der Mensch abgebildet. Dem Menschen wird eine besondere Stellung als Individuum zuerkannt. Hervorgehoben unter allen Geschöpfen erhält er von Gott den göttlichen, lebensspendenden Funken. Rein äußerlich unterscheidet sich der Mensch nicht von Gott. Das Fresko kann als Spiegel des Menschenbildes in der Renaissance gedeutet werden, wie Sie es in der „Rede über den Menschen" Pico della Mirandolas (SB, S. 116 f.) gelesen haben. Auffällig ist die anatomisch korrekte, naturalistische und idealisierte Darstellung Adams (vgl. auch Lorenzo Ghibertis „Commentarii" über das Können eines Malers, Kapitel 5, M 15, S. 120 f.). Auf dem Fresko ist Adam zwar etwas unterhalb von Gott positioniert, den optischen Mittelpunkt aber bilden die beiden Hände, die ungefähr auf einer Höhe sind. Vor allem die Darstellung Gottes in Begleitung der Engel ist voller Bewegung und Dynamik, bei Cimabue überwiegen noch die Statik und die Schematik. Die hellen Farben in dem Werk Michelangelos wirken natürlich und optimistisch im Gegensatz zur dunkel verhüllten Marienfigur Cimabues, die den Mittelpunkt des Gemäldes bildet. Cimabue verwendet noch Blattgold für den Hintergrund als Symbol des Sakralen. Dadurch wirkt das Gemälde flach und zweidimensional; der Blick des Betrachters wird durch die fehlende Weite begrenzt. Dagegen sind bei Michelangelo im Hintergrund Landschaften angedeutet. Die Komposition Michelangelos schafft Raumtiefe auf dem zweidimensionalen Fresko. Für den Betrachter erscheint das Gemälde aufgrund der detaillierten Darstellung und der Plastizität dreidimensional und realistisch.

Fazit:
Auch wenn beide Gemälde biblische Themen aufgreifen und Cimabue auf Charakteristika der Renaissance (Dynamik, Farben oder Mimik und Gestik sowie Detailtreue) vorverweist, überwiegen insgesamt die Unterschiede in beiden Gemälden. Cimabue, der gut zweihundert Jahre vor Michelangelo gemalt hat, bleibt im Wesentlichen in der Tradition der mittelalterlichen Malerei verhaftet. Michelangelo dagegen versinnbildlicht in seinem Werk das neue Selbstbewusstsein des Menschen, der von Gott zu seinem Bilde geschaffen wurde und sich selbst erkennt, sowie die neuen Regeln der Kunst in Übereinstimmung mit Ghiberti und Leonardo da Vinci. Mit der Frage nach der Renaissance als eigener Epoche bzw. nach den Kontinuitätslinien setzen Sie sich in der letzten Aufgabe auseinander.

Aufgabe 3
Vorbemerkung
Der Operator „sich auseinandersetzen" verlangt von Ihnen, zu einer Problemstellung oder These, im vorliegenden Fall also zu der These, die Renaissance sei als eine eigenständige Epoche anzusehen, eine Argumentation zu erstellen. Dabei sind laut Aufgabenstellung beide Materialien einzubeziehen. Am Ende der Argumentation kann ein Sach- oder ein Werturteil stehen. Da Sie sich hier mit einer in der Geschichtswissenschaft verbreiteten These beschäftigen, liegt es nahe, sich auf die Bildung eines Sachurteils zu konzentrieren, das

sich auf zuvor erwogene Pro- und Kontra-Argumente stützt (zum Sachurteil vgl. die Hinweise auf S. 66). Wie Sie die Problemfrage beantworten, hängt von Ihrer historisch zu begründenden Einschätzung ab.

Mögliche Aspekte
Die Renaissance als eigenständige Epoche anzusehen, ist von einigen Historikern als Mythos bezeichnet worden. Für diese Einschätzung spricht u. a., dass der Wirkungsgrad der Veränderungen in dieser Zeit sich auf einen kleinen Kreis von Gebildeten beschränkte, während für das Gros der Bevölkerung mittelalterliches Denken und mittelalterliche Lebensbedingungen noch für viele Jahrhunderte vorherrschten. Die durch die Renaissance letztlich hervorgerufenen Veränderungen brauchten eine so lange Zeit, sich auf breiter Basis durchzusetzen (der Historiker Peter Burke sieht dies erst nach dem Jahr 1800 als gegeben an, vgl. S. 131), dass eine Eingrenzung auf den kurzen Zeitraum der Renaissance sich verbietet. Die noch lange vorherrschende Verbreitung von religiöser Malerei im Stile von M 1, wie man sie noch heute im Bereich der Volksfrömmigkeit antreffen kann, spricht für diese Ansicht.

Andererseits ist die veränderte Sicht auf den Menschen, der sich mit der Renaissance vollzog, eklatant und hatte vielfältige Auswirkungen. M 2 verdeutlicht dies: Das Erwachen des Menschen aus der Passivität (im Überspringen des göttlichen Funken auf Adam von Michelangelo sinnbildlich festgehalten), der veränderte Blick auf die Welt (die naturalistische Malerei Michelangelos nutzt sowohl die neuen Erkenntnisse zur Perspektive als auch die durch genaue Anschauung und Sezierung von Leichen gewonnenen Kenntnisse zum menschlichen Körper, vgl. den Text von Ghiberti über das Können eines Malers, S. 120 f.), die nun erforscht und erschlossen wird, sind dafür zentral. Sie strahlen vor allem auch auf viele weitere Bereiche aus, z. B. den Humanismus, die moderne Staatsführung, die Wissenschaften oder die Entdeckungsfahrten. Auch Luthers kirchenkritisches Wirken ist kaum vorstellbar ohne den in der Renaissance aufbrechenden neuen Geist.

Wollen Sie für den Epochencharakter der Renaissance plädieren, können Sie auch noch darauf hinweisen, dass auch andere historische Veränderungen erst nach längerer Zeit allgemeine Verbreitung fanden. Wollen Sie dagegen sprechen, können Sie auch ins Feld führen, dass die Zeitenwende um 1500 weit ausgreifender war und sich nicht auf die v. a. künstlerisch dominierte Renaissance beschränkte.

Fachliteratur

Theorie und Methodentraining
Jäger, Wolfgang, Theoriemodule Oberstufe, Cornelsen, Berlin 2011.
Jordan, Stefan, Theorien und Methoden der Geschichtswissenschaft. Orientierung Geschichte, 2., aktualisierte Aufl., Stuttgart 2013.
Rauh, Robert, Methodentrainer Geschichte Oberstufe. Quellenarbeit – Arbeitstechniken – Klausuren, Berlin 2010.

Geschichtsatlanten
dtv-Atlas zur Weltgeschichte, einbändige Sonderausgabe, 3. Aufl., München 2010.
Putzger Historischer Weltatlas. Atlas und Chronik zur Weltgeschichte, 104. Aufl., Berlin 2011.

Gesamtdarstellungen zu Europa im 15. und 16. Jahrhundert
Blickle, Peter, Das Alte Europa. Vom Hochmittelalter bis zur Moderne, München 2008.
Maissen, Thomas, Geschichte der Frühen Neuzeit, München 2013.
Meuthen, Erich, Das 15. Jahrhundert, überarb v. Claudia Märtl, 4. Aufl., München 2006.
North, Michael, Europa expandiert 1250–1500, Stuttgart 2007.
Plessow, Oliver, Die Stadt im Mittelalter. Kompaktwissen Geschichte, Stuttgart 2013.
Schorn-Schütte, Luise, Geschichte Europas in der Frühen Neuzeit. Studienhandbuch 1500–1789, 2., aktualisierte Aufl., Paderborn 2013.
Schulze, Winfried, Deutsche Geschichte im 16. Jahrhundert, Frankfurt/M. 1987.
Völker-Rasor, Anette u. a. (Hg.), Frühe Neuzeit. Oldenbourg Geschichte Lehrbuch, München 2000.

Europäische Expansion und Altamerika
Bitterli, Urs, Alte Welt – Neue Welt: Formen des europäisch-überseeischen Kulturkontakts vom 15. bis zum 18. Jahrhundert, München 1986.
Darwin, John, Der imperiale Traum. Die Globalgeschichte großer Reiche 1400–2000, Frankfurt/M. 2010.
Osterhammel, Jürgen, Kolonialismus. Geschichte, Formen, Folgen, 2. Aufl., München 1997.
Pietschmann, Horst (Hg.), Handbuch der Geschichte Lateinamerikas, Bd. 1: Mittel-, Südamerika und die Karibik bis 1760, Stuttgart 1994.
Rem, Hanns J./Dyckerhoff, Ursula, Das alte Mexiko, München 1986.
Reinhard, Wolfgang, Die Unterwerfung der Welt. Globalgeschichte der europäischen Expansion 1415–2015, 2. Aufl., München 2016.
Schmitt, Eberhardt u. a. (Hg.), Die großen Entdeckungen. Dokumente zur Geschichte der europäischen Expansion, Bd. 2, München 1984.

Schmitt, Eberhardt u. a. (Hg.), Der Aufbau der Kolonialreiche. Dokumente zur Geschichte der europäischen Expansion, Bd. 3, München 1987.
Schnurmann, Claudia, Europa trifft Amerika. Atlantische Wirtschaft in der Frühen Neuzeit 1492–1783, Frankfurt/M. 1998.
Wendt, Reinhard, Vom Kolonialismus zur Globalisierung. Europa und die Welt seit 1500, Paderborn 2007.
Die Zeit. Welt- und Kulturgeschichte, Bd. 11: Zeitalter der Expansionen, Hamburg 2006.

Frühkapitalismus, Handelsgesellschaften und Fernhandel
Häberlein, Mark, Die Fugger. Geschichte einer Augsburger Familie (1367–1650), Stuttgart 2006.
Hammel-Kiesow, Rolf, Die Hanse, 5., aktualisierte Aufl., München 2014.
Kleinschmidt, Christian, Wirtschaftsgeschichte der Neuzeit. Die Weltwirtschaft 1500–1850, München 2017.
Kluge, Arnd, Die Zünfte, Stuttgart 2009.
Kocka, Jürgen, Geschichte des Kapitalismus, München 2013.
Mathis, Franz, Die deutsche Wirtschaft im 16. Jahrhundert, München 1992.
Osterhammel, Jürgen/Petersson Niels P., Geschichte der Globalisierung, 5. Aufl., München 2013.
Reinhardt, Volker, Die Medici. Florenz im Zeitalter der Renaissance, 5. Aufl., München 2013.

Humanismus, Renaissance und neues Denken
Burke, Peter, Die europäische Renaissance. Zentren und Peripherien, 2. Aufl., München 2012.
Davis, Robert C./Lindsmith, Beth, Menschen der Renaissance, 100 Menschen, die Geschichte schrieben, Köln 2011.
Freely, John, Platon in Bagdad. Wie das Wissen der Antike zurück nach Europa kam, 5. Aufl., Stuttgart 2016.
Gotthard, Axel, Das Alte Reich 1495–1806, 5. Aufl., Darmstadt 2013.
Greenblatt, Stephen, Die Wende. Wie die Renaissance begann, 4. Aufl., Berlin 2013.
de Padova, Thomas, Das Weltgeheimnis. Kepler, Galilei und die Vermessung des Himmels, München 2010.
Pfitzer, Klaus, Reformation, Humanismus, Renaissance. Kompaktwissen Geschichte, Stuttgart 2015.
Reinhardt, Volker, Die Renaissance in Italien. Geschichte und Kultur, München 2002.
Roeck, Bernd, Der Morgen der Welt. Geschichte der Renaissance, München 2017.
Der Spiegel Geschichte, Die Renaissance. Aufbruch aus dem Mittelalter, Nr. 6, 2013.
Stolberg-Rilinger, Barbara, Das Heilige Römische Reich Deutscher Nation. Vom Ende des Mittelalters bis 1806, München 2006.

Zeittafel

Das Heilige Römische Reich und Europa im Mittelalter und der Frühen Neuzeit

12./13. Jh.	Beginn der Städtegründungen; Entstehung der Zünfte
12.–15. Jh.	Beginn der Geldwirtschaft und der großen Handelsstädte in Oberitalien
13.–16. Jh.	Die Hanse wirkt als nordeuropäischer Kaufmannsbund.
um 1300	Doppelte Buchführung in oberitalienischen Handelshäusern
14. Jh.	Herausbildung von Verlagen
14. Jh.	Zünfte erkämpfen sich eine Beteiligung an den zuvor von den Patriziern dominierten Stadtregierungen.
14. Jh.	In Italien beginnen Humanismus und Renaissance.
1347–1350	Große Pest; starke Bevölkerungsverluste
1356	Das unter Karl IV. erlassene Reichsgrundgesetz, die Goldene Bulle, regelt erstmals umfassend die Königswahl durch ein Kollegium von sieben Kurfürsten.
ab 15. Jh.	Herausbildung der Landesherrschaften im Heiligen Römischen Reich
1449–1492	Lorenzo dei Medici; Florenz wird Zentrum der Renaissance
1459–1525	Jakob Fugger; seine Handelsgesellschaft in Augsburg erhält Weltgeltung.
1470–1618	Bevölkerungsanstieg im Gebiet von Deutschland von ca. 10 auf 17 Mio.
1495 und 1500	Reichsreform unter König Maximilian I. (endgültiges Verbot der Fehde; Einsetzung eines obersten Gerichts; Erhebung allgemeiner Reichssteuern; aus dem Hoftag wird der Reichstag)
16. Jh.	Beginn der Herausbildung der Börsen
1514	Macchiavelli publiziert „Der Fürst" („*Il principe*").
1517	Mit der Veröffentlichung seiner 95 Thesen zur Reform der Kirche leitet Martin Luther die Reformation ein. Mit der nachfolgenden Herausbildung von Katholizismus und Protestantismus zerbricht die kirchliche und religiöse Einheit des westeuropäischen Christentums.
1519–1556	Regierungszeit Kaiser Karls V.
1521	Mit dem Wormser Edikt verhängt der Kaiser die Reichsacht gegen Luther. Kurfürst Friedrich II., der Weise, von Sachsen bietet dem Reformator Schutz auf der Wartburg.
1522	Das Rechenbuch von Adam Ries begründet das Rechnen mit Ziffern und Null.
1524/25	Bauernkrieg im Deutschen Reich
1529	Belagerung von Wien durch die Türken scheitert.
1530	Augsburger Bekenntnis der evangelischen Reichsstände
1532	Nürnberger Religionsfrieden gewährt Lutheranern das Recht zur freien Religionsausübung.
1534	Durch Trennung von Rom begründet Heinrich VIII. von England die anglikanische Kirche. Ignatius von Loyola gründet den Jesuitenorden.
1541	Johann Calvin sorgt für die Verbreitung einer besonders strengen Form der Reformation.
1545–1563	Konzil von Trient leitet einen Erneuerungsprozess der katholischen Kirche ein.
1546/47	Schmalkaldischer Krieg
1555	Der Augsburger Religionsfrieden stellt die Lutheraner reichsrechtlich den katholischen Obrigkeiten gleich.
1618–1648	Der Dreißigjährige Krieg – der längste und grausamste Religions- und Bürgerkrieg seiner Zeit. Der Westfälische Frieden von 1648 bestätigt den Augsburger Religionsfrieden von 1555 und bezieht die Calvinisten in die Friedensregelungen mit ein.

Europa und die Welt im Mittelalter und der Frühen Neuzeit

11.–13. Jh.	„Chinesische Renaissance": Aufbau einer Zivilverwaltung; Buchdruck mit beweglichen Keramik- und Holzlettern; wasserbetriebenes Spinnrad; Erfindung des Kompasses; Schiffe mit Schaufelrädern; Überseehandel; Feuerwaffen
14. Jh.–1521	Blütezeit der aztekischen Hochkultur im Gebiet des heutigen Mexiko
1492	Kolumbus landet in Amerika (Insel Guanahani).
1494	Im Vertrag von Tordesillas einigen sich Spanien und Portugal über die Aufteilung der überseeischen Kolonien.
1498	Da Gama umsegelt Afrika und erreicht Indien.

1502–20	Regierungszeit des aztekischen Königs Moctezuma II.
1519–21	Cortés erobert Mexiko für Spanien: Zerstörung der Kultur der Azteken.
1519–22	Erste Weltumsegelung durch die Flotte von Magalhães
1558	Tabak aus Amerika in Europa
1568	Erste Sklaventransporte von Westafrika in die Neue Welt
16./17. Jh.	Starke Vergrößerung des Geldvolumens in Europa durch Silberimporte aus den mittelamerikanischen Kolonien
1600	Gründung der *„East India Company"* (EIC) in London; England führende Seemacht
1602	In den Niederlanden wird die *„Vereenigde Oostindische Compagnie"* (VOC) gegründet.

Wissenschaftliche Entdeckungen vom 15. bis 17. Jahrhundert

um 1450	Johannes Gutenberg erfindet Buchdruck mit beweglichen Metalllettern und löst eine Kommunikationsrevolution aus.
seit 1480	Leonardo da Vinci entwirft technische Modelle und Visionen, die erst im 19./20. Jh. verwirklicht werden.
1492	Erdglobus des Nürnberger Geografen und Kaufmanns Martin Behaim
Anfang 16. Jh.	In Europa setzt sich die Algebraisierung der Mathematik durch.
1543	Nikolaus Kopernikus begründet das heliozentrische Weltbild durch seine Publikation „Über die Kreisbewegung der Himmelskörper" (*„De revolutionibus orbium coelestium"*).
1546	Girolamo Fracastoro stellt die These auf, dass gewisse Krankheiten durch Erreger übertragen werden.
1548	Andreas Vesalius veröffentlicht das erste wissenschaftliche Werk über die Anatomie des Menschen.
1553	Michael Servetus beschreibt den Herz-Lungen-Kreislauf.
1568	Gerhard Mercator entwickelt die winkeltreue Kartenprojektion.
1586	Simon Stevin führt Dezimalbrüche in die Mathematik ein.
um 1590	Galileo Galilei entwickelt die Formel der Fallgesetze und versucht ihre Gültigkeit experimentell nachzuweisen.
1590	Zacharias Janszen baut das erste Mikroskop.
1594	John Napier entwickelt die Logarithmen.
1608	Hans Lipperhey baut das erste Fernrohr.
1609/10	Galileo Galilei beschreibt mithilfe des Fernrohrs die Jupitermonde, den Saturnring und die Sonnenflecken.
1609–19	Johannes Kepler beschreibt die Planetenbahnen als Ellipsen.
1621	Willebrord Snellius findet die mathematische Gesetzmäßigkeit der Lichtbrechung.
1628	William Harvey beschreibt den großen Blutkreislauf.
1633	Galilei widerruft seine astronomischen Beobachtungen und rückt unter dem Druck des Inquisitionsgerichtes und der Androhung von Folter von seiner These, dass sich die Erde um die Sonne bewegt, ab; Verbannung.
1637	René Descartes entwickelt die Grundlagen der analytischen Geometrie.
1643	Evangelista Torricelli baut das erste Quecksilber-Barometer.
1649	Pierre Gassendi entwickelt die Theorie vom Aufbau der Materie aus Atomen.
1654	Otto von Guericke weist experimentell das Vakuum und die Kraft des atmosphärischen Luftdrucks nach.
1665	Francesco Grimaldi und Robert Hooke weisen den Wellencharakter des Lichts nach.
1668	Isaac Newton zerlegt das Licht in die Spektralfarben.
1675	Ole Rømer misst die Lichtgeschwindigkeit.
1669	Isaac Newton und Gottfried W. Leibniz entwickeln unabhängig voneinander die Infinitesimalrechnung.
1679	Gottfried W. Leibniz entwickelt das binäre Zahlensystem; es wird von entscheidender Bedeutung für die elektronische Datenverarbeitung im 20./21. Jh.
1687	Isaac Newton erklärt die Bewegungen der Planeten mit dem Gravitationsgesetz.

Begriffslexikon

Altamerika: Amerika vor 1492, d. h. vor der Eroberung durch die Europäer.

Alteuropa: Epoche in der europäischen Geschichte, in der sich die durch das Christentum geprägte europäische Zivilisation herausbildete (ca. 12./13. bis 18. Jh.); die Zeit wird auch als „vormodern", „mittelalterlich" oder „vorindustriell" bezeichnet. Der Begriff dient der Abgrenzung gegen das klassische Periodisierungsmodell Antike, Mittelalter, Neuzeit und betont die langen Entwicklungslinien/Strukturen von Geschichte.

Bürger/Bürgertum: in Mittelalter und Früher Neuzeit vor allem die freien und vollberechtigten Stadtbewohner, insbesondere die städtischen Kaufleute und Handwerker; im 19. Jh. die Angehörigen einer durch Besitz, Bildung und spezifische Einstellungen gekennzeichneten Schicht, die sich von Adel, Klerus, Bauern und Unterschichten (einschließlich Arbeitern) unterschied.

Familie: in Alteuropa ein Haus-, Schutz- und Herrschaftsverband, der neben den Blutsverwandten (Vater, Mutter, Kinder, Großeltern, Tanten, Onkel) auch alle übrigen Arbeitenden des Hauses (Mägde, Knechte, Kutscher, Hauspersonal, Gesellen, Gehilfen) umfasste (Ganzes Haus); Arbeits- und Wohnbereich waren räumlich noch nicht getrennt. Dieser Familienverband veränderte sich erst bei Beamten und Gebildeten im 18. Jh., dann in fast allen Gruppen der Gesellschaft im Zuge der Industrialisierung. Ergebnis war die heutige Kleinfamilie.

Fortschritt: Bez. für einen Wandel in aufsteigender Linie, wonach ein späterer Zustand einen früheren übertrifft. Die Menschen in der Renaissance gingen davon aus, in einem Zeitalter des Fortschritts zu leben. Im Laufe der Jahrhunderte ist immer deutlicher geworden, dass Fortschritt auf einem Gebiet negative Folgen auf einem anderen Gebiet nach sich ziehen kann.

Frühkapitalismus: Die Epoche des Frühkapitalismus (15.–18. Jh.) ist dadurch gekennzeichnet, dass einzelne Unternehmer, Unternehmerfamilien und Handelsgesellschaften alle für Produktion und Handel erforderlichen Mittel besaßen, nämlich Geld, Gebäude und Arbeitsgeräte (Kapital). Sie versuchten häufig, eine marktbeherrschende Stellung für bestimmte Waren durchzusetzen (Monopole).

Globalisierung: Der Begriff bezeichnete zunächst die zunehmende internationale Vernetzung und Verflechtung vor allem im Bereich der Wirtschaft, schließlich auch in den Bereichen Kultur, Kommunikation und Politik. Folge ist eine wachsende Konvergenz, d. h. Gleichförmigkeit von Entwicklungen und Normen.

Grundherrschaft: Wirtschaftssystem in Europa vom frühen Mittelalter bis in das 19. Jh. Ein Grundherr konnte eine Person (meist ein Adliger) oder eine Institution (z. B. die Kirche) sein. Er verfügte über das Obereigentum an Grund und Boden und gab diesen an abhängige, oft unfreie Untereigentümer (Hörige) zur Bewirtschaftung aus. Für den Schutz, den der Grundherr gewährte, waren die Hörigen zu Abgaben und Diensten (Frondiensten) verpflichtet.

Handelskapitalismus: Er entstand in Europa im 13. Jh., als städtische Kaufleute begannen, überregionalen und schließlich Fernhandel zu betreiben. Zur Finanzierung ihrer Unternehmungen gründeten sie Handelsgesellschaften und besorgten sich darüber hinaus Kapital von verschiedenen Geldgebern. Nach Verkauf der Güter wurde der Gewinn ausgeschüttet bzw. wieder neu investiert.

Hanse (latinisiert Hansa, got. und althochdeutsch *hansa* = bewaffnete Schar, später die Genossenschaft, die ihr hanshus, die Gildehalle, hatte): Mit diesem Wort bezeichnete sich seit 1356 der lockere Zusammenschluss der norddeutschen Handelsstädte. Die Blütezeit der Hanse fällt in das 14. und 15. Jh., als sie mehr als 100 Städte umfasste. Die Führung lag bei den Städten Lübeck, Hamburg und Köln. Als ihre Aufgabe betrachtete die Hanse die Vermittlung des Warenaustauschs von Russland und Polen mit Norddeutschland, den skandinavischen Ländern, Flandern sowie England.

Heiliges Römisches Reich Deutscher Nation: Das deutsche Kaiserreich erhob im Mittelalter den Anspruch, den Königreichen übergeordnet zu sein. Die Kaiser sahen sich als Nachfolger der römischen Kaiser; ihr Reich wurde daher „Heiliges Römisches Reich" genannt. Es ging über die heutigen Grenzen Deutschlands hinaus. Im 15. Jh. erhielt der Name den Zusatz „Deutscher Nation".

Hochkultur: Merkmale einer Hochkultur sind: Staat mit zentraler Verwaltung und Regierung, Religion, Arbeitsteilung, Kenntnis einer Schrift, Zeitrechnung, Kunst, Architektur, Wissenschaft und Technik.

Humanismus: In Italien entstandene Bildungsbewegung vom 14. bis zum 16. Jh. Ausgehend vom Ideal des edlen Menschen, das die Humanisten in der von ihnen gesammelten Literatur der Antike fanden, kritisierten sie vor allem die Theologie und die kirchliche Bildungstradition. Ziel der Humanisten war eine am Vorbild der Antike geformte Bildung, die die Entfaltung der Persönlichkeit und eine individuelle Lebensgestaltung ermöglicht. Renaissance und Humanismus werden als Epochenbegriffe auch synonym verwendet.

Indigene Bevölkerung (lat. *indiges*: „eingeboren"): Urbevölkerung eines Gebietes, das von anderen Völkern erobert und/oder kolonisiert wurde.

Inquisition: gerichtliche Untersuchung. Im engeren Sinne verstand man darunter die Gerichte der katholischen Kirche, die seit dem 13. Jh. Ketzer und später Hexen verfolgten. Im Zuge der Hexenverfolgung des 16./17. Jh. griff sie auf ganz Europa über; sie bestand formell in Frankreich bis 1772, in Spanien wurde 1781 das letzte Todesurteil vollstreckt, 1834 wurde sie endgültig aufgehoben (Italien 1859, Kirchenstaat 1879).

Kanonisches Recht: kirchliches Recht.

Ketzer: Das Wort stammt von „Katharer", einer Glaubensgemeinschaft, die im 12. Jh. in Oberitalien und Südfrankreich entstand. Die Katharer widersprachen der Kirchenlehre. Ketzer bezeichnet alle Personen, die nicht an die offizielle Lehre der Kirche glaubten und dafür verfolgt wurden.

Kolonialismus: Errichtung von Handelsstützpunkten und Siedlungskolonien in militärisch und politisch schwächeren Ländern (vor allem Asiens, Afrikas, Amerikas) sowie deren Inbesitznahme durch überlegene Staaten (insbesondere Europas) seit dem 16. Jh. Die Kolonialstaaten verfolgten vor allem wirtschaftliche und machtpolitische Ziele.

Konquista (span. = Eroberung): Begriff für die Eroberung und Unterwerfung Mittel- und Südamerikas durch die Spanier. Die eroberten Gebiete der indianischen Hochkulturen wurden dem spanischen Königreich einverleibt und bildeten die Grundlage für die jahrhundertelange Herrschaft der Spanier in Mittel- und Südamerika.

Landesherrschaft/Landesfürstentum: Herrschaft über ein fest umrissenes Gebiet (= Territorium). Während sich vor dem Aufkommen des Landesfürstentums Herrschaft in erster Linie auf Personen, unabhängig von deren Wohnsitz, richtete, waren nun die Bewohner eines Territoriums der Gewalt des Landesherrn unterworfen. Die Landesherren mussten sich beim Ausbau der Herrschaft gegen benachbarte Landesherren durchsetzen.

Leibeigenschaft: In der Frühen Neuzeit unterscheidet man die mildere Form der Leibeigenschaft in Süd- und Westdeutschland, die zu Geld- und Naturalabgaben sowie Hand- und Spanndiensten verpflichtete, von der harten, die sich im 15./16. Jh. mit der ostdeutschen Gutsherrschaft entwickelte; Letztere war eine Erbuntertänigkeit, zu der unbeschränkte Frondienste, Gesindezwang der Kinder, Verbot der Freizügigkeit gehörten: Heiraten der Leibeigenen war genehmigungspflichtig. In Deutschland begann die Abschaffung im 18. Jh.

Mission: Verbreitung einer religiösen Lehre unter Andersgläubigen. Die christliche Mission spielte eine wichtige, vor allem rechtfertigende Rolle bei der Kolonisierung Amerikas.

Modernisierung: Prozess der beschleunigten Veränderungen einer Gesellschaft in Richtung auf einen entwickelten Status (Moderne). Zunächst bezog sich der Begriff auf den Übergang von der Agrar- zur Industriegesellschaft an der Wende vom 18. zum 19. Jh., dann aber galt es auch für die weiteren Schübe der Industrialisierung im Zusammenhang mit tief greifenden Krisen und grundlegenden technischen Neuerungen, wie z. B. im letzten Viertel des 19. und Anfang des 20. Jh. Kennzeichen der Modernisierung sind: Säkularisierung, Verwissenschaftlichung, Bildungsverbreitung, Technisierung, Ausbau und Verbesserung der technischen Infrastrukturen (Verkehr, Telefonnetz, Massenmedien), Bürokratisierung und Rationalisierung in Politik und Wirtschaft, soziale Sicherung (Sozialstaat), zunehmende räumliche und soziale Mobilität, Parlamentarisierung und Demokratisierung, Verbreitung der kulturellen Teilhabe (Massenkultur), Urbanisierung. Wegen seiner meist engen Verbindungen mit der Fortschrittsidee ist der Begriff politisch und wissenschaftlich umstritten, weil als Maßstab der Modernisierung der jeweilige Entwicklungsstand der „westlichen Zivilisation" gilt und weil die „Kosten", vor allem ökologische Probleme, bisher in den Modernisierungstheorien wenig berücksichtigt sind.

Mythos: Mit diesem Begriff werden meist mündlich überlieferte Sagen, Dichtungen oder Erzählungen von bedeutsamen Personen und Ereignissen bezeichnet. Mythen vereinfachen einen historischen Sachverhalt, indem sie ihn auf wenige Aspekte reduzieren. Dabei geht es nicht um eine „objektive" Rekonstruktion historischer Wirklichkeit – Mythen erheben vielmehr den Anspruch, die „richtige", vor allem aber die bedeutsame Geschichte zu erzählen.

Nation (lat. = Abstammung): Im Mittelalter und in der Frühen Neuzeit ist der Begriff „Nation" eine Bezeichnung für Großgruppen mit gemeinsamer Herkunft. Seit dem 12. Jh. stimmten die Teilnehmer auf den kirchlichen Konzilien nach Nationen ab; an vielen Universitäten organisierten sich die Studenten nach Nationen. Seit dem 18. Jh. wird der Begriff auf ganze Völker übertragen. Er bezeichnet große Gruppen von Menschen mit gewissen, ihnen bewussten Gemeinsamkeiten, z. B. gemeinsame Sprache, Geschichte oder Verfassung, und vielen inneren Bindungen und Kontakten (wirtschaftlich, politisch, kulturell). Diese Gemeinsamkeiten und Bindungen werden von den Angehörigen der Nation positiv bewertet und teilweise leidenschaftlich gewollt. Nationen haben oder wollen eine gemeinsame staatliche Organisation und grenzen sich von anderen Nationen ab. Staatsbürgernationen („subjektive" Nation) haben sich in einem vorhandenen Staatsgebiet durch gemeinsames politisches Handeln entwickelt (z. B. Frankreich). Kulturnationen („objektive" Nation, Volksnation) verfügen über sprachlich-kulturelle Gemeinsamkeiten (z. B. eine Nationalliteratur) und Nationalbewusstsein, nicht jedoch unbedingt über einen Nationalstaat (z. B. Deutschland vor 1871, Polen vor 1918).

Patrizier: In der mittelalterlichen Stadt waren Patrizier Angehörige der bürgerlichen Oberschicht; sie rekrutierten sich aus in der Stadt lebenden Adligen, Ministerialen und Fernkaufleuten. Bis ins 14. Jh. waren alle Patrizier ratsfähig und berechtigt, hohe städtische Ämter zu bekleiden.

Protoindustrialisierung: wörtlich „Industrialisierung vor der Industrialisierung". Gemeint ist die ausschließlich für den Markt, d. h. nicht für den Eigenverbrauch, und nach kommerziellen Gesichtspunkten, aber noch nicht mit Maschinen organisierte dezentrale Produktion von Gütern (vor allem von Leinenstoffen).

Rekonquista: Wiedereroberung Spaniens durch christliche Staaten der Pyrenäenhalbinsel im Kampf gegen die Araberherrschaft vom 8. Jh. bis 1492 (Eroberung Granadas).

Reformation (lat. *reformatio* = Umgestaltung, Erneuerung): Der historische Begriff bezieht sich auf die von Luther ausgelöste christliche Erneuerungsbewegung im 16. Jh. Im Zentrum der Begründung stand die Lehre vom Priestertum aller Gläubigen, damit wurde der Anspruch des Papstes auf die Herrschaft über die Welt und die allgemeingültige Auslegung der Bibel bestritten. Neben Luther waren Ulrich Zwingli und Johann Calvin als Begründer der reformierten oder calvinistischen Lehre die bedeutendsten Reformatoren.

Reichsstände: Im Heiligen Römischen Reich Deutscher Nation besaßen die Reichsfürsten, -grafen, -prälaten (= Angehörige der Reichskirche) und -städte die Reichsstandschaft, d. h., sie waren zur Führung einer Stimme im Reichstag berechtigt. Diese erwuchs mit Ausnahme der Reichsritter und Reichsdörfer aus der Reichsunmittelbarkeit. Die Reichsstände waren seit dem 14. Jh. in drei gleichberechtigte Gruppen geteilt (Kurfürstenkollegium, Reichsfürstenrat, Städtekollegium) und repräsentierten zusammen mit dem Kaiser das Reich.

Renaissance: Das Wort bezeichnet seit dem 16. Jh. die „Wiedergeburt" der griechisch-römischen Kunst und Bildung. Seit dem 19. Jh. wird Renaissance auch als Epochenbegriff für die Zeit des Übergangs vom Mittelalter zur Neuzeit benutzt, in der sich der Mensch aus der kirchlichen und geistigen Ordnung des Mittelalters löste.

Staat: Gebiet mit festgelegter Grenze, in dem die Ausübung von Gewalt ausschließlich der Regierung und Verwaltung übertragen ist und in dem der Träger der Souveränität Recht setzen kann. Im Mittelalter gab es noch keinen Staat, da noch keine klaren Grenzlinien existierten und bestimmte Bevölkerungsgruppen das Recht hatten, Unrecht selbst zu rächen (Fehde). Die moderne Staatlichkeit entstand in Deutschland mit der Stärkung der Landesherren und der Aufhebung des Fehderechts seit dem 15. Jh.

Stände/Ständegesellschaft: Stände waren im Mittelalter und in der Frühen Neuzeit einerseits gesellschaftliche Großgruppen, die sich voneinander durch jeweils eigenes Recht, Einkommensart, politische Stellung, Lebensführung und Ansehen unterschieden (Ständegesellschaft); man unterschied Klerus, Adel, Bürger und Bauern sowie unterständische Schichten. Stände waren andererseits Körperschaften zur Wahrnehmung politischer Rechte, etwa der Steuerbewilligung, in den Vertretungsorganen (Landtagen, Reichstagen) des frühneuzeitlichen „Ständestaates". Adel, Klerus, Vertreter der Städte und z. T. der Bauern traten als Stände gegenüber dem Landesherren auf.

Territorialstaat: siehe Landesherrschaft.

Zivilisation: ursprünglich die verfeinerte Lebensweise in den Städten gegenüber dem einfachen Landleben. Zivilisation bezieht sich auf den Entwicklungsstand von Wirtschaft (Landwirtschaft, Gewerbe, Verkehr, Arbeitsteilung usw.), von Technik und Politik (Machtverteilung, soziale Organisation usw.), von Kunst, Philosophie, Religion und Wissenschaft. Sie umfasst aber auch weiterhin Elemente der ursprünglichen Bedeutung, z. B. Umgangsformen. Im Deutschen oft abwertend auf den ersten Bereich eingeengt, wird der zweite mit dem Kultur-Begriff positiv davon abgesetzt. Der Begriff der „europäischen Zivilisation" entstand in den romanischen und angelsächsischen Ländern (frz. = *civilisation occidentale*, engl. = *western civilisation*) und meint die christlich-europäische Kultur in Abgrenzung zu außereuropäischen Kulturen.

Zunft: Vereinigung von Handwerkern eines Berufs in einer Stadt. Jeder Meister musste der Zunft beitreten (Zunftzwang). Die Zunft beschränkte die Zahl der Meister, Gesellen und Lehrlinge, regelte Produktionstechnik und Arbeitszeit, kontrollierte Erzeugnisse und Preise (Zunftordnung).

Personenlexikon und Personenregister

Archimedes (um 285–212 v. Chr.), griech. Mathematiker und Physiker; theoretische Arbeiten und technische Erfindungen (Kreismessung, Auftrieb, Hebelgesetz). *114, 124*

Aristoteles (384–322 v. Chr.), griech. Philosoph; Begründer der philosophischen Tradition des Abendlandes; begründete Begriffe wie Kategorie, Substanz, Abstraktion oder auch Bezeichnungen abendländischer Wissenschaftsdisziplinen wie Logik, Rhetorik, Ethik, Politik, Physik, Metaphysik, Ökonomie, Meteorologie, Psychologie.
In der Theologie des Mittelalters wurde Aristoteles' Werk mit der christlichen Offenbarung verbunden. *36, 107, 114, 119, 122 f., 125*

Atahualpa (um 1500–1533), letzter Herrscher des Inkareiches. Er kämpfte zunächst mit seinem Bruder um die Macht, 1532 dann gegen den Eroberer Francisco Pizzaro. *39*

Averroës/arab. **Ibn Rushd** (1126–1198), andalusischer Philosoph, Jurist und Arzt. Er setzte sich vor allem mit den Schriften Aristoteles' auseinander und integrierte diese so in die europäisch-christliche Philosophie. *107*

Bacon, Francis (1560–1626), engl. Staatsmann, Philosoph, Jurist, Naturwissenschaftler, Historiker; Begründer des Empirismus und der induktiven Methode; 1595 Mitglied des engl. Parlaments; 1618 Lordkanzler; 1621 wegen Bestechlichkeit zu mehrjähriger Kerkerstrafe verurteilt. *110*

Behaim, Martin (1459–1506), Nürnberger Kaufmann und Geograf; in Lissabon Kontakte zu den portugiesischen Seefahrern; vollendete 1492 den ältesten erhaltenen Erdglobus, der jedoch nicht dem Wissensstand der Zeit entsprach, weil er den neu entdeckten Kontinent Amerika noch nicht enthielt. *34*

Bellarmin, Robert (1542–1621), ital. Theologe der Gegenreformation; Jesuit seit 1560; Kardinal seit 1599. *126*

Bohemus, Johannes (ca. 1485–1535), dt. Humanist. *20 f.*

Botticelli (ca. 1444–1510), ital. Maler der Frührenaissance. *131 f.*

Brunelleschi, Filippo (1377–1446), ital. Baumeister, Architekt; baute mit der Alten Sakristei in San Lorenzo in Florenz den ersten Zentralbau der Renaissance; entdeckte die Gesetze der malerischen Perspektive. *108*

Cardano, Geronimo (1501–1576), ital. Naturphilosoph, Arzt, Mathematiker. *11*

Cortés, Hernán (1485–1547), span. Konquistador; eroberte und vernichtete das Reich der Azteken in Altamerika. *38 f., 51, 58*

Demokrit (ca. 460–360 v. Chr.), griech. Philosoph; baute die Atomlehre seines Lehrers Leukip aus und begründete die vormoderne philosophische Atomtheorie. *114*

Descartes, René (1596–1650), frz. Mathematiker, Philosoph; Jesuitenschüler; Europareisen 1614–1629; Vertreter des Rationalismus: Wahrheit wird nur durch allgemein-logische Schlüsse („Ich denke, also bin ich") gefunden (deduktive Methode). *110*

Diaz, Bartolomëu (ca. 1450–1500), port. Seefahrer; entdeckte das Kap der Guten Hoffnung. *35, 37*

Dürer, Albrecht (1471–1528), Maler und Grafiker aus Nürnberg. Mit seinen Porträts, Historienbildern und Stichen wurde er zum bekanntesten deutschen Maler der Renaissance. *117*

Erasmus von Rotterdam (1466–1536), niederländ. Humanist, Theologe; Abkehr von der Scholastik, vertrat einen biblisch fundierten Humanismus; Kontroverse mit Luther über den Willen; publizierte 1516 die erste griech. Druckausgabe des Neuen Testaments. *119 f., 131*

Euklid (um 300 v. Chr.), griech. Mathematiker; Handbücher zur Mathematik und geometrischen Optik. *114, 122*

Ferdinand II. (1452–1516), seit 1479 König von Aragonien; heiratete 1469 Isabella von Kastilien; eroberte 1492 Granada; schloss 1492 einen Vertrag mit Kolumbus über die Westexpansion zur Entdeckung des Westweges nach Indien. *35, 40, 47*

Ficino, Marsilio (1433–1499), Humanist, Arzt und Philosoph in Florenz. *106*

Foscarini, Paolo Antonio (um 1565–1616), ital. Karmelit, Naturforscher; trat als einer der Ersten öffentlich für die Richtigkeit des kopernikanischen heliozentrischen Weltbildes ein. *126*

Fugger, Jakob II. (1459–1525), Inhaber des Augsburger Bank- und Handelshauses; finanzierte die Wahl Karls V. zum Kaiser; wurde zum Bankier des Kaisers und der Päpste. *90*

Galen(us) (ca. 130–ca. 205), röm. Arzt; seine Lehren beherrschten die Medizin bis ins Mittelalter; er unterschied entsprechend den vier Elementen vier körperlich-seelische Temperamente: cholerisch, melancholisch, phlegmatisch, sanguinisch. *121*

Galilei, Galileo (1564–1642), ital. Mathematiker, Physiker, Astronom; leitete mit seiner Forderung, das „Buch der Natur mithilfe der Mathematik zu lesen", die klassische Physik ein; musste 1633 vor der Inquisition abschwören. *12, 109 ff., 124 ff., 138*

Gama, Vasco da (1469–1524), portug. Seefahrer; Entdecker des östlichen Seeweges nach Indien; 1524 Vizekönig von Indien. *36*

Ghiberti, Lorenzo (1378–1455), Goldschmied, Maler, Bildhauer aus Florenz. *120*
Guicciardini, Francesco (1483–1540), Verwaltungsbeamter und Diplomat der Stadt Florenz; schrieb eine Geschichte Italiens; prägte den Begriff der „Staatsraison". *108*
Gutenberg, Johannes (1397/1400–1468), Erfinder des Buchdrucks mit beweglichen Metalllettern. *112, 128*

Heinrich der Seefahrer (1394–1460), vierter Sohn des portugiesischen Königs Johann I. Mit seinen Entdeckungsfahrten entlang der afrikanischen Westküste legte er die Grundlagen für den Aufstieg Portugals zur See- und Kolonialmacht. *35*
Heraklit (544–483 v. Chr.), griech. Philosoph; nur durch Denken lässt sich die Welt, die in ewigem Wandel ist, erfassen. („Alles fließt.") *122*

Isabella von Kastilien (1451–1504), seit 1474 Königin von Kastilien; heiratete 1469 König Ferdinand von Aragon. *35, 40, 47, 53*

Karl V. (1500–1558), Habsburger; seit 1506 Herr der Niederlande und von Burgund; 1516 als Karl I. König von Spanien; seit 1519 Kaiser des Heiligen Römischen Reiches (gekrönt 1530); entsagte der Krone 1556. *51, 92, 111, 119*
Kepler, Johannes (1571–1630), dt. Astronom; fand die Gesetze der Planetenbewegung; baute ein Fernrohr mit zwei Konvexlinsen; stellte fest, dass die Bahn des Mars kein Kreis, sondern eine Ellipse ist. *109ff., 125, 138*
Kolumbus, Christoph (1451–1506), Seefahrer aus Genua; entdeckte im Auftrag der spanischen Krone Amerika. *36f., 40, 47f., 51*
Kopernikus, Nikolaus (1473–1543), Astronom, Domherr aus Thorn; erarbeitete das heliozentrische Weltbild; beschrieb die jährliche Bewegung der Erde um die Sonne; die tägliche Umdrehung des Fixsternhimmels erklärte er als Rotation der Erde um die eigene Achse. *109, 124, 126*

Las Casas, Bartolomé de (1474–1566), span. Dominikaner, Bischof von Chiapa/Mexiko; unterhielt enge Beziehungen zu Kolumbus, sein Vater hatte an der zweiten Reise des Kolumbus teilgenommen, er selbst war mit ihm befreundet; ihm war auch der schriftliche Nachlass des Kolumbus zugänglich, den er bei der Abfassung seiner *„Historia de las Indias"* benutzte; entschlossener Verfechter der Menschenrechte für die Sklaven; 1542 erreichte er vorübergehend eine Aufhebung des Encomienda-Systems; wirkte in den letzten Jahren in Spanien und hatte bedeutenden Einfluss auf Karl V.; 1550 führte er seine berühmte Disputation mit Sepulveda über die Eingeborenen und die spanischen Eroberungen in Übersee. *41, 54*

Leibniz, Gottfried Wilhelm Freiherr von (1646–1716), dt. Philosoph, Mathematiker, Jurist; begründete die Akademie der Wissenschaften in Berlin; entwickelte das binäre Zahlensystem (Basis der modernen Computer). *110*
Luther, Martin (1483–1546), Begründer der Reformation; auf Wunsch des Vaters begann er 1505 ein juristisches Studium; wegen eines Gelübdes – er war während eines Gewitters in Lebensgefahr geraten – trat er in das Kloster der Augustinereremiten in Erfurt ein; 1507 Weihe zum Priester; 1512 Doktor der Theologie und Professor für Bibelauslegung an der Universität Wittenberg; 1517 Publikation der 95 Thesen. *111, 128*

Machiavelli, Niccolò (1469–1527), Jurist, Diplomat aus Florenz; untersuchte in der Schrift *„Il Principe"* („Der Fürst") die Bedingungen erfolgreicher Politik. *108, 117ff., 138*
Magalhães (dt. = Magellan), Fernão de (ca. 1480–1521), port. Seefahrer; seine Flotte umrundete 1519–1522 als Erste die Erde; Beweis für die Kugelgestalt der Erde; starb 1521 auf den Philippinen. *37*
Malintzin (um 1505–um 1529), auch Malinche, Sklavin, aztekische Übersetzerin und Geliebte von Cortés, die als Vermittlerin zwischen den spanischen Eroberern und den Azteken eine wichtige Rolle spielte. Um ihre Gestalt ranken sich noch heute viele Legenden. *72*
Medici, Cosimo dei (1389–1464), der Ältere; führte das Haus der Medici in Florenz, gestützt auf die Popularenpartei, zu höchster wirtschaftlicher und politischer Macht, obwohl er kein Staatsamt bekleidete. *78*
Medici, Cosimo I. (1519–1574); schaffte die Republik in Florenz ab; ließ sich 1531 als Cosimo I. zum Herzog ausrufen und vom Papst 1569 zum Großherzog von Toskana ernennen. *78, 89f.*
Medici, Lorenzo dei (1449–1492), der Prächtige; machte Florenz zur politisch und kulturell führenden Macht Italiens; wurde durch ein Attentat verletzt; gelangte durch Verfassungsänderung zu fürstenähnlicher Autorität; prägte als Bauherr Florenz. *78, 89f.*
Michelangelo (1475–1564), ital. Bildhauer, Maler, Dichter, Baumeister; arbeitete in Florenz und Rom; Vertreter der Hochrenaissance, des Manierismus und des frühen Barocks. *146ff.*
Mirandola, Giovanni Pico della (1463–1494), ital. Humanist und Philosoph. Er bemühte sich um die Harmonisierung der verschiedenen Richtungen der Philosophie. Außerdem publizierte er zur jüdischen Lehre der Kabbala und deren Wert für die christliche Theologie und Philosphie. *116*
Moctezuma II. (ca. 1467–1520), seit 1502 aztekischer König; starb in span. Gefangenschaft. *39, 45, 50f.*

Newton, Isaak (1643–1727), engl. Physiker; erklärte mit den Gravitationsgesetzen den freien Fall mathematisch-exakt. *110, 127*

Peter Martyr von Anghiera (1457–1526), ital. Humanist. *45 f.*
Petrarca, Francesco (1304–1374), ital. Dichter, Humanist; Mitbegründer der literarischen Renaissance. *106*
Pintoricchio, Bernardino (1454–1513), ital. Renaissance-Maler. *136 f.*
Pizarro, Francisco (um 1476–1541), spanischer Konquistador, der das Reich der Inka 1532 eroberte. Er stritt mit seinem Kampfgefährten Diego de Almagro um die Macht und wurde von dessen Anhängern 1541 ermordet. *38*
Platon (428/27–348/47), griech. Philosoph; Begründer der Akademie in Athen; gelangte über die sokratische Begriffsbildung (das Gute, die Tugend) zur Lehre von den Ideen und zur Lehre von der Welt des Seienden gegenüber der Erscheinungswelt, die nur an den Ideen teilhat; programmatische Werke zum Gesetzesstaat und zur politischen Herrschaft. *107, 114, 122*
Ptolemäus, Claudius (100–178), griech. Geograf, Astronom, Mathematiker; sein geozentrisches Weltbild blieb bis zur Ablösung durch das heliozentrische Weltbild im 16. Jh. das maßgebliche Weltbild des Abendlandes. *114, 122*
Pythagoras (um 570–um 480 v. Chr.), griech. Philosoph, Mathematiker; pythagoreischer Lehrsatz: Im rechtwinkligen Dreieck ist die Summe der Quadrate über den Katheten gleich dem Quadrat über der Hypotenuse. *114, 122*

Raffael (1483–1520), ital. Maler, Baumeister; 1502 durch Papst Julius II. nach Rom berufen; 1515 als Bauleiter der Peterskirche ernannt. *122, 137*
Ries, Adam (1492–1559), betrieb in Erfurt eine Rechenschule; publizierte 1522 eines der einflussreichsten Rechenbücher; später Buchhalter in den Silbergruben Annaberg. *86*
Rivera, Diego (1886–1957), mex. Maler; 1906–10 und 1911–21 in Europa; gründete in Mexiko eine „revolutionäre Werkgemeinschaft"; Mitglied der KP Mexikos; monumentale Fresken mit paradigmatischen Szenen aus der Geschichte und Gegenwart Mexikos. *38*
Rubios, Palacios (Anf. 16. Jh.), spanischer Jurist. *39*

Salutati, Coluccio (1331–1406), Schüler Petrarcas; Kanzler der Staatsverwaltung von Florenz. *106*
Sokrates (469–399), griech. Philosoph; versuchte durch seine induktive Methode zu einer begrifflichen Bestimmung des Allgemeinen zu gelangen, damit der Mensch zum einsichtigen Denken und Handeln gelangen kann (Tugend als Wissen ist lehrbar); 399 wegen Verderben der Jugend und Einführung neuer Götter in Athen zum Tode verurteilt. *122*

Toribio de Benavente (ca. 1490–1569), schrieb eine „Geschichte der Indios von Neuspanien". *55 f.*
Toscanelli, Paolo (1397–1482), ital. Arzt, Astronom und Kartograf. Er entwickelte die Idee, dass man Indien auch auf einer Route westlich von Europa erreichen könne, und schuf so die Basis für Kolumbus' Fahrten. *34, 36*

Valerius, Augustinus (1531–1606), Theologe, Diplomat im Dienste Venedigs. *114*
Vespucci, Amerigo (1451–1512), ital. Seefahrer, Entdeckungsreisender; Reisen nach Südamerika 1499–1502, entdeckte den Amazonasstrom; erkannte Amerika als eigenständigen Kontinent. *37*
Vinci, Leonardo da (1452–1519), ital. Universalgelehrter und Maler. *108 f., 121, 137 f.*
Vitoria, Francisco de (um 1483–1546), spanischer Theologe, der sich u. a. mit Fragen des Friedens, des Staatsrechts und in diesem Zusammenhang auch mit der Indianerfrage in der Neuen Welt auseinandersetzte. *64 f.*

Welser, Bartholomäus (1484–1561), dt. Fernhändler; neben Fugger der einflussreichste Bankier Karls V. *81*

Sachregister

Fettdruck: Erläuterungen im Begriffslexikon S. 154 f.
Kursiv gesetzte Begriffe: Erläuterungen in der Marginalspalte

Adel 8, 16 f., 45, 74, 77, 87
Afrika 35 ff., 40, 42, 81, 94
Agrarwirtschaft 14, 18, 21
Al-Andalus 35, 107, 115
Alltag 6, 8, 10, 28
Altamerika 10, 38 ff., 46
Alteuropa 7 f., 12 f.
Amerika 36 ff., 56 ff., 68 ff
Antike 7 ff., 11, 34, 36, 78, 106, 114, 136 ff.
arabisches Zahlensystem 86, 88
Asien 13, 35 ff., 81, 93 ff.
Azteken 10, 38, 44 ff., 50 ff., 60, 72

Banken 76 ff., 88 ff.
Bauern 16 f., 20 f., 45, 76
Beamte 13 f., 17, 47
Beharrung 110 f.
Berg- und Hüttenwerke 41 f., 54, 75, 79
Bevölkerungsrückgang 56, 74, 87
Bevölkerungswachstum 14, 74
Bildung 6, 77, 106 f., 113
Börse 76
Buchdruck 9, 11, 112 f., 127 f.
Bürger/Bürgertum 23, 17, 83, 87, 127
Bürokratie 111 f.

China 8, 10, 13 f., 36, 59, 80 f., 94

Deutschland: siehe Heiliges Römisches Reich Deutscher Nation
Dreiständelehre 16, 22
Dynastie 43

East India Company 82, 96 ff.
Edelmetallhandel 35, 43, 48, 91 f.
Ehe 18, 21
Encomienda 40 f., 53 f.
England 24, 58, 81 f., 96 ff.
Entdeckungsfahrten 34 ff., 47 f.
Epoche 7, 12, 14, 113, 133
Europäisierung 9, 43, 57 ff.
Europazentrismus 13, 58
Expansion, europ. 9, 14, 34 ff., 43, 62

Faktorei 81, 96, 98
Familie 18, 23 ff., 30, 78 ff.
Fernhandel 35, 79 f.

Fernhändler 74 ff., 79 f.
Florenz 78 ff., 88 ff., 116, 133
Fortschritt 14
Frankreich 59, 85, 97
Franziskaner 36
Frauen 18, 24 f., 72
Frühe Neuzeit 8, 12, 17 f., 57 f., 79
Frühkapitalismus 9, 75 ff., 83 ff., 104
Fugger 80, 90 ff., 104
Fürst 117 ff.

Ganzes Haus 18
Geld 76 f., 86 f.
Globalisierung 6, 9, 43, 82, 99 f., 104
Grundherrschaft 20 f.

Handelsgesellschaften 79 f., 84 f., 90 ff.
Handelskapitalismus 79
Handelsmächte 81 f.
Handelsnetze 9, 58, 80 f., 93 ff.
Handelsroute 80, 93
Handwerker 19, 25, 30, 45, 83 f., 121
Hanse 105
Heiliges Offizium 111, 126
Heiliges Römisches Reich Deutscher Nation 102 ff., 111 f., 129 f.
Hexenverfolgung 111
Hochkultur 38, 43
Hörige 20 f.
Humanismus 9, 12, 34, 106 ff., 113 ff.

Imperialismus 13
„Indianer" 39, 54 ff., 68 ff.
Indien 36 f., 48, 80 f., 94, 96 ff.
„Indios" 39, 41
Indigene Bevölkerung 39 ff., 50, 52 f., 64, 69
Individuum 28, 106, 108, 113, 131 ff., 137, 147
Inka 38 f., 62
Inquisition 111, 126 f.
Italien 11, 76 ff., 88 ff., 106, 116

Kaiser 64 f., 80, 103, 111 f., 129 f.
Kapitalismus 58
Kariben 52 f.
Katholische Kirche 16, 21, 41, 49, 68 ff., 107, 110 f., 123, 126
Kaufleute 19, 30, 36, 75 f., 84 f.
Klerus 16

Klima 6, 74
Kolonialherrschaft 53 ff., 62
Kolonialismus 10, 40 ff., 58 f.
Konquista 38 ff., 48, 69 ff.
Konquistador 38
Kontinuität 8, 10, 18
Kulturberührung 60
Kulturzusammenstoß 43, 60
Kunst 108, 121 ff., 131 ff., 134 ff., 145 ff.
Kurfürsten 112, 129 f.

Landesfürstentum/-herrschaft 103, 112, 129 f.
Landleben 18 ff., 74
Landstände 129 f.
Legitimität 39, 65 f., 68 f.
Lehnswesen 17 ff.
Leibeigenschaft 17, 21
lineares Denken 8
„longue durée" 10, 27

Manufaktur 75 f., 79, 88
Maya 38 f.
Medici 78 ff., 89 f.
Medienrevolution 112, 128 f.
Menschenbilder 9, 16, 34, 106 ff., 110, 116 f., 146 ff.
Mexiko 55 ff., 68 f.
Mikro-Historie 27 f.
Mission 35, 37, 40, 43, 48
Mittelalter 7 f., 11 f., 16, 26, 34, 107, 123, 131, 147
Mobilität 6, 45
Moderne/Modernisierung 7 f., 10, 18, 76, 113, 131 ff.
Mythos El Dorado 40, 49
Mythos Renaissance 113, 131 ff., 138, 148

Nation 130
Neu-Spanien 56 f.
Naturwissenschaften 109 ff., 121, 124 ff.
Neue Welt 35, 40 ff., 65, 68 f., 92
Niederlande 81 f., 85, 92, 95 ff.

Oberitalien s. Italien

Papst 39 ff., 49 f., 64, 78, 80, 89, 116, 146
Patrizier 19, 25
Personenverbandsstaat 103
Peru 56 f., 68
Pest 74, 78, 81
Portugal 35 f., 40, 68 ff.

Protestantismus 111, 127 f.
Proto-Globalisierung 82, 99
Protoindustrialisierung 76

Reform 111, 129 ff.
Reformation 12, 111, 127 f.
Reich: siehe Heiliges Römisches Reich Deutscher Nation
Reichsfürsten 103
Reichsreform 111 f., 129 f.
Reichsstände 85 f.
Reichstag 85, 112
Rekonquista 35 f., 48
Renaissance 9, 11 f., 34, 77, 106 ff., 145 ff.
Repartimiento 40 f., 54
Requerimiento 39
Revolution 30, 72, 111, 127
Ritter 68

Scholastik 107, 126
Sieben Freie Künste (Septem Artes Liberales) 107

Sklaverei 41, 45, 55, 58
Sozialstruktur 16 f., 19, 21, 23, 44 f., 54, 56 f.
Spanien 35 ff., 68 ff., 77
Staat 17, 28, 35, 68, 76, 107 f., 111 f.
Staatsräson 108, 118
Städte 18 f., 25 f., 30 ff., 45 ff., 73
Stadtwirtschaft 83 ff., 87
Stände/-gesellschaft 6, 10, 16 ff., 20 ff.
Südostasien 93 ff.

Taino 52 f.
Technik 109
Territorialstaat siehe Landesherrschaft

Umbruch 6, 8, 110, 113, 128
Universität 106 f., 114 f., 123

Venedig 77, 81, 88, 109
Vereinigte Ostindische Companie (VOC) 81 f., 95 f.

Verlag 75 f., 79
Vertrag von Tordesillas 40, 49

Währung 76, 86, 88
Wandel 7 f., 14, 18, 27, 75, 113, 133
Wechsel (Geld-) 76 f., 87
Weltbilder 109, 123 f., 133, 138
Wissenstransfer, arabisch-muslimisch 107, 115

Zeitenwende 7 f., 10, 14, 106, 113, 148
Zeitkonzepte 8, 10, 27
Zentralperspektive 108, 137, 139
Zinsen 90
Zivilisation 43
Zünfte 18 f., 26, 30, 74, 83 f.
zyklisches Denken 8

Bildquellen

Cover Hintergrund Image Source/Ken Reid, Hauptmotiv mauritius images/SuperStock/Fine Art Images; **S. 6 M 1** Fotolia/ellegrin; **S. 9 M 2** INTERFOTO/Granger, NYC; **S. 10 M 3** bpk/Staatsbibliothek zu Berlin; **S. 12 M 6** bpk; **S. 14 M 12** dieKLEINERT.de/Harm Bengen; **S. 17 M 1** akg-images; **S. 19 M 2** akg-images/Erich Lessing; **S. 21 M 5** bpk; **S. 22 M 7** akg-images; **S. 25 M 11** bpk/RMN – Grand Palais; **M 12** bpk/RMN – Grand Palais/Bulloz; **S. 28 M 18** Bridgeman Images/Photo © Christie's Images; **S. 32 M 1** bpk/The Metropolitan Museum of Art, **M 2** Shutterstock/Gerhard Roethlinger; **S. 33 M 3** Bridgeman Images; **S. 34 M 1** Bridgeman Images; **S. 35 M 2** bpk/The Trustees of the British Museum; **S. 36 M 3** The Metropolitan Museum of Art/Gift of J. Pierpont Morgan, 1900/lizenziert nach CC0 1.0 Universal (CC0 1.0); **S. 38 M 5** bpk/Schalkwijk/Art Resource, NY, © Banco de México Diego Rivera Frida Kahlo Museums Trust/VG Bild-Kunst, Bonn 2017; **S. 39 M 6** akg-images; **S. 40 M 7** INTERFOTO/Baptiste; **S. 42 M 8** picture-alliance/Prof. Dr. H. Wilhelmy/Bibliographisches Institut/Bibliographis; **S. 45 M 10** Bridgeman Images; **S. 49 M 15** Bridgeman Images/Boltin Picture Library; **S. 51 M 19** Bridgeman Images; **S. 52 M 20** akg-images; **S. 54 M 25** Bridgeman Images; **S. 58 M 31** akg-images/Fototeca Gilardi; **S. 60 M 33** mauritius images/alamy stock photo/Melvyn Longhurst; **S. 62 M 36** Bridgeman Images; **S. 64 M 2** dpa Picture-Alliance/robertharding; **S. 72 M 1** mauritius images/United Archives, **M 2** Bridgeman Images; **S. 73 M 3** Glow Images/Superstock RM; **S. 75 M 1** bpk; **S. 77 M 2** bpk/Bayerische Staatsgemäldesammlungen; **S. 79 M 3** bpk/Gemäldegalerie, SMB/Jörg P. Anders; **S. 84 M 6** akg-images und akg-images/Nimatallah; **S. 87 M 11** bpk/Scala; **S. 88 M 14** akg-images/De Agostini Picture Library/Gianni Dagli Orti; **S. 90 M 17** Bridgeman Images; **S. 91 M 19** bpk; **S. 95 M 25** akg-images/Pictures From History; **S. 96 M 27** bpk; **S. 100 M 32** Bridgeman Images; **S. 104 M 1** imago stock&people/ecomedia/robert fishman, **M 2** GOH CHAI HIN/AFP/Getty Images; **S. 105 M 3** bpk; **S. 106 M 1** bpk/BnF, Dist. RMN-GP; **S. 107 M 2** akg-images/IAM; **S. 108 M 3** bpk/Alinari Archives/Lorusso, Nicola for Alinari; **S. 109 M 4** Bridgeman Images; **S. 110 M 5** akg-images/Erich Lessing; **S. 112 M 6** bpk/Staatsbibliothek zu Berlin/Ruth Schacht; **S. 116 M 9** Bridgeman Images; **S. 117 M 12** bpk/RMN - Grand Palais/Jean-Gilles Berizzi; **S. 119 M 14** mauritius images/alamy stock photo/Eddy Galeotti; **S. 121 M 18** Bridgeman Images/PVDE; **S. 122 M 19** bpk/Scala; **S. 123 M 21** akg-images; **S. 124 M 22** bpk/Staatsbibliothek zu Berlin/Dietmar Katz; **S. 126 M 25** bpk/RMN - Grand Palais/Hervé Lewandowski; **S. 128 M 29** bpk; **S. 132 M 34** bpk/Scala; **S. 135 M 1** Bridgeman Images, **M 2** bpk/Gemäldegalerie, SMB/Jörg P. Anders; **S. 136 M 3** bpk/Lutz Braun; **S. 138 M 1** bpk/Deutsches Historisches Museum/Sebastian Ahlers, **M 2** bpk/RMN - Grand Palais/Michel Urtado; **S. 139 M 3** akg-images/André Held; **S. 145 M 1** bpk/Scala; **S. 145 M 2** Bridgeman Images;

Karten und Grafiken
Carlos Borrell Eiköter, Berlin: II; III; S. 37; S. 102
Dr. Volkhard Binder, Telgte: S. 46; S. 67; S. 80; S. 92; S. 93; S. 130